Daniel Rattinger

Der Papst und der Kirchenstaat

Daniel Rattinger

Der Papst und der Kirchenstaat

ISBN/EAN: 9783743302686

Hergestellt in Europa, USA, Kanada, Australien, Japan

Cover: Foto ©Lupo / pixelio.de

Manufactured and distributed by brebook publishing software
(www.brebook.com)

Daniel Rattinger

Der Papst und der Kirchenstaat

Der

Papst und der Kirchenstaat.

Von

Daniel Rattinger,

Priester der Gesellschaft Jesu.

———— • ————

Freiburg im Breisgau.

Herder'sche Verlagshandlung.

1866.

Buchdruckerei der Herder'schen Verlagshandlung in Freiburg.

I.

Die römische Frage.

In keiner Epoche der Geschichte des Christenthums hat man jemals die weltliche Herrschaft des Papstes mit solch' bitterem Grimme angegriffen, in keiner hat man sich mit solch' feurigem Eifer für eben dieselbe erhoben, als in den letzten Jahrzehnten. Gerechte Entrüstung, tiefster Schmerz bemächtigte sich der katholischen Herzen des ganzen Erdkreises, als die ehrlosen Mittel der Revolution den Vater der Christenheit zwangen, sich von Rom, seiner den Päpsten zu unsterblichem Danke verpflichteten Hauptstadt, nach Gaeta zu entfernen, und zum zweiten Male, als den im Triumph Zurückgekehrten die erdrückende Uebermacht roher Gewalt, allem Völkerrechte entgegen, der Mehrzahl seiner Provinzen beraubte. Soll der brutale Gewaltact als vollendete Thatsache einen Rechtsanschein gewinnen? Soll auch der Rest des Kirchenstaates der alle Gerechtigkeit zertretenden Ländergier des Piemontesen zum Opfer fallen? Die französisch-sardinische Convention vom 15. Sept. 1864 läßt es nur allzu sehr befürchten. Der Radicalismus hat sie so verstanden; sie führt nach Rom, haben alsbald die königlichen Minister Lamarmora und Lanza in Turin öffentlich erklärt [1]; der Machthaber an der Seine hat in seiner

---

[1] Bischof Dupanloup bemerkt in seiner berühmten Broschüre: Die Convention vom 15. Sept. und die Encyclica vom 8. December 1864, aus dem Französischen. Münster 1865, S. 23—24: Durch mein Gewissen dazu gedrängt, diese Convention, ihre eigentliche Bedeutung, ihre Tragweite, alle ihre Folgen aufmerksam zu studiren, habe ich mir von Turin alle officiellen Verhandlungen des Parlaments kommen lassen. Nachdem ich nun mit der größten Sorgfalt alles gelesen habe, was die Discussionen im Hause der Volksvertreter wie im Senat, die diplomatischen Depeschen, die italienischen und französischen Zeitungen über diese Convention gesagt haben, glaube ich nicht, daß irgend ein ehrlicher Mann sich darüber die geringste

Thronrede vom 15. Februar 1865 der nothwendigen Erhaltung des päpstlichen Staates mit keiner Sylbe erwähnt und die folgenden Debatten im Senat und gesetzgebenden Körper, die Sprache der Presse und der Gang der Ereignisse haben an der Ungewißheit nichts geändert. Nach dem Abzug der Franzosen wird Rom an Italien kommen, so schrieb vor Kurzem die von der italienischen Regierung inspirirte Italie [1], und denselben Gedanken scheint Victor Emmanuels Thronrede bei Eröffnung des Parlaments vom 18. November 1865 mit den Worten ausgedrückt zu haben: „Die Zeit und die Macht der Ereignisse werden die Antwort auf die Frage zwischen Italien und dem Papstthum nicht schuldig bleiben". Wie dem auch sei, man darf sich nicht wundern, daß Pius IX. Angesichts der fortschreitenden Zersetzung aller sittlichen Elemente sich mit apostolischer Kraft erhob und die vorzüglichsten, Kirche und Staat zerrüttenden Irrthümer verurtheilt. Das kennzeichnet den Statthalter Christi, welcher nur seiner hehren Stellung eingedenk entscheidet, erhaben über die wetterwendischen Strömungen der Zeit, unbeirrt von den heranbrausenden Gewitterstürmen, unerschrocken und unbekümmert um die Drohungen menschlicher Gewalt und ruchloser Politik.

Ebenso wenig darf man sich wundern, daß Pius IX. in seinen Lehrsätzen auch der weltlichen Herrschaft des apostolischen Stuhles in einem eigenen Paragraphen gedenkt; denn sie bildet ein wesentliches Moment in der Stellung der Kirche Christi und in der ihr nothwendigen Freiheit und Unabhängigkeit, um den Absichten Gottes zu entsprechen und Glauben und Wissenschaft, Gesittung und Civilisation, die Wohlfahrt der Völker wie das Heil der Einzelnen zu schirmen und zu befördern. In der Frage des Kirchenstaates handelt es sich nicht schlechthin um einen italienischen Staat oder um eine rein politische Bewegung, sondern um eine Angelegenheit der ganzen katholischen Kirche, ihre Gegenwart und ihre Zukunft; ein Angriff auf jenen enthält in sich einen Angriff auf die Kirche und die heiligsten Interessen ihrer Glieder, die Tragweite ist unabsehbar. Das ist der Grund, warum diese Frage im Syllabus besprochen und von uns hier erörtert wird; wir beginnen damit, die verurtheilten Thesen unsern Lesern vorzulegen.

Illusion machen kann. — Die Unterhändler Piemonts, seine Regierung, sein Parlament, seine Generäle, seine Zeitungen, wie die Zeitungen aller Länder, haben den piemontesischen Gedanken alle in einem und demselben (oben gegebenen) Sinne erklärt.

[1] L.'Italie vom 1. October 1865.

Irrthümer über die weltliche Herrschaft des Römischen
Papstes.

75. Ueber die Vereinbarkeit der weltlichen mit der geistlichen
Herrschaft sind die Söhne der christkatholischen Kirche verschie=
dener Meinung.

76. Die Abschaffung der weltlichen Herrschaft, welche der
Apostolische Stuhl besitzt, würde zur Freiheit und Wohlfahrt
der Kirche im höchsten Maße beitragen.

Anmerkung. Außer diesen ausdrücklich bezeichneten Irrthümern werden meh=
rere andere einschließlich verworfen durch die Vorstellung und Darstellung der Lehre
von der weltlichen Herrschaft des römischen Papstes, an welcher alle Katholiken
durchaus festhalten sollen. Diese Lehre wird klar vorgetragen in der Allocution
Quibus quantisque vom 20. April 1849; in der Allocution Si semper an=
tea vom 20. Mai 1850; in dem apostolischen Sendschreiben Cum Catholica Eccle=
sia vom 26. März 1860; in der Allocution Novos vom 28. Sept. 1860; in der
Allocution Jam dudum vom 18. März 1861; in der Allocution Maxima qui=
dem vom 9. Juni 1862.

Will der Feind eine Festung nehmen, so wird er bestrebt sein, ihr
die nothwendigen Schutzwehren und Stützen zu entziehen. Dieses Ver=
fahren ist von den Feinden des Papstthums in ihrem mit diabolischer
Hartnäckigkeit fortgesetzten Kampf getreulich erfüllt worden. Es konnte
ihnen nicht entgehen, daß das weltliche Besitzthum des Papstes die noth=
wendige Bedingung bildet, um die Pflichten seines obersten apostolischen
Hirtenamtes frei und ungebunden, wie es sich geziemt, zu erfüllen. Also
dieses Besitzes ihn zu berauben, ihm den Boden unter den Füßen weg=
zuziehen, das konnte in dem Feldzugsplan nicht fehlen, und das allein
erklärt die weite Ausdehnung und die zähe Dauer des Sturmes gegen
den päpstlichen Staat. Es gibt keine Waffe, von der man nicht gegen
ihn Gebrauch gemacht hat, und um selbst vor den Augen der Wohlmei=
nenden den eigentlichen Charakter des Werkes der Finsterniß zu verber=
gen, war man bemüht, es mit dem Lichtschimmer einer edlen und ge=
rechten Sache zu umhüllen; man hat heiligen Eifer geheuchelt und im
Interesse des Evangeliums und der hohen Würde des Papstthums Ver=
zicht auf seinen Staat gefordert; ja um gar keine Seite außer Angriff zu
lassen, hat man die Zulässigkeit, den Nutzen und die Nothwen=
digkeit dieses Besitzes bestritten; in dieser dreifachen Rücksicht hat nun
der Syllabus geantwortet. Der Papst verwahrt sich in der 75. These
gegen einen anmaßenden Spruch der Ungerechtigkeit, als sei die welt=

liche Herrschaft des Papstes mit seiner geistlichen gar nicht vereinbar; er rügt in der 76. These ein Vorgeben gottloser Gleißnerei, als sei die Abschaffung derselben dem Wohle der Kirche förderlich; er behauptet endlich im Anhang beider Thesen die Nothwendigkeit besagter Herrschaft; gehen wir zur ersten über.

II.

75. Die Vereinbarkeit der weltlichen Herrschaft des Papstes mit der geistlichen.

Besagte 75. These beschränkt sich einfach auf Abwehr; sie wahrt dem Papste das ihm ebenso gut, wie jedem Menschen, zukommende Recht, eine weltliche Herrschaft besitzen zu können; sie wahrt dieses Recht als ein so gewisses, daß es gar nicht in Zweifel gezogen werden kann, und das am wenigsten von den eigenen Kindern der katholischen Kirche; solche sind ausdrücklich genannt, weil sich die Bosheit erklärter Kirchenfeinde in das Gewand der Unschuld treuer Kinder der Kirche gekleidet hat. Ueber dieses Recht sind mithin, um den richtigen Gegensatz zur These zu bezeichnen, die Söhne der katholischen Kirche alle Einer Meinung.

In der That, die Verdrehung aller natürlichen Rechtsbegriffe muß einen hohen Grad erreicht haben, da man eine so selbstverständliche, jedem Unbefangenen einleuchtende Wahrheit in Zweifel gezogen hat. Die Möglichkeit, die pure Fähigkeit, einen eigenen unabhängigen Staat zu besitzen, wird keinem Andern abgesprochen; wem immer das Glück hold ist, er mag, er darf heutzutage namentlich, ein Volk regieren, der Däne die Griechen, der Oesterreicher die Mericaner, der Piemontese die Romagnolen, Toskaner, Neapolitaner und Sicilianer; Napoleon, der corsische Sprößling, steigt aus der Kerkerhaft von Ham auf den französischen Kaiserthron und der Jude Manin durfte vor nicht langer Zeit das um die Christenheit so hoch verdiente Venedig beherrschen; der Papst, und nur er allein, er soll nicht über drei Millionen Seelen gebieten dürfen; er, Christi Stellvertreter auf Erden, von Gott würdig erachtet, die Schlüssel des Himmelreiches zu besitzen und das seinem Umfange nach größte, seinem Zwecke nach erhabenste aller Reiche zu leiten. Unglaublich; doch so lautet der Spruch moderner Weisheit und sie hat das Mögliche geleistet, ihn zu erhärten und dort Beweise hervorzuzaubern, wo kein Verständiger sie geahnt hätte. Prüfen wir sie einzeln; sie lassen sich füglich auf drei Klassen zurückführen. Der Besitz des Kirchenstaates durch die Päpste, sagt man, ist 1. im Widerspruche mit dem Beispiel Christi und den Grundsätzen seines Evangeliums; 2. unverträglich mit der Wohlfahrt dieses Landes; 3. unvereinbar mit den Interessen Italiens. Mit diesem dreifachen Einwurf wird sich gegenwärtige Untersuchung zu befassen haben; ein aus den Beziehungen zur Kirche genommener 4. Einwurf wird, weil zur folgenden These gehörig, hier übergangen.

§. 1. Der Kirchenstaat und das Evangelium.

Das Evangelium also, lautet der erste Einwurf, lehrt einen Gegensatz des göttlichen Reiches Christi auf Erden zur eitlen Größe dieser Erde; es verschmäht den irdischen Glanz, verachtet den Pomp der Mächtigen; nicht Schätze von Gold und Silber, sondern Höheres, Himmlisches, das Ewigbleibende sind sein Ziel, Demuth und Entsagung bilden seine Regel. Mein Reich ist nicht von dieser Welt, sagt Christus (Joh. 18, 36), und Armuth war sein Kleid und das Kreuz war sein Thron. Ohne Geld kam Petrus nach Rom und in der Verfolgung erstarkte die Kirche; sie entäußere sich also, getreu dem Geiste des Evangeliums, ihrer goldenen Last.

Soweit die Gegner, welche plötzlich über Nacht zu Predigern des Christenthumes werden. Richtig verstanden, sind die von ihnen vorgebrachten Prämissen wahr; aber in ihrem Sinne und in ihrem Munde klingen sie wie Hohn und Blasphemie [1]. Und fürwahr, sind die Lehren des Evangeliums einzig für den Papst oder für alle Christen gegeben? Ist nicht gerade bei diesen modernen Predigern die vielgerühmte Gleich-

---

[1] Unter diesen Gegnern verstehen wir nicht die kleine Anzahl Gutdenkender, welche, in arger Täuschung befangen, derselben Ansicht, als einer zwar nicht maßgebenden, aber doch wünschenswerthen Norm huldigen, sondern jene Partei, deren ganzes notorisches Treiben ihr kirchenfeindliches Streben kundgibt. In dieser Richtung ließ sich das römische Triumvirat 1849 angelegen sein, ein Buch von Messi gegen die weltliche Herrschaft der Päpste unter dem christlichen Volke zu verbreiten, um es unter dem Schein frommer evangelischer Worte zu betrügen; alle Präfecten der römischen Provinzen erhielten es officiell zugeschickt. Nic. Tommaseo schrieb unter derselben Maske religiösen Eifers Rome et le monde (1851). Ersteren, Messi, widerlegte gründlich und lichtvoll Ceccarelli in seinem Buche: La demagogia confutata in ordine alla Sovranità temporale della S. Sede, Rimini 1850; den Letzteren, Tommaseo, die Civiltà Cattolica in fünf Artikeln, October bis December 1851.

heit des Gesetzes für Alle an ihrem Platze? Warum eilen also nicht diese Eiferer für christliche Moral, dieselben sich vor Allen selbst anzu= bequemen? Aber es scheint, ihr Gedächtniß und die Kenntniß des Evangeliums ist entschwunden, sobald es sich um die bekanntesten stren= gen Gebote handelt, welche ihre Handlungsweise verurtheilen. Für sie scheint nicht geschrieben: wer die Kirche nicht hört, sei dir wie ein Heide. Sie wissen nichts von den Worten Christi: wer euch verachtet, verachtet mich und den, der mich gesandt hat. Und warum verfolgen sie denn mit so grimmigem Hasse jene unschuldigen Nonnen, welche in den stillen Klostermauern ein Asyl gegen die Verführungen der Welt gesucht und ihr Leben dem Dienste Gottes und der Befolgung nicht nur seiner Ge= bote, sondern auch der Räthe seines Evangeliums geweiht haben? Sie mögen übrigens überzeugt sein, wenn sie es dahin bringen, die Gerech= tigkeit des Evangeliums in ihrem eigenen Leben abzuspiegeln, gleich den ersten Christen Eines Sinnes und Eines Herzens mit ihren Hirten zu sein, denselben, gleich jenen, ihr Vermögen zu Füßen zu legen, und für die Anliegen der Christenheit flehend ihre Hände zu Gott zu erheben, wenn sie, gleich den christlichen Märtyrern, offen vor der Welt ihres katholischen Glaubens sich rühmen und für denselben ihr Blut vergießen, wenn sie gleich Petrus und Paulus ihre Sünden beweinen und dieselben durch apostolischen Seeleneifer wieder gut zu machen bestrebt sind: dann wird auch der Papst von seinem Throne steigen und auf den Scepter seines Staates verzichten.

Um jedoch direct zu antworten, erwidern wir, allerdings hat das Evangelium das Urtheil der Verwerfung über jenen heidnischen Geist gesprochen, der irdischem Genusse als seinem höchsten Gute und als Selbstzweck sich hingibt und Ehre und Gut als seinem letzten Ziele fröhnt und nachjagt, nie und nirgends aber hat es diese Güter an und für sich selbst verpönt. Das war die Antwort, welche der große Alcuin vor mehr als tausend Jahren gab, als der Spanier Elipand eine ähnliche An= klage gegen ihn erhob. Elipand, so schrieb er dem Erzbischof Leidrad von Lyon, „Elipand machte mir meine Besitzungen und meine Diener und meine Vasallen zum Vorwurfe. Sollte ihm wohl unbekannt sein, daß der Besitz der Reichthümer nur durch die Anhänglichkeit des Her= zens böse wird? Es ist etwas Anderes, die Welt besitzen, und etwas Anderes, von ihr besessen werden" [1]. Hat daher Christus durch das leuch=

---

[1] Damberger, synchronistische Geschichte der Kirche. Bd. 2. S. 553.

tende Beispiel seiner alles Menschliche überragenden freiwilligen Entäußerung die entartete Welt aus dem Schmutze ihrer Selbstsucht gerissen
und auch den großmüthigsten und hochherzigsten Seelen ein nie erreichtes
Ideal der Entsagung vor Augen gestellt, so hat er es gleichwohl nicht
unterlassen, ebenfalls durch sein eigenes Beispiel das Eigenthum zu be-
rechtigen und den Besitz zu heiligen (Joh. 12, 6), und die ihm erwie-
sene Freigebigkeit allen kommenden Geschlechtern zu empfehlen, während
der erste, der diese beklagt, Judas, als erster Selbstmörder unter den
Christen endet, für immer gebrandmarkt!

Einem Papste zumuthen, aus Liebe zur Demuth und Entäußerung
auf den Kirchenstaat verzichten, hieße nichts anderes, als von einem
Vormunde verlangen, aus gleichem Beweggrund das rechtmäßige Eigenthum seiner Mündel an einen Dritten zu verschenken, was nicht einmal
ehrlich, viel weniger christlich wäre. Will man aber geltend machen,
daß Macht und Herrschaft der Päpste wenigstens Ehrgeiz, Stolz und
andere unedle Leidenschaften im Gefolge haben könnten, so wird das Niemand in Abrede stellen; aber auch das Heiligste kann mißbraucht werden,
und zudem würde diese Einwendung sich ebenso sehr gegen die höchste
geistliche Macht kehren und die göttliche Stiftung unmöglich machen. Die
Geschichte bezeugt zwar, daß auch die Päpste schwache Seiten hatten,
spricht aber im Ganzen sehr zu ihren Gunsten; ebenbürtig stellt sich
ihnen keine zweite Regentenreihe an die Seite. Gegen 30 Päpste, d. h.
alle der drei ersten Jahrhunderte, waren Märtyrer, einen oder zwei ab-
gerechnet; mit der Annahme der päpstlichen Würde unterschrieben sie
ihr voraussichtliches Marterthum; ihr Ehrgeiz bestand also darin, für
Gott das Leben zu geben. Später wurden die Päpste allerdings weltliche Fürsten; jedoch auch hinsichtlich dieser ist es „etwas äußerst Bemer-
kenswerthes, worauf man noch gar nicht oder nicht genug Acht gehabt
hat, daß sie die unermeßliche Gewalt, in deren Besitz sie sich gesehen,
nie darauf verwendet haben, ihre Staaten auf Kosten der Gerechtigkeit
zu erweitern; in keiner andern Herrscher-Dynastie wird man mehr Achtung für das Gebiet Anderer, und wenige Neigung, das seinige zu erweitern, finden"[1]. In ihrer ehrwürdigen Reihe finden sich über siebenzig
Heilige, ferner mindestens zwanzig, die sich vergebens sträubten, den Thron
zu besteigen, ein heil. Cölestin, der demselben freiwillig entsagte, viele
Dulder, welche weder durch Versprechen verlockt, noch durch Drohungen

---

[1] De Maistre, vom Papste B. 2. K. 6.

abgeſchreckt werden konnten, gegen Pflicht, Ueberzeugung und Gewiſſen zu handeln. „Ich ſagte ihm Alles, was der hl. Geiſt mir eingab", bemerkte Papſt Gregor XVI. nach ſeiner Unterredung mit Kaiſer Nicolaus I., dem Beherrſcher des ruſſiſchen Koloſſes, der, damals auf dem Gipfel ſeiner Macht, niemals bis dahin ſolche Worte vernommen. „Die Gerechtigkeit habe ich · geliebt, deßhalb ſterbe ich in der Verbannung", ſo durfte mit Papſt Gregor VII. Pius VI. auf dem Todesbett ſprechen und Pius VII. und Pius IX. waren um gleicher Urſache willen zu demſelben Opfer bereit.

Chriſti Worte endlich: „Mein Reich iſt nicht von dieſer Welt", haben mit dem Kirchenſtaat gar nichts zu ſchaffen. Sie ſind zu Pilatus geſprochen, bei welchem der Verdacht erregt worden war, als wiegle Chriſtus das Volk auf und ſtrebe dahin, das zertrümmerte jüdiſche Reich wieder herzuſtellen. Dieſen Wahn benimmt ihm nun Chriſtus mit den angeführten Worten; wie hängt das mit dem Kirchenſtaat zuſammen? Er lehrt, nach der Erklärung des hl. Auguſtin, daß ſein geiſtliches Reich, die Kirche, ihr Daſein nicht von der Welt hat, und das iſt heute ſo wahr, wie damals; er lehrt aber keineswegs, daß er kein weltliches Reich haben könne oder daß ſeine Nachfolger niemals ein ſolches haben dürf= ten; und wenn er ſelbſt ein ſolches nicht bedurfte, weil nur von wenigen Jüngern anerkannt und mit göttlicher Macht begabt, folgt daraus, daß es nie eine Zeit geben ſollte, welche dieſes Bedürfniß mit ſich brächte? Keineswegs; im Gegentheil, mit der Zeit kam es und die Vorſehung Gottes ſorgte, daß es befriedigt wurde. Ja die angeführten Worte dürften vielmehr das beweiſen, was ſie verneinen ſollten. Denn man nehme einmal an, das Oberhaupt der Kirche, der Träger der höchſten kirchlichen Gewalt, ſei ſeines Staates, d. i. des Reiches dieſer Welt, und ſeiner Unabhängigkeit verluſtig und Unterthan eines andern Fürſten, wird nicht die erſte Forderung an ihn ſein, ſich den Geſetzen des Landes zu fügen und unterzuordnen? Sicherlich; und zwar wird ein König von Italien, nach den gemachten Erfahrungen zu ſchließen, ſelbſt in dem höch= ſten kirchlichen Lehr= und Hirtenamte Unterordnung verlangen. Dieſes höchſte heilige Amt, welches von Gott geſtiftet, nothwendiger Weiſe von ihm allein abhängen kann, würde fortan dem Reiche der Welt zum Fuß= ſchemel dienen, zum Menſchenwerk herabgewürdigt. Die Geſchichte be= weist, ſagte Thiers in der franzöſiſchen Kammer 13. April 1865, daß die kirchliche Gewalt zur Sklavin wird, ſobald ſie ihren Sitz neben der weltlichen Gewalt aufſchlägt. Mit andern Worten, eben dann würde die Kirche Chriſti zum Reiche dieſer Welt gehören.

Wahrhaft unerträglich ist zudem die Anmaßung von Menschen, welche weder ihre Stellung in der Kirche noch auch ihr persönliches Verdienst um dieselbe auch nur im Entferntesten dazu berufen hat, dem Papste theologischen Unterricht über Grundsätze des Evangeliums zu ertheilen, und zwar der Art, wie ihn das Christenthum noch nie gekannt hat. Der Lehre des Evangeliums gegenüber unterscheiden sich die Päpste als Souveräne und die Päpste als Herren der reichen Patrimonien der Kirche nicht wesentlich von einander; diese aber sind in den freiwilligen Gaben der Gläubigen begründet und kein Geringerer als der hl. Geist selbst hat dem frommen mildthätigen Sinne der Ersten unter ihnen, die der Nachwelt das Beispiel gegeben, in der Apostelgeschichte ein Denkmal gesetzt. Diese Hände, welche den Aposteln das Ihrige zu Füßen legten, damit es Gemeingut der Kirche werde, haben in den darauf folgenden Jahrhunderten nicht gefehlt; die Kirchenschriftsteller erzählen davon mit Bewunderung, und zur Zeit Papst Gregors I. erstreckten sich die Besitzungen der römischen Kirche weit über die Grenzen Roms und des Kirchenstaates hinaus bis in die Abruzzen, nach Apulien und Calabrien, hinüber auf die Inseln des Mittelmeeres, nach Sicilien und Corsica und bis nach Afrika, nordwärts bis nach Ligurien, bis in die cottischen Alpen, in's Herz Piemonts und bis in die Nähe von Marseille, östlich bis nach Istrien, Illyrien und Dalmatien [1], bald auch bis nach Bayern und Alemannien [2]; die ganze christliche Kirche hielt dieses Gut für heilig und sein Name hat es schon ausgedrückt, denn es hieß **das Erbgut des hl. Petrus.** Wußte die ganze christliche Kirche die Grundsätze des Evangeliums nicht? — Es folgte die Zeit der Herrschaft der Longobarden. Der stolze Sinn ihres größten Königs, Liutprands, beugte sich vor der erhabenen Würde der Päpste; er entäußerte sich seiner Eroberungen, Sutri's (im J. 728) und der Städte Blera, Bomarzo, Ameria und Orta, und der päpstlichen Patrimonien in der Sabina, im Gebiete von Narni, Osimo, Ancona, Umana und im Val Grande. Was hat ihn dazu bewogen? Eigennutz etwa, Habsucht, irdisches Interesse? Petrus war es, dem er all' das schenkte; statt Rom, wie er (J. 729) drohte, im Sturm zu nehmen, warf er sich nach seiner

---

[1] Vgl. Dr. Scharpff, die Entstehung des Kirchenstaats. Freiburg i. Br. 1860. S. 20 ff. Dr. Papencordt, Geschichte der Stadt Rom im Mittelalter. Herausgegeben von Dr. Höfler. S. 111—12. 131.

[2] Hincmari Remens. Annal. ed. Pertz, Monum. German. Script. I. 469. a. 865.

Zusammenkunft mit Papst Gregor II. vor dem Grab des Apostelfürsten
nieder; hier legte er seinen Mantel, sein vergoldetes Schwert, seine
goldene Krone und sein silbernes Kreuz demüthig als Opfer nieder [1].
Und was hat Pipin bewogen, nach seinem Siege über die Longobarden
seinem hochstrebenden Sinne Schranken zu setzen, der Frucht seiner Siege,
des höchsten persönlichen Vortheils, der Herrschaft über die weltgebietende
Roma sich zu begeben? Des hl. Petrus Grab ist es wieder, auf dem
der Gesandte Fulrad (im J. 756) die Schlüssel der übergebenen Städte
sammt der Schenkungsurkunde niedergelegt. Glänzende Anerbietungen
machte ihm der griechische Kaiser Konstantin für dieselben; aber „nicht
für eines Menschen Gunst habe ich gekämpft, erwidert der edle Franke,
sondern aus Liebe und Ehrfurcht gegen den hl. Petrus und um der
Vergebung meiner Sünden willen. Keine Schätze der Welt werden mich
bewegen, das, was ich einmal dem hl. Petrus dargebracht, ihm je wieder
zu entziehen" [2]. In solcher That erkannte Rom, sein Senat und sein
Volk, ein unsterbliches, von Gott allein würdig zu lohnendes Verdienst.
In diesem Leben, so schreiben die Römer dem Könige, findet sich kein
gebührender Lohn; ein solcher sind nur jene Güter, die kein Auge gesehen und in keines Menschen Herz gedrungen. Sie könnten ihm niemals verdientermaßen danken, sollten sich auch alle Haare ihres Hauptes
in Zungen verwandeln. Doch wollten sie allen Völkern sein Lob verkünden; Augen und Hände zum Himmel erheben und inbrünstig flehen,
daß Gott ihn mit Gnadenschätzen erfülle, vor ihn den Engel seiner
Macht sende, seine Feinde zu Boden strecke, die Grenzen des Reiches
erweitere, ihm Sieg verleihe zu der Kirche immerwährenden und ihrer

---

[1] Anastas. vita S. Gregorii II. ed. Migne, Patrolog. Curs. T. 128. p. 983.
[2] Anastas. vita Stephani II. in Migne's Patrolog. Curs. T. 128. p. 1098—99.
Für Gott, den hl. Petrus und ewigen Lohn, so oder ähnlich lautet der vom lebendigen Geiste des Christenthums eingehauchte Spruch aller um die Gründung des
Kirchenstaats verdienten Männer; ihm begegnen wir in den Briefen der Päpste, in
den Urkunden der fränkischen Könige, in den gleichzeitigen Annalen und Chroniken,
kurz in allen Dokumenten dieser Zeit. Schon im ersten Briefe des Cod. Carol.
(ed. Cenni, bei Migne Patrolog. T. 98. p. 66) beschwört Gregor III. den Karl
Martell: propter Dominum et animae tuae salutem subvenias Ecclesiae s.
Petri, et ejus peculiari populo. Papst Stephan II. bittet Pipin um Hülfe im
Namen des hl. Petrus (Cod. Car. l. c. ep. 10. p. 121). Kaiser Karl d. Gr.
gab freudig dem hl. Petrus die Städte, erzählt der Autor der Fasti Carol. ed. Mai,
Spicileg. Rom. T. 6. a. 774. Vgl. das Schreiben Karls d. Gr. an Papst Leo III.
im J. 796 bei Migne l. c. p. 908; die Annales Alamann., die Annal. Guelferb.,
die Annal. Nazar. bei Perz, Script. I. p. 26—29. Anastas. vitae Rom. pontif.

eigenen Sicherheit, und ihn in die ewigen Freuden aufnehme [1]. Was Pipin begonnen, vollendete Karl d. Gr.; auch er legt die von ihm unterschriebene Schenkungskunde am Grabe Petri nieder und erneuert dort das Bündniß mit dem Papste [2]. In den Herzen der ganzen Christenheit widerhallte Anerkennung, Dank und Freude; sie pries den tiefen Glauben, die kindliche Pietät, die hochherzige Freigebigkeit Aller, welche in den ersten Jahrhunderten die Schenkungen an die römische Kirche begannen und im achten Jahrhundert ihre souveräne Herrschaft über den Kirchenstaat zum Abschluß brachten. Die elf folgenden Jahrhunderte hielten sich alle Päpste, zwei Hundert an der Zahl und unter ihnen sechsundzwanzig, welche die Kirche als Heilige verehrt, im Gewissen verbunden, dieselben als Eigenthum Gottes und Erbgut Petri unverletzt den Nachfolgern zu übergeben; die Bischöfe der Welt standen ihnen zur Seite [3]. Hat die Kirche aller Jahrhunderte den Geist des Evangeliums nicht begriffen?

Doch in Einem Punkte wollen wir unsern Gegnern nicht widersprechen, wir glauben ihnen, es ist ihnen Ernst mit ihren Wünschen nach Rückkehr der ersten christlichen Zeiten; freilich nicht als sei ihnen darum zu thun, die Kirche verjüngt zu sehen, geschmückt mit den Heldentugenden der ersten Christen und den Lorbeeren der siegreich bestandenen Kämpfe, sondern vielmehr entzogen den Augen der menschlichen Gesellschaft, begraben in den Grüften der Katakomben, um nie wieder zum Leben zu erstehen.

Kehren wir nun zu dem oben vorausgeschickten, vom Papste verworfenen Irrthume zurück und fassen wir die Sache kurz also zusammen. Mit der geistlichen Herrschaft läßt sich eine weltliche nur in sofern unvereinbar (im strengen Sinne des Wortes) nennen, als eine solche vom Evangelium verworfen würde. Nun aber findet sich im ganzen Evangelium nirgends eine Stelle, welche im Sinne eines solchen Verbots weltlichen Besitzthums gedeutet werden könnte; ja die ganze Kirche hatte niemals eine Ahnung eines solchen, sie hatte im Gegentheile die Schenkungen an die Kirche als verdienstlich gepriesen und die Beeinträch=

---

[1] Ad perpetuam atque perennem sanctae Dei Ecclesiae, et nostram immensam securitatem. Cod. Carol. ep. 15; vgl. dazu ep. 14, Schreiben Papst Pauls I. an die Bischöfe und Großen des fränkischen Reichs.

[2] Anastas. vita Hadriani.

[3] Davon ausführlich später in der Frage über die Nothwendigkeit eines Kirchenstaates.

tigung ihres Gutes durch den Mund der Päpste und allgemeiner Kir= chenversammlungen verurtheilt [1], also kann von einer solchen Unver= einbarkeit der geistlichen mit der weltlichen Herrschaft mindestens un= ter Katholiken keine Rede sein. Will man aber die bestehende päpstliche Herrschaft mit dem Wohle der Unterthanen oder Italiens unvereinbar finden, so folgte daraus nur so viel, daß man die Ursache davon, die Mißbräuche der Regierung, abschaffen müßte, wenn sie bestehen sollten; daß sie aber nicht bestehen, wird das Folgende zeigen.

§. 2. Der Kirchenstaat und die päpstliche Regierung.

Liest man die jammererregenden Berichte über den Kirchenstaat und seine Regierung in der liberalen Tagespresse, in Geschichtsbüchern, in Zeitschriften und in der Reiseliteratur, so kann auch der Redlichste in seinen Anschauungen über die Zustände des päpstlichen Staates irre wer= den, und die Sprache der Verleumdung oder befangener, mit Vorur= theilen behafteter Anschauung und der ihr ohne Prüfung Glauben Schen= kenden triumphirt. In den Augen Vieler ist dieser Staat so gründlich verdorben, daß es an der Zeit ist, das morsche Gebäude zusammen zu reißen, und durch die Hand des Königs von Italien neu aufzubauen. Beruht die Anklage auf Wahrheit? und wem gilt sie zunächst? Sie kann nicht gegen die Päpste von vornherein als solche geschleudert wer= den, weil sie dem geistlichen Stande angehören. Denn Niemand wird behaupten, daß das Sacrament der Priesterweihe die natürlichen Fähig= keiten dem Menschen nehme oder verschlimmere. Auch weiß jeder Kenner der Geschichte, daß Frankreich, Spanien, England und das deutsche Reich Cardinäle und Prälaten als Kanzler und Räthe der Krone aufzuweisen haben, auf welche diese Länder mit Genugthuung und mit Stolz als eine Zierde unter ihren Staatsmännern und als Wohlthäter des Volkes zurücksehen. Die Anklage gilt auch unmöglich der Persönlichkeit der

---

[1] Das Besitzrecht des Kirchenstaates wurde in seinem dogmatischen Princip, als dürfe der Papst nicht zeitliche Güter besitzen, von Wiclef bestritten; aber das Con= cil von Konstanz hat die Grundsätze dieses Irrlehrers verworfen. Calvin, die Magdeburger Centuriatoren und andere Neuerer haben die verworfene Irrlehre wieder aufgewärmt. Gegen sie schrieb Bellarmin, de Rom. Pontif. l. 5. c. 9. et 10; und c. 1 sagt er: haeresis... docet non licuisse Pontifici... accipere tem= porale dominium; vgl. dazu die Abhandlung dieses Gelehrten de Translatione Imperii Rom. l. 1. c. 12.

Päpste. Denn wenn man die neueste mit den Principien von 1789 beginnende Zeitperiode durchgeht, so bietet sie in der Reihe der Päpste nicht einen einzigen, dessen persönlicher Charakter und Privatleben nicht unsere vollste Achtung verdiente. Die schöne Seele Papst Pius' VI. gab sich selbst in seinem edlen Aeußeren kund; und als ihn ein Jahr vor seinem Tode (Aug. 1798) Cardinal Consalvi auf dem Wege seines Exils in der ärmlichen Karthause zu Florenz besuchte, bewunderte er, wie er in seinen Memoiren erzählt, in dem schwachen Greise, der nur noch auf zwei starken Armen gestützt gehen konnte, doch die unveränderte Schönheit und Majestät seines Gesichtes. „Und welcher Triumphbogen an der Grenze eines Landes", fragt ein französischer Zeitgenosse [1], „wiegt das kleine Dorf San Lorenzo Nuovo in der Nähe des See's von Bolsena auf, das Pius VI. ganz auf eigene Kosten erbauen ließ, um die Bewohner des höchst ungesund gelegenen Dorfes S. Lorenzo Vecchio in sich aufzunehmen?" Die folgenden Päpste waren Pius VII., Leo XII., Pius VIII. und Gregor XVI.; es genügt, einen Blick in Cardinal Wiseman's Erinnerungen an die letzten vier Päpste zu werfen, um mit Ehrfurcht gegen dieselben und Hochachtung erfüllt zu werden. Pius VII. war, um Weniges zu berühren, gleich seinem Vorgänger, ein Märtyrer der Gerechtigkeit; die nichtkatholischen Minister Fürst von Hardenberg und Freiherr von Humboldt wußten bei ihrer Rückkehr von Rom nicht Worte genug zu finden, um den tugendhaften Charakter des Papstes zu schildern, und wie viel hat nicht Canova zur Zeit der Wegschleppung dieses Papstes von Rom mit den wenigen Worten der Inschrift eines seiner Kunstdenkmale ausgedrückt: „modellirt in den traurigsten Tagen meines Lebens, Juni 1809" [2]? Pius VIII. starb tief betrauert nach einer nur zwanzigmonatlichen Regierung. Leo XII. „war in Arbeit vom frühen Morgen bis sehr spät in die Nacht, speiste gleichwohl nur einmal des Tages und so gering, daß sein Koch versicherte, mit drei Paoli (45 Kreuzer rhein. oder 13 Silbergroschen) sei sein Mahl bezahlt" [3]. Gregor XVI. schlief auf Stroh und lebte so einfach, als sei er noch Camaldulenser gewesen. Ueber Pius IX. herrscht nur Eine

---

[1] H. v. Tournon, bei Prof. Dr. Hergenröther, der Kirchenstaat seit der französischen Revolution. Historisch-statistische Studien und Skizzen. Freiburg i. Br. bei Herder 1860. S. 18.

[2] Modellata nei giorni più tristi della mia vita, Giugno 1809.

[3] Chr. Brentano: Rom, wie es in Wahrheit ist. Aus Briefen von Rom vom J. 1825; in seinen nachgelassenen Schriften Bd. 2. S. 309.

Stimme. Der freisinnige Italiener Silvio Pellico schreibt: Alle bezeugen, daß Pius ein Mann von größter Tugend und außerordentlicher Fähigkeit ist [1]. Die englischen Katholiken sagen in ihrer Adresse an denselben: Unter allen lebenden Monarchen befindet sich keiner, der den Namen eines wohlwollenden, aufgeklärten und väterlichen Regenten in höherem Grade verdient, als Er. Dupanloup nennt ihn den vertrauensvollsten und hochherzigsten Fürsten [2]. Ein Deutscher, Dr. Brunner, findet in seinem Benehmen einen Zauber von Liebenswürdigkeit, wovon man sich keinen Begriff machen kann, wenn man nicht selbst mit ihm gesprochen [3]; und Dr. Sighart meint: Von Pius IX. sind schon so viele glänzende Bilder verbreitet, daß ich kein neues zu entwerfen versuchen möchte. Jedermann kennt seine väterliche Herablassung, seine Liebenswürdigkeit, seine unerschütterliche Festigkeit, seine Einfachheit in Leben und Wohnung, seine stets von übernatürlicher Begeisterung und Heiterkeit zeugende Erscheinung [4]. Der spanische Cardinal de la Puente nennt ihn in seinem Briefe an die Königin von Spanien (1865) das größte Wunder der ewigen Stadt. Die am Pfingstfeste 1862 zu Rom versammelten dreihundert Bischöfe aller Erdtheile und Nationen bezeugen einmüthig die Bewunderung, mit welcher sie die eminenten Tugenden ihres Oberhirten betrachten, welcher „die Säule und Zierde der schönen italienischen Erde ist". Für die Kirche hat er auf das Segenreichste gewirkt und für sein Volk mit der großmüthigsten Munificenz gesorgt [5].

Die Vorwürfe gelten mithin nicht der Persönlichkeit der Päpste, es sei denn, daß man niedriger und böswilliger Leidenschaftlichkeit Glauben schenken wollte; sie gelten vielmehr der gesammten Thätigkeit der päpstlichen Regierung. Auf dem Pariser Congreß 1856 ward sie von

---

[1] Lettere di Silvio Pellico, Firenze, Le Monnier 1861. Lett. 56.

[2] Die Convention ꝛc. S. 52.

[3] Kennst du das Land? Heitere Fahrten durch Italien. Wien 1857. S. 206.

[4] Reliquien aus Rom. Augsburg, Kranzfelder 1865. S. 152.

[5] Vergl.: Der Papst und die modernen Ideen, H. 3. Wien, Sartori 1865: Pius IX. als Papst und als König dargestellt aus den Acten seines Pontificats. — Dr. Margotti, die Siege der Kirche in dem ersten Jahrzehent des Pontificats Pius IX. Aus dem Italienischen von P. Gams, O. S. B. 2. Aufl. Innsbruck, Wagner 1860. — Maguire, Rom und sein Beherrscher. — Pii IX. P. M. Acta, P. I. vol. I—III. — Prof. Dr. Atti, Della Munificenza di S. S. Papa Pio. IX. — Herrliche Lebensbilder, entworfen von L. Veuillot (Pius IX. Aus dem Französischen), Chantrel und vielen Anderen; besonders reich an einnehmenden Einzelheiten sind: Hummel, Pius IX. Leben ꝛc. Wien 1863, und Dumar: Charakteristische Züge aus dem Leben Pius IX. Aus dem Französischen. Mainz 1860.

Piemont der ganzen Welt als Feindin alles civilen und materiellen Fortschrittes denuncirt und zur Stunde noch fordert Kaiser Napoleon die Aussöhnung mit den Forderungen fortgeschrittener moderner Civilisation; in tausend Varianten wiederholt sich dasselbe Thema in der Presse. Freilich könnten wir der Anklage das entkräftende Zeugniß der Geschichte der vergangenen Jahrhunderte entgegenstellen. Das Papstthum war einst die Wiege der Civilisation des vorzugsweise civilisirt genannten Europa's; es war im Mittelalter das Centrum seiner Bildung und die Stütze allen wahren Fortschrittes, während der Orient durch die Losreißung von ihm gleich einem von seinem Stamme getrennten Ast verdorrte; ihm verdankt der Occident die Rettung vor den barbarischen Mongolen-, Türken- und Saracenenhorden, ihm seine Größe und Uebermacht [1].

Italien zumal hat im Mittelalter unter dem segensreichen Einfluß des Papstthums eine unter allen Ländern hervorragende Stellung eingenommen. Vernehmen wir hierüber Einiges aus der begeisternden Schilderung Dr. Mittermaiers, Professors der Universität Heidelberg: „Es war jenes Italien die Wiege der neu aufblühenden Cultur. In jedem kleinen Ländchen, in jeder Stadt, durch welche jetzt gleichgültig der Reisende wandert, nicht ahnend, welche Schätze jene Stadt einst bewahrte, war im Mittelalter ein Centralpunkt der Wissenschaft und Kunst. Es gibt kein Land, in welchem man in kleinen Städten so viele Denkmale und Schätze aller Bildung findet, als in Italien. Wie oft wird bei dem Aufenthalte in Perugia, Assisi u. A. die Seele zur Bewunderung hingerissen! Jede Stadt in den Marken und in der Romagna bewahrt Meisterwerke der Kunst, große Bauwerke, kostbare Gemälde, wie sich die größten Gallerien der Residenzstädte Deutschlands nicht rühmen dürfen, solche zu besitzen. Nach den aufblühenden Universitäten Italiens strömte die lernbegierige Jugend aller Staaten. Die Künstler fanden in Italien die Meisterwerke, die als große Vorbilder ihnen vorschwebten und erkannten ihre Lehrmeister in jenen Künstlern, deren Werke wir jetzt noch

---

[1] Treffliche Werke hierüber von Chateaubriand, J. de Maistre, Ozanam, Monaghan, Gaume. Digby, C. Balbo, Audisio, Dandolo, Balmes u. A. m. sind bekannt. Dr. Scharpff a. a. O. S. 103—107 hat herrliche Zeugnisse von hervorragenden protestantischen Gelehrten, Joh. v. Müller, J. v. Herder, Prof. Ranke über die Verdienste der Päpste um die Civilisation zusammengestellt; es wäre nicht schwer, dieselben zu vervielfältigen: Friedrich v. Schlegel, W. und Ad. Menzel, der Anglikaner Dr. Milman (History of Latin Christianity) und Guizot mögen vorzugsweise genannt werden.

als unübertroffene Vorbilder bewundern. In Italiens Seehäfen fanden sich die Schiffe aller handelnden Nationen und in jedem Zweige des Handels und der Gewerbe erkannte Europa in Italien die Lehrmeisterin"[1]. Zeigt die Kirche ihre civilisirende Kraft heute nicht in dem Maße, wie in der Vergangenheit, so ist sie gleichwohl nicht ausgestorben. Sie besitzt eine, wenn auch durch äußere Verhältnisse bald beförderte, bald zurückgedrängte, doch niemals versiegende, eine stets verjüngende Lebenskraft; auch der fruchtbarste Baum ist nicht stets mit saftigen Früchten beladen. Hinter berechtigten Forderungen der Zeit ist sie nicht zurückgeblieben; hat sie nicht allen Erwartungen entsprochen, so fällt die Anklage auf Jene, welche sie seit drei Generationen befeindeten. In Rom ist Civilisation eine Wahrheit. Ein unter den Auspicien des Papstes gegründetes, von zehntausend Abonnenten gehaltenes, wohl unter hunderttausend Lesern circulirendes Blatt trägt dieses Wort (Civiltà) an der Spitze und richtige Kenntniß der römischen Zustände gibt von ihr Zeugniß, während der ohne die Kirche errungene moderne Fortschritt zwar glänzt, aber, einem übertünchten Grabe ähnlich, Moder und Fäulniß in sich schließt. Solche Worte werden Manchem nur ein mitleidiges Lächeln entlocken und eine genauere Erörterung über die Gegenwart ist sonach erfordert.

Unter Civilisation eines Landes verstehen wir die harmonische Verbindung der geistigen, sittlichen und materiellen Güter, den Einzelnen in größtmöglicher Zahl durch die Verwaltung[2] vermittelt. Es ist sonach zuerst von letzterer, dem vermittelnden Principe, dann von erstgenannten Gütern zu sprechen. Drei Staaten werden vorzugsweise mit in Vergleich zu ziehen sein: Piemont, welches, der Ankläger des Papstes, den Beruf beansprucht, den Kirchenstaat mit seiner Civilisation zu beglücken; sodann Frankreich und England, welche jenes unter ihre schützen-

---

[1] Italienische Zustände, Heidelberg 1844, Einleitung S. 1 ff. Dr. Hergenröther (der Kirchenstaat) und ein Recensent in der Tübinger Theol. Q.-Schrift J. 1845 S. 399 ff. haben das Verdienst des Verfassers rühmend hervorgehoben und einzelne falsche Bemerkungen berichtigt.

[2] Hier handelt es sich zunächst um die staatliche Verwaltung. Daß die kirchlichen Einrichtungen nicht, wie vorgeworfen wird, ungünstigen Einfluß geübt haben, wird sich im Verlauf unserer Darstellung ergeben. Dr. Mittermaier bespricht offen die Gebrechen Italiens in der oben citirten Broschüre und ebenso ihre Ursachen; unter diesen begegnen wir aber nicht den katholischen Institutionen, auf die er vielmehr als auf die Quelle von so viel Gutem, ja Vortrefflichem, das er darstellt, hinweist.

ben Flügel genommen haben und sich rühmen, an der Spitze der Civi=
lisation einherzuschreiten. Die Aufgabe ist uns durch vortreffliche schrift=
stellerische Werke, welche die römische Frage zu Tage gefördert hat, sehr
erleichtert; sie ist von Bielen unter den verschiedensten Gesichtspunkten
gründlich erörtert worden; wir müssen uns begnügen, das Resultat in
einen engen Rahmen zusammen zu fassen. Zunächst halten wir uns
an die ausgezeichneten Werke Dr. Hergenröthers und John Maguire's.
Ersterer [1] vereint mit ungemein genauer, aus eigener Anschauung ge=
schöpfter Kenntniß der Dinge und sorgfältiger Benützung der einschlägi=
gen Rom günstigen sowie feindseligen Literatur eine scharf sichtende Kritik
und strenge Wahrheitsliebe, gleich weit entfernt von blinder Lobhudelei
und Verkennung der Mißstände wie von gehässiger Schmähsucht. Man
sieht klar, jedes Kapitel ist Zeuge seiner redlichen Bemühung, überall „ob=
jectiv, wahr und gerecht" zu sein [2]. Maguire [3], ein freisinniges Mitglied
des englischen Parlaments, war während seines Aufenthaltes in Rom
bemüht, Alles selbst zu besichtigen und zu untersuchen. Mit freiem prac=
tischem Blick vergleicht er römische und englische Zustände. Sein Werk
hat in der sonst antikirchlichen englischen Presse gerechte Würdigung ge=
funden. Dem Urtheil des Deutschen und des Engländers setzen wir
einen Bericht des Grafen Rayneval [4], eines französischen Diplomaten,
zur Seite; er verdient um so größere Anerkennung, weil er vertraulich
an die französische Regierung gerichtet ist und nur durch besondere, nicht
vorgesehene Umstände seinen Weg in die Oeffentlichkeit gefunden hat.
Diesen Zeugnissen müssen wir beifügen, was die letzten Jahre Bemer=
kenswerthes zu Tage gefördert haben und besonders officielle und stati=
stische Angaben berücksichtigen [5].

1. Die Verwaltung des Kirchenstaats.

Die Verwaltung im Allgemeinen.

Betrachtet man die päpstliche Verwaltung im Allgemeinen, so scheint
vor Allem nöthig, die Beschuldigung zu prüfen: Rom will keine

---

[1] Der Kirchenstaat, s. o. S. 8.

[2] Vorwort S. X.

[3] Rom und sein Beherrscher, seine Staatseinrichtungen und öffentlichen An=
stalten von J. F. Maguire. Uebers. von Dr. Rose. Zweite Aufl. Köln, Bachem 1861.

[4] Deutsch bei Maguire S. 527 ff.

[5] Daß wir die Civiltà cattolica viel benützten, bedarf wohl kaum einer Bemer=
kung; insbesondere verdanken wir ihr viel über italienische Literatur und Presse.

Reformen. Sie liegt allen übrigen zu Grunde; ihr begegnen wir in den Forderungen der Großmächte vom Mai 1831, in den Verhandlungen des Pariser Congresses 1856, in den von der französischen Regierung inspirirten Broschüren: Le Pape et le Congrès (1859) und La France, Rome et l'Italie, sowie in den offenen Beschwerden des Kaisers Napoleon. Eine harte, aber nicht begründete Anklage. Jene, welche befähigt sind, ein Urtheil zu geben, Staatsmänner und Diplomaten, haben nach unparteiischer und eingehender Prüfung das Gegentheil nachgewiesen.

Vernehmen wir das Resultat der Untersuchung eines deutschen Diplomaten; sein Buch ist im gegenwärtigen Jahre erschienen [1] und wir können den Inhalt desselben nicht kürzer und treffender zusammenfassen, als wie er alsbald nach dessen Erscheinen in Folgendem gegeben wurde [2]: Erstens: die päpstliche Regierung war im Allgemeinen nicht schlechter als jede andere, in Manchem und zwar in den Hauptsachen eine wesentlich bessere. Zweitens: die Einmischung der Diplomatie diente nur dazu, die künstlich angeregte Unzufriedenheit zu fördern und dadurch die angerathenen Reformen unmöglich zu machen oder doch zu hindern. Drittens: die Diplomatie war nie im Stande, außer den allgemeinen Beschuldigungen auch nur einen einzigen bestimmten Vorschlag zu einer wesentlichen Verbesserung zu machen, der man in Rom den Zutritt versperrt hätte. Der Schluß, der sich hieraus ergibt, lautet (S. 56): „Man kann Rom zwar ungestraft angreifen und die päpstliche weltliche Macht nicht passend für die heutige Politik finden, aber man sollte dieses doch wenigstens nicht mit den Waffen der Verleumdung thun. — Man muß ihr die Gerechtigkeit widerfahren lassen, daß sie mit unverdrossenem, obgleich fast überall verkanntem Eifer die wirkliche und zeitgemäße Verbesserung ihres Staates einzuführen strebt." Diese Gerechtigkeit sollte man aber Pius IX. vor Allen billiger Weise angedeihen lassen.

Wenn je ein Regent, so war Papst Pius IX. für das Glück seines Landes besorgt; vom ersten Augenblick seiner Thronbesteigung an war sein unablässiges Bemühen dahin gerichtet, Mißbräuche zu entfernen und auf dem Wege eines vernünftigen Fortschrittes das allgemeine Beste, die Ruhe, die Wohlfahrt der Völker seiner Staaten mit der bekümmerten

---

[1] Ueber die gegenwärtige Regierung des hl. Stuhles. Aus den Papieren eines Diplomaten. Schaffhausen, Hurter 1865.
[2] Belletristische Beilage der Köln. Blätter. 1865. Nro. 266.

Sorgfalt eines väterlichen und von Liebe erfüllten Herzens zu fördern. Er berief sich zum Beweise dessen in seiner Allocution vom 20. April 1849 mit Recht auf das Zeugniß der ganzen Welt, und trotzdem, daß er damals schwarzen Undank erntete, ging er unverdrossen voran auf dem Wege der Reformen, über die er mit den Repräsentanten der katholischen Mächte zu Gaeta übereinkam. Sein Verdienst ist eine neue politische Organisation der Regierung, die Anordnung eines Ministerrathes zur gemeinsamen Discussion der Staatsangelegenheiten, die Einsetzung des Staatsrathes zur Prüfung der Gesetzentwürfe und zur Entscheidung in vielen Sachen der Verwaltung, die Einführung eines aus Vertretern aller Provinzen bestehenden Finanzrathes zur Prüfung des Budgets und zur Controle der Finanzen, die Erweiterung der Freiheiten und des selbstständigen Wirkungskreises der Municipien und völlige Reform der Provincial= und Gemeinde=Verwaltung, die Eröffnung des Zutritts der Laien zu allen, auch den höchsten Aemtern, mit Ausnahme des Postens des Staatssecretärs, die vollständige Revision der Civil=, Criminal= und Handelsgesetzgebung, die Verbesserung der öffentlichen Anstalten, die großartige Verschönerung der ewigen Stadt, die ungemeine Erleichterung der Verkehrsmittel, die Hebung des Handels und der Industrie und aller materiellen und socialen Interessen. Wir werden hierauf großentheils zurückkommen, für jetzt aber eine Bemerkung: Warum klagt man immer in alter Weise und übersieht die neue, gänzlich umgestaltete Ordnung der Dinge? Und warum verschweigt man die Anerkennung, welche der päpstlichen Verwaltung die erfahrensten Staatsmänner zu Theil werden ließen, ein Graf della Torre, ein Herr von Corcelles, ein Herzog von Belluno, ein Graf Solaro della Margherita, ein Marchese Brignole Sale? Sie hatten kein Interesse, die Wahrheit zu verschweigen, wenn man nicht etwa Interesse nennen will, für die unterdrückte Unschuld in die Schranken zu treten oder mit Brignole Sale eine Senatorstelle seiner Ueberzeugung zum Opfer zu bringen. Und warum befaßt man sich nicht mit den gründlichen Forschungen eines Cardinals Wiseman [1], eines Maguire, eines Dr. Hergenröther, eines Dr. Margotti [2], eines Grafen Rayneval? Sind nicht durch ihre Werke

---

[1] Italienische Zustände S. 49—77, in Cardinal Wisemans vermischten Schriften, 3. Abth. 2. Aufl. Köln, Bachem 1859. S. 1 ff.

[2] Rom und London. Aus dem Italienischen von Dr. Schiel. Wien 1860. und „die Siege der Kirche".

die erhobenen Anklagen wie Nebel von der Sonne zerstreut worden? Ein schweres Gewicht liegt in den zwei Zeugnissen Raynevals: „Worin bestehen nun aber eigentlich diese Mißbräuche der päpstlichen Regierung? Ich gestehe, daß ich bis jetzt noch nicht im Stande gewesen bin, sie zu entdecken. Die Thatsachen wenigstens, welche man unter jenem Namen versteht, sind der Art, wie man sie anderswo gern mit der Unvollkommenheit der menschlichen Natur entschuldigt." „Was ich gesagt habe, genügt wohl vollständig, um zu beweisen, daß alle von der päpstlichen Regierung angeordneten Maßregeln von Weisheit, Umsicht und Fortschritt zeugen, daß dieselben bereits günstige Ergebnisse herbeigeführt haben, kurz, daß auch nicht die geringste, das moralische und materielle Wohl der Bevölkerung berührende Frage der Aufmerksamkeit der Regierung entgangen oder nicht in zweckmäßiger Weise gefördert worden ist."

Aus dem Gesagten erhellt, daß keine Ursache vorlag, im Züricher Vertrag 1859 dem Papste neue Reformvorschläge anzusinnen. Dennoch „hat seine Regierung sie aufmerksam angehört, hat sie sogar angenommen — dieß ist officiell — unter der Bedingung, daß man ihm seine weltliche Herrschaft verbürge; denn Reformen schaffen Unzufriedene, kosten Geld und setzen einen sichern Frieden voraus. Oder hat Präsident Lincoln vielleicht seine Regierung mitten im Kriege reformirt?... Hat nicht die französische Regierung selbst mehr Freiheiten in Aussicht gestellt für den Tag, wo die Parteien verschwunden sein würden? Erläßt der Schiffskapitän noch während des Sturmes seine Reglements für das allgemeine Verhalten der Mannschaft? Hat man nun dem Papste die verlangte Garantie gewährt? Nein, ihr vereitelt sogar in diesem Augenblick die gemeinschaftliche Garantie der katholischen Mächte, die ihr ihm doch ehemals angeboten habt." So Dupanloup in seiner Entgegnung auf die kaiserliche Anklage [1]. Freilich hat man dem Papste das Land nicht garantirt; denn gerade auf Zerstückelung desselben lief im Wesentlichen die damals von Napoleon gestellte Forderung der Reformen hinaus. „Was Uns betreffs der Civilverwaltung angerathen wurde", heißt es in der päpstlichen Allocution vom 18. März 1861, „haben Wir angenommen, einzig das ausgenommen, daß Wir in Unsere Beraubung nicht willigten."

Wie erklärt man aber den endlos wiederkehrenden Ruf nach Re-

---

[1] Die Convention vom 15. September 1864. S. 32.

formen? Offenbar nicht dadurch, als wollte man durch sie eine Kräftigung der päpstlichen Regierung und des Kirchenstaates durchsetzen; nichts Unangenehmeres könnte für die Ankläger sich ereignen. Kaum war (1859) die revolutionäre Regierung in Bologna am Ruder, so veröffentlichte sie, keine Reform werde sie befriedigen, es sei denn die absolute Vernichtung der zeitlichen Herrschaft des Papstes. Wäre, schrieb deßhalb damals Cardinal Antonelli in einer der Oeffentlichkeit übergebenen Note an den päpstlichen Nuntius zu Paris, wäre bis vor einigen Monaten die Illusion noch möglich gewesen, durch Reformen die Staaten Italiens zu beruhigen, so ist sie doch jetzt unmöglich geworden. Das bekräftigt der englische Agent Lyons zu Rom in seinen Despatches respecting the condition and administration of the papal states (1860), nicht Reform, sondern Rebellion wolle man. Die italienische Presse macht kein Hehl daraus. So lesen wir z. B. in der Florentiner Nazione vom 19. Juli 1860: „wir müssen es noch zum tausendsten Mal wiederholen, daß die Römer von allen prätendirten Reformen nur Eine wollen, daß der Papst die Krone des Fürsten niederlege." Wenn man also dennoch immer und immer wieder auf die Behauptung zurückkömmt, in Rom gebe es keinen Fortschritt zum Bessern, keine Reformen, so liegt der Grund davon nicht im Wunsch, sie erfüllt zu sehen; die wahre Ursache liegt in der vagen Unbestimmtheit und nebelhaften Verschwommenheit dieser Anklage, die zu jeder Zeit eine höchst bequeme Angriffswaffe bietet. Ein Proteus steht sie da, der sich nicht fassen läßt. Man formulirt die Klage nicht klarer und bestimmter, um sich die Schande zu ersparen, Dinge zu fordern, die schon vorhanden sind oder den Richter in dem zu spielen, was man nicht kennt. Diese Gefahr würde sehr nahe liegen. So verlangt die Broschüre Napoléon III. et l'Italie im Jahr 1860 einen Staatsrath, den Papst Pius IX. bereits im Jahr 1850 gegeben hat; ähnliche Beispiele ließen sich in reichlicher Fülle anführen. Als daher der französische Gesandte de La Tour d'Auvergne in einer Audienz bei dem hl. Vater von Neuem auf Reformen drang, bekam er die Antwort: oft räth man uns solche, die seit Langem schon verwirklicht sind. Uebrigens bekannte der Gesandte die guten Absichten des Papstes, gewünschte Reformen in der Administration und Justiz vorzunehmen, wie seine Depesche an den Minister Drouyn de Lhuys vom 16. December 1862 kund gibt [1].

_____

[1] Das in Folge dieser Audienz von der päpstlichen Regierung nach Paris ge-

Wir wollen jedoch einen speciell erhobenen Einwand nicht verschweigen: In Rom herrscht keine constitutionelle Regierung, ist keine Volksvertretung. Das ist richtig; allein ohne in die Frage über die Natur und den Werth des constitutionellen Systems tiefer einzugehen, kann man doch unbestritten so viel behaupten, ein Universalmittel gegen die Gebrechen eines Staats ist es nicht. Wo blüht es üppiger als in Griechenland, und welcher Staat ist gründlicher zerrüttet? Man darf auch die Exclusivität in Frage stellen, als sei es für jeden modernen Staat einzig gut und nothwendig. Sogar Freunde dieses Systems läugnen dieß. „Ob der Papst seinem Volke eine Regierungsform geben solle, wie sie in England ist, das ist eine Frage von höchster Bedeutung, welche zu entscheiden dem hl. Vater allein zusteht." Dieses Urtheil vernahm die Nationalversammlung der französischen Republik am 13. October 1849 aus dem Munde eines Thiers mit Beifall. Gleich ihm zeigten in derselben Versammlung ein Graf Montalembert und Thuriot de la Rossière, daß die constitutionelle Form vom Papste nicht gefordert werden könne und auch ohne dieselbe eine starke und glückliche politische Gesellschaft möglich sei; dasselbe bewiesen unter Andern ein Sauzet [1], wohlbekannt in den Annalen des französischen Parlaments, dem er lange präsidirte, ein Karl von Mazade [2], ein Guizot.

Jedenfalls hatten die Päpste das Recht, in solch einer vielbestrittenen Frage ihrer eigenen wohlbegründeten Ansicht zu folgen. Pius IX. wagte den Versuch der Neuerung und rief die Constitution vom 14. März 1848 in's Leben; Minister Graf Rossi war ganz der Mann, sie in Ausführung zu bringen. Aber er fiel unter dem Dolch des erkauften Meuchlers am 15. November 1848, gerade da er im Begriffe war, den Palast zu betreten, in welchem er das Parlament eröffnen wollte. Die Kammer hatte kein Wort der Mißbilligung der empörenden Gräuelthat und ihr Anhang trug an demselben Abend den mit Blumen bekränzten Dolch im Triumph mit flatternden Fahnen durch die römischen Straßen. Ein solches Parlament hat wahrlich sein Dasein selbst verwirkt und seitdem ist in Italien nichts geschehen, was dasselbe wiederum des Lebens

<hr>

sandte Memorandum über den Fortschritt in „der öffentlichen Verwaltung" findet sich in der Civiltà 1863. v. 5. p. 485—508. Ein zweites Actenstück des Cardinals Antonelli über die päpstlichen Reformen ebendaselbst 1861. v. 10. p. 108—117.

[1] Rome devant l'Europe par M. Paul Sauzet. 3 éd. Paris. J. Lecoffre 1860. S. 315 ff.

[2] In der Revue des deux mondes vom 15. Juni 1856.

würdig machte. Sodann haben wir hier einen neuen Beweis für unsere Behauptung: das Verlangen von Reformen ist Heuchelei; sie wurden gewährt und mit Blut zurückgewiesen. Damals, vor sechzehn Jahren, sprach Montalembert die Worte: „Was auch Pius IX. thun möge, das römische Volk (richtiger liberale Partei) wird die neuen ihm gewährten Freiheiten niemals ehrlich annehmen. Es wird sich derselben nur bedienen, um den Fürsten zu stürzen, der da glaubte, sie gewähren zu können, und um sich seiner Autorität zu entledigen." Heute ist kein Grund vorhanden, diese Worte für minder wahr zu halten.

Das constitutionelle System fand zudem bei der Bevölkerung des Kirchenstaates im Allgemeinen wenig Anklang. Vor dem Absolutismus der Willkür von Oben sichert sie die erprobte väterliche Regierungsweise der Päpste. In Sachen der Gesetzgebung befragt Pius IX. den von den Ministern unabhängigen Staatsrath, und das Budget und der ganze Staatshaushalt wird der Finanzconsulta zur Prüfung vorgelegt, das ist einem Rathe von Männern, zu welchem drei Viertel von den Provinzialräthen des Landes dem Papste zur Ernennung vorgeschlagen und ein Viertel frei von demselben gewählt wird; sein Gutachten wird über die Vermehrung oder Verminderung der Steuern und die Staatsschulden, über die Veränderung der Zolltarife, Abschließung von Handelsverträgen u. s. w. eingeholt; durch ihn erhält das Volk Rechenschaft über die Verwendung der Staatsgelder[1], und das sicher ebenso gewissenhaft als im constitutionellen Königreich Italien, in welchem bei der Prüfung des Budgets dieses Jahres von vollen zweiundfünfzig Millionen Lire nicht herausgefunden wurde, wohin sie gekommen[2] und laut Angabe des Oberrechnungshofes im Jahr 1862 acht Millionen, im Jahr 1863 siebenzehn Millionen, im J. 1864 neunundddreißig Millionen verfassungswidrig verausgabt wurden[3].

Beruft der Papst keine Volksdeputirte in eine constitutionelle Kammer, so ist dafür der unmittelbare Verkehr zwischen dem Papste und dem Volke um so inniger. Ein Beispiel aus dem Leben des Papstes Leo XII., wie es uns ein Zeitgenosse aufbewahrt hat, möge das anschaulicher machen. „Papst Leo XII.", erzählt Brentano[4], „mußte irgend woher

---

[1] Vgl. Maguire S. 540 (Rayneval), 572 ff. Dr. Hergenröther S. 61 ff.
[2] Neue Preuß. Ztg. vom 14. April 1865.
[3] Neue Preuß. Ztg. vom 20. April 1865.
[4] Rom, wie es in Wahrheit ist. S. 314.

Mißtrauen haben, wie es mit der Pflege in dem großen Spital S. Spirito, einer immensen Anstalt, aussähe. Was thut er? Halb drei Uhr nach Mitternacht läßt er die Wache rufen, eine Sänfte bringen, und erst auf der Straße erhalten die Träger den unvermutheten Auftrag nach S. Spirito! Auf die Art nicht einmal durch das Geräusch eines Wagens verrathen, nur zwei Schweizer zum Geleite, langt der unvermuthete Besuch an. Du kannst denken, wie man bestürzt ist. Es wird verboten zu wecken, wer da von jenen, denen das Haus befohlen ist, schläft, oder zu holen, wer nicht gegenwärtig ist. Nun wandelt unser herrlicher Papst, selbst oft krank und immer kränklich, das Leiden der Kranken aus eigener Erfahrung kennend, von Bett zu Bett, auch zu den ekelhaftesten Kranken, untersucht Alles, Lager, Geräthe, Getränke, kostet von eines Jeden Suppe, untersucht Brod und Nahrungsmittel, spricht allen Kranken freundlich zu; bei Einem, der sterbend war, verweilt er länger, betet für ihn, gibt ihm geistlichen Trost, segnet ihn und verläßt ihn getröstet und gesegnet. So geht er das ganze Spital durch. Den Tag darauf verlautet es, daß er nicht gar zufrieden gewesen wäre, und nun nach einigen Monaten erscheint als Frucht dieses Besuches eine ganz neue Organisation sämmtlicher Spitäler." Man ändere nur die Stunde des nächtlichen Besuches und man hat ein Bild aus dem Wirkungskreis des gegenwärtig regierenden Papstes vor sich.

Kein Fürst ist seinen Unterthanen so zugänglich, als der Papst. Tag für Tag sind die Stunden der Audienz genau bestimmt für Jene, welche an der Spitze der Staatsgeschäfte, der Kirchenangelegenheiten und der verschiedenen Congregationen stehen. Zudem gibt es Niemand, dem der Zutritt zu den öffentlichen Audienzen schwer gemacht wäre. Der Aermste, der Verlassenste, auch der Verbrecher kann sich an ihn schriftlich wenden, ohne Furcht, das Bittgesuch oder die Beschwerdeschrift werde nicht an den Papst selbst gelangen; derselbe untersucht, zieht sorgsam Erkundigung ein und hilft nach Bedürfniß; solcher Bittschriften gibt es täglich eine große Zahl. Das genügt dem Herzen Pius' IX. nicht; durch eigene Anschauung will er die Bedürfnisse des Volkes kennen lernen. Unangekündigt erscheint er nicht etwa nur in Kirchen und Klöstern, sondern auch in der Schule der Kinder, die er prüft, in dem Atelier der Künstler, bei der Ausstellung der Landwirthschaft oder Industrie. Die Ausgrabungen fördern einen archäologischen Fund zu Tag und Pius IX. ist dort, ihn zu besichtigen. Einst kam für das römische Observatorium ein kostbares Instrument von Fraunhofer aus München an und

Pius besteigt Abends mit drei Begleitern die Sternwarte, um bis Mitternacht den mit demselben angestellten Beobachtungen beizuwohnen. Die Schreckenszeit der Cholera (1854) sah ihn am Bette der Kranken in den Spitälern; das verwahrloste Kind auf der Straße hat in ihm einen Pfleger, das elternlose einen Vater, der gemeine französische Soldat im Lazareth einen tröstenden Freund gefunden. Die römische Universität, die Anstalten für Unterricht, Erziehung und Wohlthätigkeit, sogar das Bureau des Beamten, die Wohnung des Armen und das Detentionshaus und Gefängniß hat Pius besucht. Und die Rundreise im Jahr 1857 führte ihn durch das ganze Land, und die Anordnungen in jeder Stadt bezeugten sein Streben, persönlich die Bedürfnisse in Augenschein zu nehmen und die Lage des Volkes überall zu verbessern. Gehen wir nun zu den einzelnen Zweigen der Verwaltung über.

2. Die Finanzen.

Die päpstlichen Finanzen.

Die päpstlichen Finanzen befinden sich allerdings in einer sehr üblen Lage. Laut officieller Angabe betrugen in dem Jahre 1864 die Einkünfte nur 5,318,708 Scudi oder römische Thaler (13,296,770 fl. rhein. oder nicht volle acht Millionen preuß. Thaler), die Ausgaben hingegen 10,729,039 Scudi, das Deficit mithin 5,410,391 Scudi; im folgenden Jahre stieg es auf 5,593,277 Scudi; zwei Fünftel desselben deckte der Peterspfennig. Die Hauptfrage ist hier: an wem liegt die Schuld dieser mißlichen Verhältnisse? Die Schuld liegt nicht an den Ansprüchen und Bedürfnissen der Päpste. Ihre Civilliste beträgt nur 600,000 Scudi jährlich; damit bestreitet der Papst seinen eigenen Haushalt, den Unterhalt der Cardinäle, des Staatssecretärs, der apostolischen Nuntien an den europäischen Höfen und verschiedener geistlichen Congregationen, die Kosten für Erhaltung der apostolischen Paläste, der päpstlichen Museen, Galerien und Bibliotheken, die Besoldung der Nobelgarde, der Schweizergarde und der Palastbedienten und viel Anderes mehr. Ungeachtet der für solche Ausgaben unglaublich geringen Civilliste hat der Papst seine Hände stets offen, bei jeder Noth zu helfen, bedarf aber auch nicht Millionen für Hofbälle, Theater, Diners, Jagden und luxuriöse Verschwendungen, für Bereicherung der Familie und Ausstattung von Prinzessinnen. Nichts ist einfacher, als das Leben, die Wohnung und der Tisch des Papstes.

Die Schuld liegt auch nicht an der päpstlichen Regierung. Erwägt man die Vergangenheit, den Krieg und die enormen Erpressungen der Franzosen 1796—1798, nicht weniger nämlich als 71 Millionen Francs, die darauf folgende Plünderung zur Zeit der ersten römischen Republik und die zweite französische Herrschaft, so verdient es vollste Anerkennung, daß nach der Restauration 1814 bis 1828 die Staatskasse immer noch Ueberschüsse hatte [1]. Störend wirkten die Unruhen vom Jahr 1830, doch wurde das jährliche Deficit von 1833—1847 mit jedem Jahr vermindert. Mit der Revolution 1848 erfolgte völlige Zerrüttung durch die Republik, die Leerung aller Kassen, die Erhebung von Zwangsanleihen und die Ueberschwemmung des Landes mit acht Millionen Scudi schlechten Papiergeldes. Um der Noth des Volkes willen übernahm der Papst mit schweren Opfern und mit Hülfe einer Anleihe die ungeheure Schuld der republikanischen Regierung, wozu sich kein zweiter Staat verstanden hätte; die Ordnung der Finanzen kehrte zurück, und Dr. Hergenröther beweist (S. 63—64): Erstens, die Staatseinnahmen, die im Jahr 1815 nur gegen sieben Millionen betrugen, haben sich ohne wesentliche Vermehrung der Lasten der Unterthanen auf vierzehn Millionen erhöht. Zweitens, die Steuern sind zwar vermehrt worden, aber im Vergleich mit den meisten Staaten in höchst günstigem Verhältniß; zudem fanden viele Steuernachlässe statt. Drittens, die Noten der römischen Bank mit ihren Filialen in Bologna und Ancona sind das einzige im Umlauf befindliche Papiergeld; es hat gleichen Cours wie das Metallgeld und steht gewöhnlich auf Pari [2], und ist an die Stelle der republikanischen Assignaten getreten, welche ganz aus dem Verkehre verschwunden sind. Viertens, das Deficit wurde fortwährend reducirt und im Jahr 1858 ergab sich bereits ein Ueberschuß der Einnahmen von 142,066 Scudi, und ein noch bedeutenderer im Präventivbudget für 1859. Fünftens, der gewissenhaften Verwendung der Staatseinnahmen und der Sparsamkeit in allen Zweigen der Verwaltung gebührt höchstes Lob.

Als von besonderm Belang muß die Thatsache hervorgehoben werden, daß der Kirchenstaat damals, im Jahre 1859, dem letzten seines factischen Bestandes, das Bild eines gut geordneten Haushaltes mit

---

[1] Dr. Hergenröther a. a. O. S. 53 ff. Maguire S. 480 ff. Cardinal Wiseman, italienische Zustände S. 57 ff. Margotti, die Siege der Kirche S. 335.
[2] Graf Rayneval bei Maguire S. 542—43.

Ueberſchuß der Einnahmen bot; deßhalb bemerkte Maguire, der zur ſelben Zeit ſchrieb, mit Recht (S. 120): „Die finanziellen Verhältniſſe der päpſtlichen Regierung brauchen gegenwärtig (1859) den Vergleich mit denen der blühendſten europäiſchen Staaten nicht zu ſcheuen.“ Aenderte ſich das, ſo muß man die Urſache in dem völkerrechtswidrigen Verhalten Piemonts ſuchen.

Die Ereigniſſe von 1859 und 1860 ſind bekannt. Die Bildung eines ſtarken Heeres unter Lamoricière, der Raub dreier Viertel des Kirchen= ſtaates und zwar gerade ſeiner ſchönſten, bevölkertſten und reichſten Pro= vinzen, die Penſionen eines großen Theils der nach Rom geflüchteten, treu gebliebenen Beamten, welche im Elend nicht verlaſſen werden konnten, die unter ſolchen Verhältniſſen begreiflicher Weiſe nothwendig gewordenen Anleihen von 1860 und 1864 mit ihren Zinſen, die vom Papſte auch nach ſeiner Beraubung ſeit ſechs Jahren für den geſammten Kirchen= ſtaat getragene Schuldenlaſt — das ſind die Folgen der Haltung Pie= monts und ſeines fauſtrechtlichen Gewaltſtreiches. Dennoch ſind die La= ſten der Bevölkerung nicht über Gebühr erhöht, die Gehalte der Be= amten nicht verkürzt, die Abgaben theilweiſe ermäßigt, die Einnahmen vermehrt, die Zölle herabgeſetzt, der Wohlſtand des Landes gehoben, Kunſt, Handel und Induſtrie ſorgfältig gepflegt, die Zinſen der Staats= ſchuld pünktlich gezahlt worden, die Anleihe von 1864 wurde al Pari aufgenommen und ſogar im Königreich Italien wird die päpſtliche Rente über den Cours der italieniſchen notirt. Dafür hat die Vorſehung Gottes, die freiwillige Beiſteuer treuer Kinder der Kirche in allen Ländern und die gewiſſenhafte päpſtliche Finanzverwaltung geſorgt. Selbſt die kirchen= feindliche Indépendance vom 14. Januar 1865 meint, wenn ſie an ein Wunder glauben könnte, wahrhaftig, dann wäre ſie verſucht, hier an ein übernatürliches Eingreifen zu denken.

Die Finanzen Piemonts.

Noch erübrigt uns ein Vergleich der finanziellen Lage des Kirchen= ſtaates mit jener Piemonts oder Neuitaliens. Iſt in dieſem der Stand der Finanzen glücklicher? Iſt die Verwaltung geordneter? Iſt die Staats= ſchuldenlaſt geringer und der Steuerdruck leichter? Um ein richtiges Ur= theil zu fällen, muß man füglich drei Finanzperioden unterſcheiden, die erſte bis zum Jahr 1848, dem Anfang der revolutionären Politik Pie= monts, die zweite bis zu Erwerbung der ſchönen Reiche Italiens im

Jahr 1861, die dritte bis zur Gegenwart. Von den zwei erſteren hat der Abgeordnete Henneſſy im engliſchen Parlament ein zuverläſſiges Bild in ſeinen weſentlichen Umriſſen entworfen [1]; wir verweiſen des Weitern auf die von ihm vorgebrachten officiellen Berichte der engliſchen Agenten, auf ſeine Daten und Zahlen und begnügen uns, das Wichtigſte hervorzu-heben. Nach officieller Angabe des Herrn Weſt, des wohlunterrichteten bri-tiſchen Geſandtſchaftsſecretärs zu Turin, ſchwollen die Zinſen der piemonte-ſiſchen Staatsſchuld von 8,400,000 Frcs. in der erſten Periode (1819—48) im Laufe der zweiten bis zu 80,000,000 Frcs. an, die Staatsſchuld vermehrte ſich um nicht weniger als 710,000,000 Frcs. Herr Weſt conſtatirte den drohenden Staatsbanferott Piemonts und den Zweck, den es bei Eröff-nung des letzten Krieges vor Augen hatte, nämlich durch Eroberung eines reichen Ländergebietes dem Banferott zuvorzukommen: „In finan-zieller Hinſicht war die Politik der piemonteſiſchen Regierung, als ſie den Krieg unternahm, eine Politik der Verzweiflung, denn nur die Er-werbung einträglicher Provinzen konnte ihren zerrütteten Finanzen wieder aufhelfen." Er berichtete ferner über die öffentlichen Laſten: „Zur Deckung der immer mehr anſchwellenden Laſten iſt ein Steueraufſchlag unvermeidlich, und aller Wahrſcheinlichkeit nach wird man ſeine Zuflucht zu einer Einkommenſteuer nehmen. Der Steuerdruck wird beſonders vom Grundbeſitzer ſchwer empfunden. Die Häuſer- und Grundſteuer iſt äußerſt drückend, und namentlich die letztere für den kleinen Landeigen-thümer Piemonts. Die gleichmäßige Vertheilung des Eigenthums be-ſchleunigt mit Rieſenſchritten die Verarmung großer Landſtrecken." Hen-neſſy bekräftigte das gewichtige Zeugniß Weſt's durch folgendes Urtheil einer damals eben veröffentlichten Schrift Brofferio's, eines glühenden Anhängers der piemonteſiſchen Politik und vieljährigen Deputirten im Parlamente zu Turin: „Graf Cavour's finanzielle Maßregeln waren von der ſchlimmſten Art. Er erſchöpfte die Steuerzahlenden, ohne den Schatz zu bereichern. Er erhob enorme Steuern von der kleinen In-duſtrie, vom Detailhandel und von dem kleinen Beſitzthum. Er legte ge-häſſige Abgaben auf die Hauptlebensbedürfniſſe; er beſteuerte Hunger und Durſt, Kälte und Wärme, ja ſelbſt den Tod; durch ſeine Erbſchafts-ſteuer fand er das Mittel, ſelbſt die Schulden zu beſteuern, ſelbſt die

---

[1] Stimmen der Wahrheit gegen Irrthum und Lüge, H. II. Rede des Abg. Henneſſy über die italieniſche Frage, gehalten in dem Unterhauſe des engliſchen Par-laments den 4. März 1861. Freiburg i. Br. Herder 1861. S. 4 ff.

Thräne der Waise und den Harm der Wittwe. Während er den uner=
meßlichen Werth des Kapitals im Verkehr, der Banknoten und der
Wechsel unbesteuert ließ, legte er eine Abgabe auf die Schuld, welche
Armuth ist, ohne nur einen Heller vom Credit zu erheben, welcher Reich=
thum ist. Seine Steuer auf Patente oder Erlaubnißscheine zum Betrieb
von Industrie, Handel und Handwerken lastete schwer auf dem Armen,
ohne vom Reichen im Geringsten gefühlt zu werden."

Kommen wir zur dritten Finanzperiode. Angesichts der Selbstver=
herrlichung Piemonts und seiner Declamationen, nur getrieben von dem
einstimmigen Verlangen der Völker Italiens im Interesse ihrer Wohl=
fahrt die Provinzen annectirt zu haben, mußte man erwarten, sogleich
werde auf der ganzen Halbinsel Industrie, Handel, Wohlstand auf eine
bis dahin nicht gekannte Weise sich heben und der Erfolg in blühenden
Finanzen sich kundgeben. Aber keine Erwartung ist weniger gerechtfer=
tigt worden; Victor Emmanuel hat herrliche Länder und blühende Fi=
nanzen bekommen und dem allgemeinen Bankerotte entgegen geführt.
Zahlen mögen entscheiden. Nach einer im Jahr 1860 contrahirten
Schuldenlast von über 300 Millionen Lire, nach einer Anleihe von 500
Millionen im Jahr 1861, erfolgte 1863 eine Anleihe von nicht weniger
als 700 Millionen; damals versprach der Finanzminister Minghetti, bin=
nen vier Jahren das Gleichgewicht im Staatshaushalt herzustellen. Wie
ist das Versprechen erfüllt worden? Der Finanzminister Sella hat in
der Kammer [1] am 14. März 1865 darüber Aufschluß gegeben: Das
Deficit vom Jahr 1864 beträgt 316,847,663 Lire (also täglich fast
eine Million), das von 1865 nach seiner Wahrscheinlichkeitsberechnung
207,000,000 Lire, das von 1866 100,000,000 Lire [2], mithin wird das
Ende besagten Jahres ein Totaldeficit von 623,847,663 Lire statt
des versprochenen Gleichgewichts ergeben. Zur Deckung des Deficits
der 623 Millionen sollten die Staatseisenbahnen für 200 Millionen ver=
kauft werden, während sie das Doppelte gekostet haben, sollte eine neue
Anleihe von 425 Millionen aufgebracht werden (ohne Zweifel mit Aus=
gabe von Rentenscheinen für 600—700 Millionen), sollten neue Steuern

---

[1] Augsburger Allg. Ztg. vom 17. und 21. März 1865 Beil.; Nazione di Fi=
renze 19 Marzo 1865; Civiltà Catt. April 1865, S. 111—112, und Mai S.
367—369, und eine wohlverdiente schonungslose Kritik nach der Gazette de France
im Mainzer Journal 23. April 1865.

[2] Das thatsächliche Deficit von 1866 hat sich vielmehr um das Doppelte größer
herausgestellt, als vorausgesehen wurde.

erhoben, die bestehenden erhöht werden. Nun, die Eisenbahnen sind verkauft, die Anleihe von 425 Millionen aufgenommen, die Grundsteuer,
125 Millionen, am Ende des Jahres 1864 für 1865 im Voraus erhoben
und mit Steuern das Land beispiellos gesegnet worden; wir nennen als
neu oder erhöht in den letzten Jahren die Steuern auf Grund und Boden,
bewegliches Eigenthum, Tabak, Salz, Fabrikate, Briefporto, Sparkassen-
scheine, Einregistrirung, Stempel, Pensionen, Hypotheken, Consumtion
verschiedenster Art; wir können insbesondere den 6. Artikel des im gegenwärtigen Jahre von der Deputirtenkammer angenommenen Gesetzes für
Erhöhung der Mobiliartaxe (66 Millionen) unmöglich unerwähnt lassen;
kraft desselben wird eine Taxe von zwei Lire sogar für das im Schweiße
der Handarbeit nothdürftig errungene jährliche Einkommen erhoben, also
gerade die ärmere Klasse, die kümmerlich ihre paar Groschen täglich verdient, von der Steuer auf's Härteste betroffen.

Und was ist endlich mit den maßlosen Auflagen erreicht worden?
Minister Natoli hat in einem Circular vom 20. September 1865 bekannt, daß die Einnahme der Steuern durchschnittlich um viele Procent
hinter der Berechnung zurückgeblieben, die Ausgaben in den Verwal-
tungsdicasterien gestiegen sind, und daß das Deficit des laufenden Jahres
statt der veranschlagten 100 Millionen 280 Millionen beträgt; Sella
veranschlagte es 2. December 1865 auf 265 Millionen, und das ist
wahrscheinlich zu niedrig angegeben, wenn wir auch nicht jenen italienischen Blättern beistimmen, welche ein Deficit von 1000 Millionen her-
ausrechnen. Die jährlichen Zinsen der Staatsschuld haben sich in den
vier letzten Friedensjahren um 130 Millionen vermehrt. Was bleibt
also übrig? Die italienischen Posten hat man gegen einen Vorschuß von
100 Millionen an Rothschild verpfändet und neue Steuern müssen er-
dacht werden, was nicht leicht scheinen dürfte. Was will man noch be-
steuern? Fragten doch arme Arbeiter zu Ancona bei Sella's Ankunft
im Sommer l. J. verzweifelnd spöttisch, ob derselbe vielleicht gekommen
sei, um auf die Cholera eine Steuer zu legen? [1] Doch Luft und Licht
konnten bis jetzt frei genossen werden; jetzt müssen auch sie ihren Tribut
zahlen; die Thür- und Fenstersteuer ist in der neuen Hauptstadt Italiens
bereits angekündigt und dazu die Mahlsteuer, um Italien von der
Bürde weiterer 100 Millionen zu erleichtern.

An die gemeinsamen Lasten Italiens reihen sich die Schulden der

---

[1] Augsb. Allg. Ztg. 12. Aug. 1865.

Städte. Welche steigenden Deficits sehr viele Gemeinden Piemonts schon vor dem Kriege des Jahres 1859 hatten, hat Margotti nachgewiesen [1]. Bologna begann die Wiederaufnahme seiner Municipaladministration unter Piemont mit beträchtlicher Vermehrung dreier Auflagen und mit einer Anleihe von 1,800,000 Francs. Florenz hat sich mit einer Anleihe von 30 Millionen belastet und sein Beispiel findet allerwärts Nachahmung.

Nothwendig dringen sich hier dem aufmerksamen Beobachter zwei Betrachtungen auf. Erstens, Piemont stürzte ganz Italien in diesen Abgrund von Schulden ungeachtet seines frühern blühenden Zustandes und trotz enormer außerordentlicher Geldzuflüsse. Modena, Toscana, die Marken, Neapel waren bis zur Annexion reich und glücklich, die Abgaben nicht drückend, die Schulden verhältnißmäßig unbeträchtlich. Die fünfprocentigen Staatsscheine Neapels standen zu 110 bis zu 120, während die italienischen jetzt fast auf der Hälfte stehen. Garibaldi fand beim Einzug in Neapel 85 Millionen Frcs. vor, in wenigen Monaten waren sie verschleudert und die Finanzen nach dem Ausdruck des Manifestes Franz II. d. d. 8. December 1860 vollständig ruinirt. Die Einkünfte der päpstlichen Provinzen wurden bezogen, aber ihr Antheil an den Staatsschulden nicht bezahlt, Staatsdomänen wurden im Werth von 350 Millionen in Einem Jahre von Sella verkauft, Legate für heilige Messen und die Stiftungen von Klöstern, Kirchen, Collegien, Seminarien, religiösen und wohlthätigen Anstalten confiscirt; so beschwerten sich z. B. die Bischöfe der Mark und Umbriens, daß in dem Einen Jahr 1861 Klöster und Stifter jährlicher Einkünfte von 3,027,731 Lire beraubt wurden [2]. Ordensfrauen, welche die Blüthe ihrer Jahre dem Dienste Gottes und des Nächsten geweiht haben, wurden mit Verlust ihrer Mitgift gegen Verabreichung einer täglichen Quote von 20 Centesimi (etwa zwei Silbergroschen) oder gar nur 6 Centesimi [3] in die Welt hinausgestoßen. Die Einziehung des Restes des geistlichen Gutes steht in kürzester Frist bevor.

Zweitens, das italienische Volk ist furchtbar getäuscht worden. Man hat die Marken durch Versprechen von Steuererleichterung gegen den Papst aufzuwiegeln versucht und sie seufzen nun unter der Steuerlast.

---

[1] Die Siege der Kirche S. 272—73.

[2] Das Document ist im Stendardo cattolico von Genua 5. März 1865.

[3] Das Memorandum der Bischöfe Umbriens in der Armonia 1862. no. 88 Supplem.

3 *

Valerio, der erste piemontesische Commissär, hat zwar in der That sogleich nach ihrer Besetzung den Salzpreis ermäßigt, aber Sella hat ihn
verdoppelt; man hat sogleich die Mahlsteuer abgeschafft, aber Sella führt
sie heute wieder ein. Wo sind also die dem Volk versprochenen goldenen Berge? Millionen werden vom Heere, von der Marine, von der
Polizei, von den besoldeten Journalen und Correspondenten, vom Parlament, von den für die Zahl der Verurtheilten nicht ausreichenden Gefängnissen verschlungen, 100 Millionen sollen für den Ankauf von Straf-
colonieen in fernen Meeren bestimmt sein; die Masse des Volkes aber ist
zum Zahlen verurtheilt und muß sich fügen. Wir wollen ein liberales
Blatt [1] für uns reden lassen: „Die Multiplicität der Steuern ist gleich
schlimm wie die Inquisition, die sie verschärft. Nicht nur werden Dienstboten selbst besteuert, sondern alle einzelnen Familienglieder, die nur
einige Centimes verdienen; zweifach, dreifach muß gezahlt werden unter
allen möglichen Titeln; Cartelle auf Cartelle werden den armen Leuten
in die Häuser gebracht, und wer zufällig von Behörde oder Trägern
vergessen sein sollte und sich anzugeben unterläßt, verfällt in Strafe.
Sie machen sich außerhalb dieses glücklichen Landes keine Vorstellung
von diesem Treiben. Es trifft die kleinen Leute, Boutiquiers, Handwerker, Dienstboten, Taglöhner auf's Härteste. Das Landvolk, welches
von Anfang an der neuen sogenannten Ordnung der Dinge abgeneigt
war, ist noch unzufriedener und gereizter als die städtische Bevölkerung.
So ist die Verstimmung und Unzufriedenheit allgemein, um so mehr als
die Regierung ohne die geringste Rücksicht auf die Lage der Steuerpflich-
tigen und auf die wirkliche Steuerkraft des Landes immer noch auf
neue Auflagen sinnt... In diesen gedrückten Verhältnissen und der er-
barmen- und gewissenlosen Consequenz eines Verfahrens, dessen Ende
man nicht absieht, liegt die Erklärung der Opposition, die sich hier bei
den Gemeindewahlen gezeigt hat... Viele würden heute noch stillschweigen und sich in Geduld fügen, wenn sie sähen, daß die grenzenlosen
Gelderpressungen eines in Italien bisher unbekannten Systems wenigstens eine geordnete und anständige Finanzverwaltung zum Ergebniß
haben. Aber die immer halb bankerotte Wirthschaft zeigt, wie wenig
dieß der Fall ist.“

Dem Gesagten wollen wir ein zweites Zeugniß desselben liberalen
Blattes (29. Sept. 1865) zur Seite stellen, nicht nur zur Bestätigung,

---

[1] Augsb. Allg. Ztg. 27. Sept. 1865, Correspondenz aus Florenz 23. Sept.

sondern auch zum Beweis des innern Zusammenhangs dieses finanziellen Ruins mit dem sittlichen Verfall. Nachdem der Correspondent aus Palermo die schreckenerregende unsichere Lage berichtet hat, gibt er als Grund davon, daß dieß „theils der großen Zahl erwerbloser Arbeiter, theils der allzuhohen Besteuerung der armen Klassen zuzuschreiben ist. Viele sahen sich veranlaßt, ihr einziges geringes Besitzthum zu verkaufen, weil es ihnen den Betrag der darauf lastenden Steuern nicht abwarf. Solche Vorkommnisse vermehren aber nur das Proletariat und dienen gewiß weder zur Erhöhung der öffentlichen Zufriedenheit noch zur Verbesserung der Sicherheitszustände.“ Wir übergehen die tumultuarischen Auftritte, welche die Mobiliarsteuer in Alessandria, Como, Brescia, Parma und die ganze Halbinsel hinab und in Sicilien hervorgerufen hat; hier floß Blut, dort mußte man die Eintreibung der Steuer ganz sistiren; nur Eine Frage erlauben wir uns: Mit welcher Stirne wagt Piemont und eine für Neuitalien schwärmende Presse im Namen der Wohlfahrt den letzten unabhängigen Rest des Kirchenstaates zu begehren?

3. Die Staatswirthschaft.

Neuitalien.

Wir sind weit entfernt, manchen volkswirthschaftlichen Fortschritt der neuitalienischen Regierung und ihre lobenswerthen Verdienste um Handel und Industrie zu verkennen. Aber das Elend, welches Piemont über Italien gebracht hat, ist größer, als der gebrachte Nutzen. Die annexirten italienischen Reiche befinden sich in einer nichts weniger als beneidenswerthen Lage und ihre ehemalige Verwaltung war der piemontesischen vorzuziehen. Wir verweisen zum Beweise auf die Zahlen und Daten und insbesondere auf die Berichte der englischen Agenten, welche Hennessy im Unterhause des englischen Parlamentes vorgebracht hat [1], auf welche gestützt er schließen konnte: Ich glaube gezeigt zu haben, „daß, soweit jene charakteristischen Kennzeichen der öffentlichen Wohlfahrt, auf welche der verstorbene Robert Peel sich zu berufen pflegte, ein Urtheil zulassen, Sardinien den untersten Rang einnimmt, während für Toskana, Neapel, den Kirchenstaat sich ein ungleich günstigeres Verhältniß herausstellt.“ Die Insel Sardinien namentlich legt ein schreiendes Zeug-

---

[1] Rede des Abgeordneten Hennessy am 4. März 1861. S. 8—16.

niß ab; sie wurde so vernachlässigt, daß Thouvenel bemerkt, die französische Regierung könne nicht daran denken, die Insel Sardinien für sich zu nehmen, „denn sie sei in einem Zustande von Barbarei, der für ihre Regierung ein ewiger Schandfleck sei"; die Berichte des englischen Agenten Gray stimmen im Wesentlichen damit überein[1]. Die von Hennessy vorgebrachten Zahlen zeigen eine beständige Abnahme des sardinischen Handels.

Die Vereinigung der italienischen Reiche unter Einer Krone mußte zwar nationalökonomische Vortheile bringen, andererseits aber mußte die von der italienischen Regierung geschaffene finanzielle Misère und der Steuerdruck wie ein Alp auf der Industrie und dem Handel lasten und durch die enorme Heeresmacht die Agricultur der besten Kräfte beraubt werden. Man beachte, daß nach dem Berichte des Herrn Gray die Conscription in den Jahren 1851—57 der Insel Sardinien 10,622 der kräftigsten jungen Leute entzog, von denen nur 1100 wieder nach Hause gekommen sein sollen. Man darf sich daher nicht wundern, daß unmittelbar nach der Annexion schon die lautesten Klagen gegen Piemont vernommen wurden. Vor Allen that sich alsbald Livorno hervor; kaum war die Einführung des sardinischen Finanzsystems beschlossen, so entstand allgemeine Aufregung. Hennessy hörte auf seiner Reise in Italien die Kaufleute von Livorno bitter klagen, und wie er berichtet, „verwahrte sich die Handelskammer dieser Stadt in einer nachdrücklichen Protestation an den Grafen Cavour gegen das sardinische Zollsystem. Kapitäne englischer Handelsschiffe zu Livorno beschweren sich nicht nur über die hohen Eingangszölle, sondern noch vielmehr über das zeitraubende Hinhalten durch die Zollbeamten, das erst seit der Annexion üblich geworden sei. Während sie früher ihre Zollgeschäfte in einer halben Stunde abthun konnten, müssen sie sich jetzt in Folge der neuen Zolleinrichtungen, wenn es gut geht, eine Verzögerung von 24 Stunden gefallen lassen." Seitdem ist die einst so blühende und reiche toscanische Hafenstadt mit jedem Jahre gesunken; eines der dem piemontesischen Wesen am meisten geneigten Florentiner Blätter schildert ihre Zustände als „höchst elend in Allem, was sich auf Handel und Industrie bezieht, abnorm wegen der mangelhaften unsichern Verbindungen, exceptionell wegen der gegenwärtigen Verhältnisse des Freihafens"[2]; die großen in-

<hr>

[1] Rede Hennessy's S. 9.
[2] S. Neue Preuß. Zeitung 13. April 1865.

duſtriellen Unternehmungen verkommen unter der Laſt des Steuerſyſtems, welches die Stadt vom Lande abſchließt. Ein alter Livorneſer Akademiker beſtätigt die gegebene beklagenswerthe Lage [1], und es iſt ſoweit gekommen, „daß ſich für die Vertretung der Stadtintereſſen kein Bürgermeiſter finden läßt, indem von dreizehn oder vierzehn neugewählten Gemeinderäthen, denen man dieſe ſchwere Verantwortlichkeit übertragen wollte, ſich keiner dazu verſtehen mochte" [2]. Wie ſollten ſich auch die annerirten Seehäfen Italiens Zunahme ihres Flores von der Sorgfalt jenes Sardiniens verſprechen, welches dieſelbe ſeinen eigenen Seeſtädten nicht zuzuwenden verſteht? Was hat es aus Genua, der ehemaligen berühmteſten Handelsrepublik Italiens und ſeinem wichtigſten Hafen, gemacht? „In wenigen Küſtenſtrichen Europa's iſt der Handels- und der Unternehmungsgeiſt zur See ſo urwüchſig entfaltet, wie an der Riviera von Genua; allein die Kräfte ſind gelähmt, und die Unternehmungen gehemmt, da die Regierung nichts gethan hat, um der Handelsmarine unter die Arme zu greifen, und einzelne Privatunternehmungen ſind aus dieſem Grund völlig geſcheitert" [3]. Die Zahlen über das beſtändige Sinken des genueſiſchen Seehandels hat Henneſſy geliefert [4] und über eine höchſt traurige Kriſis belehrt ein Promemoria der Genueſer Handelskammer im eben abgelaufenen Jahre.

Wenden wir unſere Blicke nach der Hauptſtadt Siciliens, ſo begegnet man der im neuitalieniſchen Marineminiſterium herrſchenden Abſicht, „Palermo zu einem Hafen zweiter Klaſſe herabzuſetzen; die Handelskammer und die Preſſe ſträuben ſich dagegen; man ſieht keine Veranlaſſung zu einem ſolchen Beſchluß" [5]. Wieder iſt es die finanzielle Zerrüttung, welche dieſes und manches andere Geheimniß enträthſelt. So ſchreibt z. B. ein Correſpondent der Augsburger Allg. Zeitung vom 24. September 1865 aus Palermo: „Hier und in ganz Sicilien erregt eine andere Verfügung des Miniſters Jacini wo möglich noch größere Mißſtimmung. Die Verkehrsbedürfniſſe auf unſerer Inſel ſteigern ſich erfreulicherweiſe von Tag zu Tag, aber die Regierung thut nur wenig, um dem Bedürfniß durch Vermehrung der Verkehrsmittel entgegen zu

---

[1] Livorno e il suo Porto-franco, considerato nel passato, nel presente e nell'avvenire da un vecchio Livornese. Firenze, Agostini, 1863.

[2] Augsb. Allg. Ztg. 13. Auguſt 1865.

[3] Augsb. Allg. Ztg. 26. Auguſt 1865.

[4] A. a. O. S. 8—9.

[5] Augsb. Allg. Ztg. 24. Auguſt 1865.

kommen. Ja noch mehr, sie sucht dieselben aus mißverstandenen Erspa=
rungsrücksichten sogar zu vermindern. So wurden nicht nur die directen
Fahrten zwischen Palermo und Genua eingestellt, sondern man hat nun
auch die Postdampferfahrten um die ganze Insel, welche bisher allwöchent=
lich stattfanden, auf die Hälfte reducirt — um 300,000 Lire zu er=
sparen. Solche Finanzoperationen entziehen sich wohl aller Kritik und
bewirken das gerade Gegentheil von den Absichten der Regierung." Die
Verkehrsmittel zu Lande sind theilweise ebenso schlecht bestellt. Ein Tu=
riner Correspondent des eben angeführten Blattes vom 28. Juli 1865
berichtet: „Was die Verschlechterung des Postdienstes betrifft, so
werden darüber in ganz Italien die schwersten Klagen laut, hier sieht es
aber gewiß am schlimmsten damit aus. Der Dienst ist bis in die klein=
sten Details mangelhaft geworden und die Geschäftswelt ist den größten
Verlegenheiten öfters ausgesetzt." Ein neues Postreglement wurde deß=
halb gegeben. Die Erfahrung muß zeigen, ob die daran geknüpfte Hoff=
nung auf Besserung sich verwirklicht.

Darf man sich wundern, daß die Klagen der Kaufleute über die
bedrängte Lage des Handels und der Industrie und über den schlechten
Geschäftsgang in Turin [1], in Florenz [2], kurz überall überhand nehmen?
Welche Wunden der Brigantaggio und die öffentliche Unsicherheit dem
commerciellen Verkehre schlagen müssen, bedarf keiner Erwähnung. Aus
den frühern Herzogthümern Parma und Modena kommen namentlich
„traurige Berichte über die Lage des dortigen Handels und die gegen=
wärtigen industriellen Verhältnisse. Parma ist halb ruinirt und ent=
behrt jeder commerciellen Hilfsquelle. Der Handwerksstand weiß sich
fast nicht mehr zu ernähren, und die Einwohnerzahl nimmt bedeutend
ab, da viele Leute nach der Lombardei übersiedeln" [3]. Besonders hart
ist auch das toscanische Landvolk heimgesucht worden. Ehemals kleidete
es sich in einen durch den englischen Handel importirten eigenthümlichen
Kleiderstoff, halb Wolle, halb Seide; das hat, Dank dem schwerlastenden
sardinischen Zolltarif, jetzt aufgehört [4]. Auch aus Mailand schreibt
man: [5] „Die Handels= und Finanzkreise sind über den äußerst schlechten

---

[1] Z. B. Augsb. Allg. Ztg. 16. Juli 1865 und 2. October 1865.
[2] Neue Preuß. Ztg. 13. April 1865.
[3] Augsb. Allg. Ztg. 3. August 1865.
[4] Hennessy, a. a. O. S. 13.
[5] Augsb. Allg. Ztg. 22. Sept. 1865.

Geschäftsgang, der nun seit mehreren Monaten schon eingetreten, im höchsten Grade unzufrieden, und schieben vieles der schwankenden Haltung der Regierung in die Schuhe, da das Publikum über deren Absichten vollkommen in Zweifel gelassen wird. Es ruht vollständig jede Spekulation, und der früher sonst so starke Verkehr zwischen Mailand und Neapel hat ebenfalls bedeutend nachgelassen. Der Seidenhandel sowohl als das sonst hier sehr beträchtliche Fruchtgeschäft sind ohne alles Leben."

Wir übergehen fernere trübselige Handelsberichte, die verzweifelte Lage der sicilisch-calabresischen Eisenbahngesellschaft (Victor-Emmanuel-bahn), der Südbahn und der Kanal-Cavour-Gesellschaft, der italienischen Creditbank u. s. w. und beschränken uns darauf, die Aufmerksamkeit auf eine neu hervorgesproffene Wurzel solchen Elends zu lenken. Eine wegen Geldverschleuderung bei dem Unternehmen des Cavour-Kanal-Baues eingeleitete Untersuchung hat Details ergeben, die „ein System kennzeichnen, welches, von Frankreich herübergekommen, sich auf der ganzen Halbinsel ausgebreitet und schon so viele Unternehmungen zu Grunde gerichtet hat; das System der schamlosesten Selbstbereicherung Einiger auf Kosten der Gesellschaft[1]. Es ist denn bereits so weit gekommen, daß man es nicht mehr befremdend findet, „daß das italienische Kapital sich von allen industriellen Unternehmungen beharrlich entfernt hält und jede neue nur mit dem größten Mißtrauen betrachtet wird"[2]. Wenn dessenungeachtet die unlängst erschienene erste italienische Handelsstatistik von 1862 und 1863 einen Handel aufweist, der in seinem Werthe die erhebliche Summe von 1700 Millionen darbietet, so erreichte er dieses Resultat nicht Dank den großen Verdiensten der italienischen Regierung, sondern trotz der geringen Fürsorge derselben und trotz der von ihr verschuldeten Hemmnisse; im Allgemeinen lag der Handel darnieder. Wie viel hätte bei besserer Verwaltung erreicht werden können? Gehen wir nun zur päpstlichen Regierung über; wir werden zeigen, daß dieselbe, weit entfernt, ein Verlangen nach der piemontesischen rege zu machen, vor ihr entschieden den Vorzug verdient.

---

[1] Augsb. Allg. Ztg. 26. Juli 1865.
[2] Augsb. Allg. Ztg. 13. Aug. 1865, Beil. Handelsbericht.

Wie weit sich Unkunde und feindselige Leidenschaft verirren kann, beweist die Beschuldigung Nic. Tommaseo's: Was machten die Päpste aus Rom? Ein unfruchtbares Land, eine die Stadt umgebende Wüste, eine Atmosphäre, in der man das Fieber und den Tod einhaucht. Man geht also so weit, dieselben für Natur und Luft verantwortlich zu machen. Und doch ist bekannt, daß schon Cicero, Livius, Horaz und Martialis den „dürren Boden um die Stadt" und die „pestbringende" Umgegend besprochen haben. Will man den Päpsten zum Vorwurfe machen, was man den weltgebietenden Römern als solchen nicht angerechnet hat? Diese befanden sich übrigens in weit günstigeren Verhältnissen; sie besaßen Tausende von Sklaven, welche sie zwangen, auch mit Verlust ihres Lebens, den Boden zu bebauen. Nach dem Sturz des römischen Reiches machten die endlosen Verheerungen barbarischer Volker das Land vollends zur Wüste und als die Päpste im achten Jahrhundert souveräne Fürsten wurden, war die Campagna bereits längst veröbet.

Damals nahm die Sklaverei in Rom ein Ende; das Verdienst der Päpste um ihre allmälige Abschaffung ist um so größer, als sie sich selbst dadurch der größten Hülfsmittel für die Landwirthschaft beraubten. Der freie Ackerbauer ist ihm dafür zum Danke verpflichtet. Dr. Scharpff [1] macht aufmerksam, daß Papst Gregor der Große „wohl der Erste im Abendlande ist, der sich als einen Freund des Bauernstandes und dessen Emancipation bewiesen hat. Er verkleinerte die Abgaben derselben, sorgte dafür, daß sie in keiner Weise übervortheilt wurden und ließ seine Bestimmungen zu Gunsten der Bauern aufsetzen und unter sie vertheilen, damit sie die eingeräumten Vortheile auch nach seinem Tode behielten." Wenn derselbe Papst einem Bischof Januarius auftrug, die Verwaltung der Kirchengüter Geistlichen anzuvertrauen, so geschah es deßhalb, „weil die Laien die Bauern plündern und aussaugen." Die Geschichte erzählt von der Förderung des Ackerbaues durch die frühern Päpste, von ihren weisen Gesetzen, ihren Versuchen, die Campagna zu bevölkern und zu cultiviren und den Schwierigkeiten, an welchen ihre Bestrebungen scheiterten [2]; es dürfte schwer sein, zu be-

---

[1] Die Entstehung des Kirchenstaates S. 39.
[2] Vgl. hierüber Analecta juris pontificii 1859. p. 1900—1906. Dr. Hergenröther, der K.-St. Kap. 8. Margotti, die Siege der Kirche S. 351—63 und 558.

weisen, daß mit den vorhandenen Mitteln und unter den gegebenen Verhältnissen der Natur und der Geschichte, des Bodens und des Klimas ein bedeutend größerer Erfolg gewonnen werden konnte. Einiges nun über die Gegenwart [1].

Die Vorwürfe über den Mangel der Bebauung betreffen nicht den ganzen ehemaligen Kirchenstaat. Von seinen etwas über drei Millionen Bewohnern zählte die Ackerbau-Bevölkerung 963,578 Seelen, 37,983 Hirten nicht mitgerechnet [2], die östlichen Provinzen gehören unter dem besprochenen Gesichtspunkt zu den fortgeschrittensten von Italien; der Ertrag der Getreidefelder übersteigt in mittleren Jahren den Bedarf des ganzen Staates oder ist wenigstens genügend. Auch von der römischen Campagna werden 11,000 Rubbia (33,000 engl. Morgen) jährlich bebaut. Der übrige Theil wird für Wein-, Obst- und Oelbau, für die Forstcultur und besonders als Weideland benutzt. Während sie im heißen Sommer verlassen scheint, wird sie etwa acht Monate von 20—30,000 Arbeitern und Hirten bevölkert. Kann man es ihnen wehren, Ende Mai bei dem Beginn der giftigen Bodenausdünstungen zu fliehen? Und kann man es dem Grundherrn verargen, beim Mangel an Arbeitskräften ihre Sorgen der vortrefflich gedeihenden Viehzucht zuzuwenden, deren Erträgnisse in der Campagna an jährlichem Export auf 120,000 Scudi (über eine halbe Million Frcs.) berechnet werden? Dann müßte die öffentliche Anklage vor Allem sich gegen England wenden, dessen Regierung mehr als die Natur verschuldet. Von 20 Millionen Morgen Landes, welche der Flächenraum von Irland umfaßt, sind fast vier unbebaut, obwohl meist cultivirbar. Hennessy beschwerte sich im englischen Parlament, daß im Laufe eines einzigen Jahres die Zahl der brach liegenden Morgen Landes in Irland sich um 58,000 vermehrt hat. Aus welchem Grunde? Dürfen wir einer öffentlichen Erklärung von zwanzig irischen Kirchspielen [3] Glauben schenken, so zermalmt England den irischen Ackerbau, weil er gegen die Doctrin des regierenden Landes ist; das irische Volk ist einer reichen Viehzucht hinderlich, und es muß vernichtet werden, damit für große Heerden Platz ist.

Das erfolgreiche Bestreben Pius' IX. für Hebung der Agricultur

---

[1] Außer den eben angeführten Autoren s. Maguire, Rom S. 425—30.

[2] Statistica della popolazione dello Stato Pontificio dell'anno 1853, compilata nel Ministero del commercio etc. Roma 1857. Auszüge in der Civiltà 1857. v. 6. p. 24 und bei Margotti, die Siege der Kirche. S. 379 ff.

[3] Augsb. Allg. Ztg. 14. März 1865. Beil.

rühmten Graf Rayneval und Lord Lyons in zwei Depeschen aus Rom. In der ersten vom 29. Mai 1857 wird berichtet: „Der Werth des Grundbesitzes hat sich gesteigert und der Ackerbau steht in schönster Blüthe"; in der zweiten heißt es: „Das ununterbrochene Steigen des Bodenwerthes in den päpstlichen Staaten seit den letzten Jahren ist sehr bemerkenswerth und noch scheint es seinen Höhepunkt nicht erreicht zu haben. Der Ackerbau ist unläugbar auf dem Weg des Fortschritts." Zur Anpflanzung von Bäumen ermunterten die von Papst Pius IX. ausgesetzten Prämien. So wurden in den Jahren 1850—1858: 1,828,274 Bäume, dann 1859: 48,075, 1860: 46,495, nicht weniger noch im letzten Jahre gepflanzt; die meisten waren außer Pappeln und Weißröhren Oliven- und Maulbeerbäume, es fehlten auch nicht Pomeranzen-, Citronen- und Mandelbäume. Auch für 1150 Felder, welche zum ersten Male mit Samen bebaut wurden, wurden im letzten Jahre Prämien bezahlt. Unter Pius IX. wurden ferner Gesellschaften für Acker- und Gartenbau gegründet, Ausstellungen und Preisvertheilungen veranstaltet, lehrreiche hierauf bezügliche Abhandlungen von der Accademia Tiberiana zu Rom, der Akademie zu Perugia und dem landwirthschaftlichen Verein zu Bologna veröffentlicht, Lehrstühle an den Universitäten von Rom (Sapienza) und Bologna errichtet und eine neue Anstalt für den Unterricht armer Kinder in der Landwirthschaft, die herrliche Vigna Pia, gestiftet; diese wurde unter die Leitung einer ausschließlich mit Agricultur sich befassenden Genossenschaft gestellt und die jährlichen Prämien bestehen in Anweisungen auf Sparkassen, welche den Austretenden nach vollendeter Bildung eingehändigt werden.

Nicht weniger lag dem hl. Vater die Trockenlegung der Sümpfe am Herzen. Die Sümpfe von Ferrara und theilweise die von Ostia, deren Austrocknung man durch Anwendung von Dampfmaschinen beschleunigte, wurden in fruchtbare Gefilde verwandelt; die von Nerva, Trajan und König Theodorich vergebens versuchte Austrocknung der pontinischen Sümpfe wurde von Pius VI. von Neuem unternommen und von Pius IX. mit Aufwendung bedeutender Summen rüstig fortgesetzt. Römische Thätigkeit erstreckte sich bis an den See von Celano in den Apenninen. Kaiser Claudius wollte einst einer Bitte der alten Marser entsprechen, den See abzuleiten, um Ueberschwemmungen vorzubeugen und Ackerland zu gewinnen. Elf Jahre lang ließ er 30,000 Menschen daran arbeiten. Kaiser Hadrian setzte das schwierige Werk fort, umsonst! In unsern Tagen gelang das gewaltige Unternehmen einer Gesellschaft, an deren Spitze

der römische Fürst Alessandro Torlonia stand. Der verfallene Abzugs=
kanal des Claudius, der das Wasser in den Liris leiten sollte, wurde
benützt und neu umgebaut; am 9. August 1863 öffnete man die Schleußen
und das Ablassen des See's erfolgte unter dem Beifallsgeschrei der
dankbaren Bevölkerung.

Handel. Industrie. Bauten.

Von einem so kleinen Staate, wie der Kirchenstaat ist, muß man
nicht die riesenartige Entwicklung einer Industrie erwarten, wie sie Eng=
land oder Nordamerika bietet; er entbehrt ihres Reichthums, aber auch
der Geißel ihres Elendes und ihrer Krisen. Immerhin aber ist der
aufmerksame Beobachter von einem in jedem Jahr zunehmenden Fort=
schritt zum Bessern überrascht. Gerade in jenen letzten Jahren, in welchen
der Papst noch seine Gesammtstaaten regierte, hat man die beträchtliche
Zunahme der inländischen Production und des Handels rühmend aner=
kannt. Damals, z. B. in dem einen Jahr 1855, betrug die Ausfuhr
von Hanf an Werth 2,627,409 Scudi, jene von Schwefel ungefähr
120,000 Scudi und die von Rohseide 1,050,243 Scudi. Dampfma=
schinen waren für Spinnereien in Albano, Ancona, Bologna, Cento,
Fuligno, Jesi, Osimo, Perugia, Pesaro und andern Orten im Betrieb.
„Die Seidenindustrie", schrieb damals Maguire, „macht reißende Fort=
schritte. Außer den Spinnereien und den Etablissements zur Cultur des
Seidenwurmes, deren im Jahr 1857 bereits 750 über das ganze Land,
besonders am adriatischen Meere, verbreitet waren, wird die Cultur des
Seidenwurmes und die Fabrikation von Rohseide in zahlreichen Pacht=
höfen und Häusern betrieben. In der einzigen Stadt Jesi befinden sich
199 Etablissements zum Züchten des Seidenwurmes und die Stadt
Fossombrone, welche nur 6000 Einwohner zählt, hat mindestens 20
Rohseide=Spinnereien. Laut den amtlichen statistischen Nachweisungen
wurden 1857 auf den Märkten 3,446,258 Pfund Cocons verkauft. Das
gibt ungefähr 387,000 Pfund Rohseide und 446,000 Pfund gesponnene
Seide; dabei sind aber die Verkäufe in den Fabriken und die direct ex=
portirten Gegenstände nicht mitgezählt." Auch die Wollenmanufacturen
nahmen in dem Grade zu, daß sie mit geringen Ausnahmen mit den
Produkten jedes andern Landes concurriren konnten. Insbesondere
reichte die im Inlande fabricirte Quantität Tuchwaaren für das Be=
dürfniß der arbeitenden Klasse vollständig aus.

Das zähe Festhalten an den alten überlieferten Methoden weicht auch in der Industrie immer mehr der Anwendung der neueren Entdeckungen. Römische Werkstätten für Vergoldung und Versilberung auf elektrischem Wege und für Galvanoplastik sind mit Batterien von neuester Construction versehen. Eine Papiermühle wurde zu Subiaco mit Maschinen nach den besten Erfindungen des Auslandes gebaut. Weitere Einzelheiten anzuführen, ist hier nicht der Ort [1]. Nur über den industriellen Fortschritt in dem gegenwärtigen kargen Reste des Kirchenstaates mag Weniges erwähnt werden.

Die Wollen- und Seiden-Manufactur, welche herrlichen Aufschwung in den Marken und den Legationen genommen, hebt sich immer mehr auch im Patrimonium des hl. Petrus; unter den wegen der Förderung derselben mit Prämien Bedachten figurirten vom Anfang an römische Fürsten in vorderster Reihe. Selbst zur Cultur der Baumwolle wird erfolgreich angespornt und die Aussaat mit der nöthigen Unterweisung unentgeltlich ertheilt. „Man hat kürzlich dem Papste die ersten Proben römischer Baumwolle zum Opfer gebracht, einen blendend weißen Schwan aus jener Baumwolle geschmackvoll gefertigt." So der jüngste Besucher der ewigen Stadt, welcher über sie geschrieben, Dr. Sighart [2], dem wir auch Folgendes entnehmen: „Der Dampf zieht in Rom immer mehr als eines der regierenden Dinge ein. Man gebraucht ihn auch bereits zum Treiben verschiedener Maschinen. Wenn man über die kolossale Engelsbrücke schreitet, um dann gegen St. Peters Dom zu wandern, so sieht man eine Dampfmaschine in Thätigkeit, um die schönen Steine zu schneiden zum neuen Prachtgeländer der Tiber, welches sich von der Brücke bis zum Borgo erstreckt... Bereits arbeiten Maschinen mit Dampf an verschiedenen Enden der Stadt... Die Zahl der Fabriken ist im Kirchenstaate im Zunehmen begriffen. In Rom selbst wird gerade die kolossale Tabakfabrik gebaut, ein ungeheures Gebäude, das mit den Palästen der ewigen Stadt wetteifert. Die Gerbereien haben seit Langem großartigen Betrieb." — Hieher gehören auch die Gegenstände der Malerei und Sculptur, vom handelspolitischen Gesichtspunkt aus betrachtet. Nach officiellem Berichte des Ministers Balbini [3] betrug die

---

[1] Ausführlicheres bei Maguire, Rom S. 774 ff. 583—600. Dr. Hergenröther a. a. O. Kap. VIII.

[2] Reliquien aus Rom. Zur Kunstgeschichte und Volkskunde. Augsb. 1865.

[3] Ragguaglio delle cose operate dal Ministero del commercio, belli arti

Gesammteinnahme für Gemälde und Statuen, welche in den letzten sechs Jahren in's Ausland geliefert wurden, 8,064,516 Scudi (etwa 43 Millionen Frcs.); im vorigen Jahre allein gingen neue Bildhauerarbeiten im Werth von 324,692 Scudi außer Land. Wir übergehen die jede ähnliche Leistung anderer Länder weit überragenden Mosaikarbeiten Roms, seine Cameen und geschnittenen Steine, seine prachtvollen Elfenbein- und Holzschnitzereien, seine kostbaren künstlichen Perlen, verschiedene Meisterwerke der Kunst und so manches Preiswürdige, was bei der Industrieausstellung in London (1862) die Augen Aller auf sich zog und sogar der „Morning-Post" Anerkennung abnöthigte.

Wem schuldet das Land die Förderung solch' productiven, industriellen und commerciellen Lebens? Vorzugsweise der päpstlichen Regierung. Pius IX. entfaltete die emsigste Fürsorge vom Beginn seiner Regierung an. Die umfassenden Veränderungen im Zolltarif vom 1. Juni 1855, 7. Mai 1856, 27. März 1857 eröffneten mit der Herabsetzung der Zölle eine neue Handelsära. Der Schutzoll namentlich auf Seiden-, Wollen- und Baumwollenmanufacturen machte einem mäßigen Eingangszoll Platz. Das Resultat war höchst günstig. Lord Lyons berichtet in seiner Depesche vom 29. Mai 1857 aus Rom: „Der Handel hat erfreuliche Fortschritte gemacht; die Einkünfte sind durch bedeutende Ermäßigung der Einfuhrzölle gestiegen." Statistische Aufzeichnungen des H. Gaggiotti, englischen Consuls im Kirchenstaat, constatiren [1], daß in den fünf Jahren 1854 bis 1858 der Werth der britischen Einfuhr nahezu um 100 Procent stieg; die Ausfuhr aus den päpstlichen Staaten nach England hob sich in noch viel größerem Maßstabe, indem sie im Jahr 1858 beinahe 200 Procent mehr als im Jahr 1854 betrug. Fernere Ermäßigungen im Zolltarif erfolgten am 28. September 1863 und 26. October 1863, welch' letztere sich auf Roheisen und bearbeitetes Eisen, Zucker, Spiritus, kurz auf 70 Artikel erstreckte. Andere verminderten die Brief- und Telegrammtare und begünstigten die Presse und den Buchhandel. Post-, Schifffahrts- und Handelsverträge wurden mit verschiedenen Staaten abgeschlossen.

Abgesehen von den zur Hebung verschiedener Zweige der Industrie

---

etc. dall' a. 1859 al 1864, ein Band von 287 Seiten in 4. Der Bericht über die Handelsschiffe umfaßt 134 Seiten. Auszüge in der Civiltà September 1865. S. 359 und im Chilianeum Bd. 6. S. 291—94.

[1] Bei Hennessy a. a. O. S. 11—12.

und der Marine festgesetzten Geldprämien wurden in den letzten sechs Jahren für Erfindungen und Verbesserungen 42 Patente und 21 goldene und silberne Medaillen ausgetheilt. Den Verkehr erleichterte auch die vollkommene Verbesserung und beträchtliche Vervielfältigung der Straßen. Jährlich wurden für sie etwa 212,000 Scudi vor der Annerion, über 80,000 Scudi nach derselben vom Staat verausgabt. Die Länge der Nationalstraßen betrug 1237 Kilometer, die der Provincialstraßen 220 Kilometer [1]. Die herrliche Via Flaminia Lauretana, längs des adriatischen Meeres, welche in der Statistik der Straßen des Königreichs Italien eine so hervorragende Stelle einnimmt, wurde mit ihrer prächtigen Brücke über den Metaurus nach ungeheurer Arbeit von Pius IX. vollendet. Hier dürfen wir außer acht kleineren Brückenbauten die neue eiserne Brücke über die Tiber und vorzüglich jene staunenerregende über eine Gebirgsschlucht bei Ariccia erwähnen. Sie besteht aus drei Reihen von Arkaden ganz von Stein, deren oberste 312 Meter lang, 60 hoch ist. — Eisenbahnen wurden unter Pius IX. (1849—63) sieben in einer Länge von 800 Kilometer erbaut: zwei von Rom nach Civitavecchia, nach Frascati=Albano; drei von Bologna nach Ferrara, nach Ancona, und nach Pistoja=Modena; eine von Ciampino (Rom=Frascati) nach Ceprano an der neapolitanischen Grenze, die letzte (November 1863) von Civitavecchia nach Orbetello an der toscanischen Grenze. Zu den zwei erstgenannten und den beiden letzten des gegenwärtigen Kirchenstaates kam 1. April 1865 eine neue von Rom nach Correse, der Grenzstation der Linie nach Ancona. Eine neue nach Tivoli ist concessionirt worden. Verhandlungen wegen anderer nach Terracina, Fiumicino und Viterbo sind im Gange. — Das Netz der telegraphischen Linien ist ebenso umfassend: Im Jahr 1862 gab es deren 599 Kilometer, im J. 1863: 632 Kilom., im J. 1864: 635 Kilom., für welche 19 Telegraphenämter bestehen. Viele Summen verausgabte die Regierung für hydraulische Arbeiten, für die Regulirung der Tiber, für Verbesserung der Häfen von Pesaro, Ancona, Sinigaglia, Anzio und Fiumicino, für Erweiterung derselben in Ravenna, Ancona, Civitavecchia und Terracina, für Anlage eines solchen zu Cesenatico, für Marine=, Kanal= und Kunstbauten [2]. Wir erinnern

---

[1] Wie steht es mit Rom? Von einem römischen Prälaten. Wien 1860 nach statistischen Tabellen. Vgl. Baldinotti a. a. O.

[2] S. Margotti, die Siege der Kirche S. 342—50. 468—88. Cardinal Wiseman, italienische Zustände. S. 60—61. Maguire, Rom S. 470—80. 497—99.

an den officiellen Bericht Baldini's, demzufolge von 1859 bis 1864 über 40 Monumente, Aquäducte, Thermen (Bäder), Tempel, Triumph-bogen, Grabmäler, Reste des Forums und antike Denkmäler restaurirt wurden. Zu bemerkenswerthen Entdeckungen führten die Ausgrabungen auf dem Palatin, bei der Porta Prima, in dem vom Staat angekauften Antheil der farnesischen Gärten, bei Ostia, bei Faleria, Tivoli, dem alten Tibur und Porto d'Anzio, dem alten Antium. Auch zur Erhal-tung der alten via **Praenestina** (Palestrina), **Claudia, Latina** und **Appia** wurde viel beigetragen.

Wenn wir noch der römischen Wasserleitungen erwähnen, so ge-schieht es, weil gerade in unsern Tagen die Wohlthat eines reinen und gesunden Wassers in den großen Städten mehr als je anerkannt wird. Welche Uebelstände herrschen in manchen deutschen Städten? Welche De-batten hat dieser Gegenstand in England hervorgerufen! Dieses reiche Industrieland bietet dem einst so fröhlichen Arbeiter nicht einmal ge-nügendes genießbares Wasser. Nach einem Artikel der „Saturday Re-view" [1] sind alle Flüsse und Flüßchen Englands und Schottlands im ekelhaftesten Zustand: Die Effluvien der Kloaken sind nicht das Schlimmste; aller Schmutz und alle Giftsubstanzen der Fabriken werden in die Ströme und Bäche abgelassen und das Element der Nixen verurtheilt mitzu-stinken; in vielen Gewässern sind die Fische bereits ausgestorben oder werden es bald sein; so das englische Blatt. Lord Montagu stellte dem englischen Parlament u. A. vor Augen, an vielen Orten sei das Gelübde, nur Wasser zu trinken, unmöglich geworden. Vergebens, sein Antrag zum Schutz der Flußgewässer gegen Verunreinigung fand keine hinreichende Unterstützung. In Rom haben die Päpste vortrefflich dafür gesorgt, durch lange Wasserleitungen und prächtige Fontainen die ganze Stadt mit gesundem und erfrischendem Wasser zu versehen. Das Auge ergötzt sich an ihm, das von zierlichen Marmorschalen und kunstvollen Behältern krystallhell herabrieselt, oder aus weit geöffnetem Rachen in reichlicher Fülle hervorströmt; das Ohr vernimmt sein im warmen Süden doppelt angenehmes Plätschern auf allen Plätzen der Stadt. Pius IX. vermehrte die Wohlthaten seiner Vorfahren. Auf eigene Kosten ließ er durch einen Conduct von 1452 Metres Wasser von der Porta Maggiore nach S. Clemente leiten und hier eine herrliche Fontaine erbauen. Nach

---

[1] Augsb. Allg. 3tg. vom 16. März 1865.

Vollendung des Ganzen erschien er selbst, es zu besichtigen, umjubelt von den Bewohnern des bis dahin wasserarmen Monte Celio.

4. Rechtspflege.

Die Gesetzgebung im Kirchenstaat unterscheidet sich im Wesentlichen nicht von jener der civilisirtesten Staaten Europa's [1]. Die Grundlage bildet das vom canonischen Recht modificirte römische Recht, welches Jahrhunderte hindurch die blühendsten Reiche Europa's regierte. Für die Civilrechtspflege bestehen die Gerichte in jedem Hauptort der Provinzen. Appellhöfe sind in Bologna, Macerata und in Rom, welch letzterer unter dem Namen der Rota bekannt ist, dann das Obertribunal oder der Cassationshof zu Rom (Segnatura di Giustizia). Handelt es sich bei den Processen um nicht mehr als 200 Scudi, so entscheiden die auch in den kleinen Städten des ganzen Landes befindlichen Richter. In Bagatellsachen wendet man sich dort, wo kein Richter ist, an die Communalbehörde.

Der römischen Rota haben auch die Feinde Rom's Gerechtigkeit widerfahren lassen. Graf Rayneval schreibt hierüber in seiner Depesche vom 14. Mai 1856: „Obgleich die Italiener die Gewohnheit haben, ihrer Kritik frei den Zügel schießen zu lassen, so habe ich doch noch keinen gefunden, der die tiefe Gesetzeskunde und die hohe Rechtlichkeit dieses Tribunals zu bezweifeln gewagt hätte." Nach dem Urtheile Galeotti's, eines gegen Rom feindselig gesinnten Liberalen in Toscana, ist „die Rota ausgezeichnet, ja unvergleichlich; mit geringen Aenderungen würde sie das erste Tribunal Europa's sein. Ihr Verfahren ist das beste und kann zum Vorbilde dienen, wie man die Gerechtigkeit für das Volk handhabt" [2]. Ein Civil-Codex existirte früher in Rom nicht. Es bestand nur die Masse der einzelnen Gesetze, gerade wie in England, nur mit dem Unterschiede, daß hier nicht die von den zahllosen Statuten und Bills aller Geschichtsepochen herbeigeführte Verwirrung der englischen Gesetzgebung herrschte. Pius IX. ging auch hier in seinen Reformen voran. Er setzte vor mehreren Jahren eine Commission zur

---

[1] Vgl. Sauzet, Rome devant l'Europe, p. 147—266. — Margotti, die Siege der Kirche. S. 319—28, 451—58. Rom und London 409—17. Dr. Hergenröther, der K.-St. S. 91—117. Claguire, Rom ꝛc. S. 555—61. 578.
[2] Bei Margotti, die Siege der Kirche. S. 323. Vgl. Civiltà 6. Oct. 1855. S. 6.

Bildung eines Coder nieder. Die Umsicht, mit welcher dieselbe an's Werk ging, ist ohne Zweifel der hastigen Uebereilung vorzuziehen, mit welcher das Parlament in Turin in schwach besuchter Sitzung die einheitliche Gesetzgebung für ganz Italien dictirte. In neuester Zeit ist der neue vortreffliche Civil-Coder des Kirchenstaates vollendet worden.

Auch ein Handelsgesetzbuch wurde veröffentlicht. Graf Rayneval gibt ihm und mehreren Proceßordnungen das Zeugniß: „ihnen lagen die französischen Gesetzbücher zu Grunde mit zweckmäßigen, durch die Erfahrungen gebotenen Abänderungen. Ich habe sie sorgfältig studirt; sie sind über alle Kritik erhaben." „Die Hypotheken-Ordnung", fährt derselbe fort, „ist von französischen Rechtsgelehrten durchgesehen und von ihnen als musterhaft bezeichnet worden." Auch die Criminalgesetzgebung wurde einer vollständigen Revision unterzogen. Die Strafen werden nicht, wie vorgeworfen wird, nach launischer Willkür der Richter, sondern nach den Bestimmungen des Strafcoder verhängt. In Criminalfällen herrscht in der Regel Oeffentlichkeit des Gerichtsverfahrens.

Es ist wahr, Napoleon in seinem Briefe an Edgar Ney, Piemont auf dem Pariser Congresse 1856 und im Jahr 1860, die Broschüre Napoléon III. et l'Italie haben die Einführung des Code Napoléon als eine nothwendige Reform vermißt. Aber die Ansichten der Gesetzkundigen sind hierüber sehr getheilt. Sauzet, ein gewiegter Jurist, hielt es für angemessen, diese Frage, nach ihm eine der wenigst gekannten, zu untersuchen. Wie er bekennt [1], bildete der Code Napoléon das Studium seines ganzen Lebens und die römische Gesetzgebung war ihm Gegenstand ernster Beschäftigung während seines langen Aufenthaltes in Rom. Er fragt, welchen Code Napoléon man denn eigentlich einführen wolle? Den von 1804? Aber dieser besteht unverändert nicht einmal mehr in Frankreich. Oder denjenigen, der dort gegenwärtig in Kraft ist? Aber dieser hat bei allen Vorzügen doch, wie er beweist, sehr schwere Mängel, bedarf selbst bringend einer Revision und die römische Gesetzgebung ist ihm in Vielem überlegen, z. B. hinsichtlich der Wahrung der öffentlichen Sitte, der Ehe, des Schutzes der legitimen Gattin und der minorennen Kinder u. s. w. Auch ist für Italien nicht alles das geeignet, was für Frankreich paßt. Die Gesetzgebung muß den Rechten und Gewohnheiten, dem Charakter und den Bedürfnissen des Volkes entsprechen und all' dieß ist anders in Rom, anders in Frankreich.

---

[1] A. a. O. S. 149.

4*

Zum Schluſſe geben wir Graf Raynevals Urtheil ſtatt unſeres eigenen über die Rom vorgeworfenen Mängel im Gerichtsweſen: „Ich habe daſſelbe genau unterſucht, habe aber trotz aller Mühe keine gerechte Veranlaſſung zur Klage entdecken können.... Die bürgerlichen Geſetze werden gut gehandhabt. Ich kenne keinen einzigen Urtheilsſpruch, deſſen Gerechtigkeit nicht von dem beſten Gerichtshofe in Europa würde anerkannt werden. Die Criminalrechtspflege iſt ebenfalls untadelhaft. Ich habe mehreren Verhandlungen beigewohnt und bin denſelben genau gefolgt. Ich muß bekennen, daß alle nöthige Vorſicht angewandt wurde, die Wahrheit der Thatſachen feſtzuſtellen, und daß für die freie und unbeſchränkte Vertheidigung alle möglichen Bürgſchaften, wozu ich auch die Veröffentlichung der Verhandlungen rechne, geboten war.“

Ueberall, wohin wir den prüfenden Blick richteten, in jedem Zweige der Verwaltung, gewahrten wir das erleuchtete Streben der päpſtlichen Regierung nach Verbeſſerung, die hohle Nichtigkeit der gegen ſie vorgebrachten Klagen, eine aufmerkſame Berückſichtigung der gerechten Forderungen der Gegenwart und die regſte Thätigkeit für die Intereſſen des Landes. Daraus läßt ſich von vornherein ſchließen, es werde mit den Zuſtänden des Volkes, mit ſeiner geiſtigen und ſittlichen Bildung, mit ſeinem materiellen und ſocialen Wohle nicht ſo ſchlimm ſtehen, als man gerne annimmt. Auch hier müſſen wir auf Einzelnheiten eingehen und am meiſten in der ewigen Stadt Umſchau halten, theils weil die meiſten Angriffe in der Regel gegen ſie gerichtet ſind, theils weil es ſich jetzt in der italieniſchen Frage gerade um ſie handelt. Betrachten wir zuerſt

5. Die intellectuelle Bildung.

Mit der geographiſchen Annäherung an Rom nimmt die Volksbildung ſtetig ab: das iſt im Munde Mancher die ſtereotype Anklage. Ebenſo wegwerfend äußert man ſich über die höhere wiſſenſchaftliche Bildung daſelbſt. Woran fehlt es denn eigentlich? Iſt vielleicht die natürliche Anlage und die Bildungsfähigkeit des italieniſchen Volkes überhaupt gering anzuſchlagen? Vernehmen wir hierüber **Dr. Mittermaier.** Wir werden in der Folge oftmals auf ſeine Zeugniſſe zurückkommen, weil es ſein angelegentlichſtes Beſtreben war, auf ſeinen ſieben Reiſen nach Italien Volk und Sitten genau kennen zu lernen. Auch verrathen ſeine „Italieniſchen Zuſtände“ ein redliches Streben, dieſelben getreu in ihrer

objectiven Wahrheit darzustellen. Endlich hat er nicht das mindeste Interesse, zu Gunsten des Kirchenstaates und seiner Regierung zu schreiben.
Folgendermaßen lauten nun seine Worte (S. 14 ff.): „Man fühlt sich
freudig überrascht, im Umgange mit gebildeten Italienern durch den
Reichthum der Ideen, durch die Erhabenheit ihrer Ansichten, den freien
zergliedernden Geist, welcher sich nicht mit flüchtiger Beobachtung be-
gnügt, sondern es liebt, die Ursachen der Erscheinungen zu erspähen,
und Grundsätze aufzustellen. Man staunt, wenn man die schnelle Auf-
fassungskraft bemerkt und selbst im Verkehr mit dem gemeinen Volke oft
die Feinheit der Bemerkungen und die Gewandtheit, sich in ein Verhältniß
zu finden, beobachtet." — Hat man aber etwa für die entsprechende Ausbildung in den päpstlichen Staaten ungenügend gesorgt? Nichts weniger.

Für die wissenschaftliche Ausbildung gibt es im Kirchenstaate Unter-
richts- und Erziehungsanstalten in solch' einer Anzahl, wie sie sich sonst
nirgends vorfinden. Er besitzt sieben Universitäten: zu Rom (die Sapienza), Bologna, Perugia, Ferrara, Macerata, Camerino und Urbino.
Die drei erstgenannten bestanden, bevor eine deutsche Universität existirte; die zu Rom und Bologna sind Universitäten ersten Ranges und
bedeutend frequentirt. Rom besitzt außerdem fünf Anstalten für die
Studien der Philosophie und Theologie, welche die Privilegien der Universität und das Recht haben, die akademischen Grade zu ertheilen und
von den Candidaten dieser beiden Facultäten sehr stark besucht werden:
die Minerva, Ara Cöli, den Apollinar, die Propaganda, das römische
Colleg mit der Sternwarte. Außer den von religiösen Orden zur wissenschaftlichen Bildung ihrer Mitglieder bestimmten Schulen gibt es zudem
noch vierzehn Collegien in Rom mit reichen Stiftungsplätzen, um Jüng-
linge aus Rom, aus den päpstlichen Provinzen und aus ganz Italien
heranzubilden; sie besuchen in der Regel die öffentlichen Vorlesungen,
haben aber theilweise eigene Professoren. Hiezu kommen vierzehn Collegien und Seminarien für Ungarn und Deutsche und für Ostpreußen
insbesondere, für Engländer, Franzosen, Spanier, Irländer, Schotten,
Belgier, Nordamerikaner, Südamerikaner und für Griechen. Dazu kam
endlich in neuester Zeit ein Colleg für Polen und ein nach dem hl. Cy-
rillus und Methodius, den großen Slavenaposteln, benanntes für Bos-
nier, Kroaten, Dalmatier und Slavonier [1]. Die Propaganda für die
Nationen aller Erdtheile haben wir bereits genannt.

---

[1] Reher, kirchliche Geographie und Statistik Bd. I. S. 42 ff., zählt zwölf Col-

Wahrlich heute noch eilt man wie zu den Zeiten Alcuins und seines Lehrers Aelbert nach Rom, um aus dem ungetrübten Born des Glaubens und der Wissenschaft zu schöpfen. Welch' edler Wetteifer wird da nicht angeregt, sich gegenseitig zu übertreffen! Die Lehrer verstehen es vortrefflich, das wissenschaftliche Streben stets anzuregen und zu fördern. Klug berücksichtigen sie in der Lehrmethode das practische Leben. Hierin bewährt sich jener practische Sinn, welchen Professor Mittermaier[1] als eine charakteristische Eigenthümlichkeit der Italiener, auch in ihren wissenschaftlichen Leistungen, bezeichnet, und welche ein deutscher Convictsdirector, Licentiat Hißfelder[2] in Tübingen, namentlich im Dociren theologischer Wissenschaften, in so hohem Grade wahrnahm, daß nach seinem Urtheile wir Deutsche dießfalls noch viel von den Italienern lernen könnten. Noch genauere Kenntniß der römischen Studien mußte Cardinal Wiseman besitzen. Vernehmen wir, mit welcher Befriedigung und mit welch' ehrenden Worten er ihrer gedenkt:[3] „Mein Geist wandert zurück über viele Jahre zu jener herrlichen, jener schönen, und, ich will hinzufügen, jener geheiligten Zeit der Jugend, die ich unter dem Schutze des ehrwürdigen römischen Collegiums zubrachte. Dort habe ich eine Erziehung empfangen, von der ich sagen muß, daß, wenn sie irgend Grenzen hatte in Beziehung auf die Gründlichkeit und Ausdehnung der Wissenschaft, die ich lernte, diese Grenzen durch die Unzulänglichkeit meiner eigenen geistigen Kräfte gesetzt wurden, und nicht durch irgend einen beschränkenden Zwang, den mir die Kirche angethan hätte, oder etwa durch Unvollkommenheit oder Mangel an Gründlichkeit und Mannigfaltigkeit der Kenntnisse bei denen, welche uns die Wissenschaft mittheilten. Ich erinnere mich noch recht gut jener ehrwürdigen Männer, welche die Lehrer unserer Jugend waren; wohl ist es mir noch gegenwärtig, mit welcher Leichtigkeit sie in die Tiefen jeder Berechnung eingehen oder die

---

legien auf; es fehlen nämlich die neuerrichteten für Polen, für Ostpreußen (Peukerianum), für Südslaven (Cyrillo-Methodianum). Dagegen ist das von ihm genannte maronitische Colleg am Ende des vorigen Jahrhunderts nach der Aufhebung des Ordens der Jesuiten, unter deren Leitung es stand, eingegangen.

[1] Italienische Zustände. S. 31—40.
[2] Neher a. a. O. S. 11, nach Privatäußerungen Hißfelders († 1860) bei seiner Rückkehr aus Rom.
[3] Ueber die Blüthe der Wissenschaft unter dem Einflusse der katholischen Religion. Ein Vortrag, gehalten in Leeds im Jahr 1853. In Wisemans verm. Schriften Bd. 3. S. 306.

erhabensten und tiefsinnigsten Fragen für ihre Schüler vereinfachen konnten." Es wird übrigens in Rom Jedermann Gelegenheit geboten, von der Wirksamkeit der einzelnen Anstalten sich selbst in jenen Disputationen zu überzeugen, welche jedes Jahr öffentlich in den weiten Studiensälen oder in den Kirchen in einer zahlreichen Versammlung von Professoren und Gelehrten, Bischöfen und Cardinälen stattfinden. Einen wahren Genuß gewährt es, Zeuge zu sein von dem Fluß der Rede, dem reinen Latein der Sprache, der Schärfe und Consequenz der Logik und den ausgebreiteten und gründlichen Kenntnissen, welche erfordert werden, um hundert, ja zwei und dreihundert Thesen gegen jeden Einwurf der Wissenschaft einen Tag lang zu vertheidigen und jeder unerwarteten Schwierigkeit eine die gelehrte Versammlung befriedigende Lösung zu geben.

Chr. Brentano, der dieses Alles wohl wußte, war deßhalb entrüstet über den Dünkel, mit welchem einer seiner Landsleute einst auf solche Leistungen herabblickte. „Ein junger Mann", erzählt er[1], „der auf einer deutschen Universität als einer der philologisch gebildetsten jungen Leute belobt war, und daselbst bald nach seiner Heimkunft Professor geworden, hat sich dahier auch an's Disputiren gewagt, und obgleich nur in einem Saale der Universität, und nur über drei Thesen und gegen sehr wenige Opponenten, eine so schwache Figur gespielt, daß wahrlich eine römische Gutherzigkeit und Urbanität dazu gehörte, ihm die Indulgenz angedeihen zu lassen, die er genossen hat. Ich war bei der Disputation gegenwärtig und so peinlich mir natürlich sein Zu-Schanden-Werden fiel, so sehr wunderte und freute mich die ungemeine Modestie und Gutherzigkeit der anwesenden Studirenden. Man sah, daß ihnen seine Verlegenheit weh that... Was wirst du aber sagen, wenn du hörst, daß dieser junge Mann nun dessenungeachtet über die Armseligkeit und Unwissenheit der römischen Studirenden und Professoren prahlt? Und doch ist es so, wie man mir berichtet hat."

Auch die Frequenz der Universitäten ist bedeutend. Herrn Neher[2] zufolge hat der „Kirchenstaat 2400 Universitätsstudenten, d. h. einen auf 1200 Seelen. Diese Ziffer gibt ein intellectuelles Niveau an, mit dem manche Länder, die sich für aufgeklärt halten, zufrieden sein könnten,

---

[1] Rom, wie es in Wahrheit ist. S. 323. Vgl. auch über diese Disputationen: Erinnerungen an die vier letzten Päpste, von Cardinal Wiseman, Regensburg 1858. S. 235 ff.

[2] Kirchliche Statistik I. S. 11 und 24.

indem bei den meisten deutschen Ländern erst auf 2—5000 Seelen ein Universitätsstudent kommt." Troß nicht geringer Anforderungen sind im Jahr 1855/56 nach dem genannten Statistiker von den verschiedenen Facultäten sämmtlicher Universitäten nicht weniger als 256 Baccalaureats-, 210 Licentiaten-, 240 Doctoren-Diplome ertheilt worden.

Wir wissen wohl, daß eine hochgeachtete Persönlichkeit, Dr. Flir, in seinen Briefen aus Rom, deutsche Wissenschaft und Literatur in Rom vermißte. Aber wir kennen auch ihre Beleuchtung [1], welche die harten Urtheile auf ihren geringen Werth zurückführte. Man hat aufmerksam gemacht, daß kein großes Gewicht auf Aeußerungen eines Mannes zu legen sei, welcher, nach eigenem Geständnisse, die wissenschaftlichen Zustände Roms langehin aus Mangel an Interesse wenig und Dinge, wie die höheren römischen Bildungsanstalten bis kurz vor dem Tode nur oberflächlich betrachtete. Man hat zudem bemerkt, daß Flir die „Auszeichnung in einer casuistischen Gewandtheit der Moral und des Jus canonicum" anerkennt, „wogegen allerdings die deutschen Ideologen die Segel einziehen müssen", daß er gerade da, wo er als Mitglied einer Congregation bessere Kenntniß der Personen und Sachen besitzen mußte, gesteht, „daß man in der That nirgends jenen richterlichen Tact hat wie hier, darüber zu urtheilen und zu entscheiden, was mit dem positiven Glauben harmonirt und collidirt. Ich beobachte hier Distinctionen und Genauigkeiten, die mir in Deutschland sich nie darstellten." Und: „Hier in Rom lerne ich die Grenzlinien zwischen Theologie und Philosophie vom Standpunkte der kirchlich autorisirten Wissenschaft genauer kennen, und diese Scheidung wirkt beruhigend und anregend zugleich auf mich ein."

Man hat endlich den Schluß gezogen, daß wahre philosophische und theologische Wissenschaft dort nicht verkannt werden darf, wo ein solcher anderwärts vergebens gesuchter richterlicher Tact, solch' eine Rom exclusiv eigene Feinheit und Genauigkeit zu Tage tritt. Qui bene distinguit, bene docet.

Neben dem Urtheile Flir's mögen Mittheilungen eines neueren deutschen Gelehrten, Dr. Sigharts, Platz finden. Ueber den römischen Welt-

---

[1] Briefe aus Rom, im Katholik 1864. Bd. 12. S. 533—45. Vgl. Dr. Sighart, Reliquien aus Rom, S. 200—201, wo u. A.: „Wer den Seligen in Rom selbst kennen lernte, gesteht, daß Flir sich erst in Rom recht heimisch fühlte, daß er oft sagte, hier habe er erst Frieden und den wahren Glauben gewonnen." Siehe auch Histor.-polit. Blätter December 1864. S. 993.

Klerus äußert er sich: [1] „Was seine wissenschaftliche Bildung betrifft, so haben Alle, was man in der Kunst so sehr schätzt, eine Schule: sie sind gut in ihrer traditionellen Theologie bewandert, haben ihre positive Dogmatik und Moral, ihr Kirchenrecht und die hl. Schrift inne und wissen auch die bekannteren Gegensätze und Irrthümer zu widerlegen. Ihre philosophische Bildung umfaßt besonders höhere Mathematik, Physik, scholastische Logik und Metaphysik, auf deren Studium sie zwei bis drei Jahre verwenden." Ueber den Ordensklerus fährt Dr. Sighart in seinen Schilderungen fort: „Man darf sich diese irdisch armen Mönche nicht als geistig arm, roh und uncultivirt denken, wie es häufig geschieht. Es sind Gelehrte und Schriftsteller in Menge unter ihnen; die andern sind zum größten Theile sehr verständige, klare, geistig frische Menschen... Ich traf junge Bettelmönche in Italien, Kapuziner selbst, welche über Kant und Hegel mit mir mit Feuereifer disputirten. In den Sammlungen Roms sieht man täglich auch Mönche, welche da ernstliche Studien treiben. Gewiß ein Beweis für reges wissenschaftliches Leben." Die eben angeführten Sammlungen mahnen uns, den Reichthum der Bildungsmittel zu berühren, welche der Hauptstadt der christlichen Welt würdig sind.

In der Errichtung von Museen ging Rom allen Städten, mindestens außerhalb Italiens, voran. Das Museo Kircheriano war einst einzig in seiner Art. Aber auch heute bekundet es, ebenso wie das Museum der Propaganda, daß der von Rom den Missionären eingehauchte Eifer für Ausbreitung des beseligenden Glaubens selbst unter den Mühen apostolischer Arbeiten der Kunst und Wissenschaft nicht vergißt. Der Fremde bewundert die Reichhaltigkeit der Sammlungen von Antiken, Naturalien, Kunstschätzen und Raritäten in Rom; manche Städte und Flecken des Kirchenstaates bieten deßgleichen verhältnißmäßig viel Sehenswerthes. So ist das feine Perugia weit reicher an Museen, Gallerien und öffentlichen Anstalten, als jede Provincialstadt in England [2]. Hiefür hatten die Päpste stets ein wachsames Auge. Mit einem botanischen Garten beschenkte Papst Alexander VII. die Sapienza, nachdem der erste dieser Art in Europa kurz vorher von einem deutschen Prälaten, Bischof Johann Konrad von Eichstädt [3], angelegt und beschrieben worden war. Die zahl=

---

[1] Reliquien aus Rom S. 154.

[2] Cardinal Wiseman, Abhandlungen über verschiedene Gegenstände. Bd. 3. S. 415.

[3] Sar, Geschichte von Eichstädt. S. 228.

reichen Bibliotheken bedürfen keines Lobes. Wollten wir von der älte=
sten und berühmtesten unter allen, der Vaticanischen oder den reichhal=
tigen der Dominikaner, der Augustiner, des römischen Collegs, den orien=
talischen Handschriften der Propaganda u. s. w. sprechen, so würden
wir Bekanntes wiederholen. Neben jenen existiren noch viele werthvolle
Privatbibliotheken. Eine einzige u. A., die Bibliothek Buoncompagni's,
enthält 368 Bände Manuscripte [1]; sie reichen bis in's zwölfte Jahrhun=
dert zurück.

Als Mittel von vorzüglicher Bedeutung für die Verbreitung nütz=
licher Kenntnisse bezeichnet Dr. Mittermaier [2] die Akademien und ge=
lehrten Gesellschaften und bemerkt: „Kein Land ist reicher an solchen
literarischen Vereinigungen als Italien.... In Rom bestehen sechs.
Fast jede Stadt im Kirchenstaate hat eine Akademie; insbesondere sind
die Akademien von Pesaro, Viterbo und Perugia berühmt." Fr. von
Hurter kennt bedeutend mehr. Er zählt dreizehn auf [3] und Neher schätzt
sie auf mehr als zwanzig. Sie pflegen Literatur, Geschichte, Philoso=
phie, Alterthumskunde, Poesie, Musik, Kunst, mit einem Worte die vor=
züglichsten Zweige menschlichen Wissens. Die Akademie der Nuovi Lincei
ist die Nachfolgerin jener de'Lincei, der ersten aller für Naturwissen=
schaft gegründeten Akademien, die Arcadia ist durch Göthe bekannt ge=
worden, die Akademie di Religione cattolica für wissenschaftliche Be=
gründung der kirchlichen Lehren und Institutionen, in welcher die höch=
sten Prälaten Vorträge halten, ist von Cardinal Wiseman auch auf eng=
lischen Boden verpflanzt worden.

Aber der Mangel an literarischen Werken? Die Palme schriftstelleri=
scher Thätigkeit gebührt Deutschland, zu seinem Lobe sei es gesagt. Ist
deßwegen die Wissenschaft Roms zu verachten oder zu beschuldigen? Ist
nicht Rom einst die Pflanzschule der Wissenschaft und die Quelle und
der Mittelpunkt der geistigen Bildung gewesen? Hat es nicht auch sein
goldenes Zeitalter gehabt? Will man ihm zumuthen, niemals von der
glanzvollsten Stufe seiner Blüthe herabzusteigen oder in jedem Jahr=
hunderte an der Spitze zu stehen? Offenbar genügt ein Land den ge=
rechten Anforderungen der Zeit, wenn es literarische Werke zu Tage

---

[1] Den Katalog gab Narbucci heraus. Ueber die Schätze der Bibliotheken und
den freien Zutritt zu denselben s. Dubik, Iter Romanum.

[2] Italienische Zustände. S. 271.

[3] Freiburger Kirchenlexicon. Art. Rom.

fördert, welche mit Berücksichtigung der gegebenen Verhältnisse sich der Literatur des gebildeten Auslandes würdig anreihen. Der Kirchenstaat ist klein; das ganze Land zählt ein Drittel weniger Bewohner als Bayern; wie ungünstig zudem seit siebenzig Jahren die Zeitumstände auf die wissenschaftlichen Bestrebungen einwirken mußten, ist bekannt. Daß gleichwohl im 18. und 19. Jahrhundert Gediegenes geleistet wurde, ist in den letzten Jahren dargethan worden [1] und verdient Anerkennung. Die 60 angesehenen Namen, welche Dr. Hergenröther vorführt, sind das unverfänglichste Denkmal. Doch bleiben wir bei der neueren Zeit. Auf dem Gebiete der Philosophie ragen Bonelli, P. Liberatore, P. Ventura und P. Tongiorgi hervor; im Fache der Theologie Perrone und Vincenzi, auf beiden genannten Gebieten P. Kleutgen, dessen Werke auch in das Italienische übersetzt werden. Um Rechtsphilosophie, Staatswirthschaft und Socialökonomie hat sich P. Taparelli verdient gemacht. An Umfang und Werth meisterhafte Arbeiten haben P. Patrizi und Vercellone in der Exegese und ihren einschlägigen Fächern, Cardinal Angelo Mai in der Patristik und griechischen und lateinischen Literatur geliefert. Zur Ausbeutung für die Geschichte hat der unermüdliche P. Theiner die reichsten Schätze aus der Vaticanischen Bibliothek mitgetheilt; wie durch ihn, um eines seiner Geschichtswerke namhaft zu machen, Raynalds Annalen einer Fortsetzung sich erfreuen, so haben auch die Annalen Waddings und Muratori's in unserer Zeit durch Melchior von Cerreto und Coppi ihre Fortsetzung gefunden. In kirchlicher Geographie und geschichtlicher Statistik hat Girolamo Petri Bedeutendes geleistet. Was die Verdienste um die christlichen Alterthumswissenschaften anbelangt, glänzen P. Marchi und sein Schüler Joh. B. de Rossi als Sterne erster Größe, neben ihnen P. Garrucci, auch bei deutschen Philologen hochgeachtet. Ihnen dürfen wir Borghesi beizählen, ein schon in der Jugendzeit leuchtendes Genie, berühmt als Geschichtsforscher, Chronolog, Epigraphiker und Numismatiker; denn auch er gehört hieher, wenn gleich er sich später von Rom nach S. Marino zurückgezogen hat, von wo er mit den Gelehrten Europa's correspondirte. Was die Sprachwissenschaft

---

[1] Vgl. Dr. Hergenröther im Chilianeum 1863. H. 1. S. 28 ff. und H. 3. S. 118 ff., 1864 H. 3 und 4. S. 154—161. „Briefe aus Rom" im „Katholik" 1864. Bd. 12, besonders S. 317 ff. und 1865 Bd. 13. Entsprechend dem Gegenstand der Anklagen ist freilich von ganz Italien und vorzugsweise von der Wissenschaft der Philosophie und der Theologie die Rede.

betrifft, so verdient vorausgeschickt zu werden, daß nach dem Zeugnisse des Cardinals Wiseman [1] die Ehre, z u e r st dem Studium der indischen Literatur eine ernstliche Aufmerksamkeit geschenkt zu haben, Rom gebührt. Jener erzählt auch mit Vergnügen, daß die gelehrten Glieder der Kirche in Italien, als diese neue und damals noch sehr geheimnißvolle Gattung von Literatur vor ihnen aufgeschlossen wurde, dieselbe freudig begrüßten. Die Propaganda förderte schon gemäß ihrer Institutionen die Linguistik. Wiseman, eine Zierde der gelehrten Welt, hat in Rom seine Ausbildung vollendet, seine schönen Vorträge über vergleichende Sprachwissenschaft u. A. in einem großen und auserlesenen Kreise, in den Sälen des Cardinals Weld, gehalten und ebenfalls in Rom seine schriftstellerische Thätigkeit mit Herausgabe seiner **Horae Syriacae** begonnen. Cardinal Mezzofanti bleibt immerhin, wenn er auch nichts geschrieben hat, ein Wunder von Sprachenkunde. P. Ungarelli, der Interpret der Obelisken Roms und Benevents, hinterließ bei seinem Tode einen Supplement= band zum arabischen Glossarium. P. Tarquini's Untersuchungen über Denkmale etruskischer Sprache und ihre Verwandtschaft mit der phönici= schen oder semitischen Sprachfamilie zeugen von dem lebhaften Interesse für diese Studien und bilden, wenn auch angefochten, doch einen beach= tenswerthen Beitrag zur Lösung eines wohl noch nicht entschiedenen Problems. P. Bollig hat jüngst die Herausgabe eines gelehrten Werkes über 22 orientalische Sprachen in Aussicht gestellt. Papst Pius **IX.** war auch auf Hebung der Polyglotten=Druckerei der Propaganda be= bedacht. Ein Bücherverzeichniß weist Werke in 31 verschiedenen Sprachen auf, welche aus ihr hervorgegangen sind. In jüngster Zeit übertrug der Papst die Leitung der Druckerei dem trefflichen Typographen Ma= rietti in Turin. Sie soll jetzt die Typen für 55 Sprachen aller Welt= theile enthalten und sich mit Herausgabe einer Polyglotten=Bibel be= fassen, in welcher das glagolitische Evangeliarium, das bedeutendste uns erhaltene Monument dieser altslavonischen Sprache, Platz finden würde.

Ebenso wurden die exacten und die Naturwissenschaften nichts we= niger als vernachlässigt. Einen deutlichen Fingerzeig gibt die Thatsache, daß die Ausgabe der Werke Newtons, welche für die beste gehalten wird, zwischen den Jahren 1830 und 1840 in Rom von zwei Ordens=

---

[1] Zusammenhang zwischen Wissenschaft und Offenbarung. Zwölf Vorträge ge= halten zu Rom von Cardinal Wiseman, herausgegeben von Dr. Haneberg, vermehrt von Dr. Weinhart. Vortrag I. §. 6.

geiftlichen beforgt wurde [1]. Es genügt übrigens, an Caraffa, Torto=
lini, Volpicelli und Chelini in den genannten Wissenschaften, an **P.**
Pianciani in der Physik und Kosmogonie, an **P.** de Vico und **P.** Secchi
in der Astronomie zu erinnern. Ueber Botanif haben Sanguinetti und
Poggioli geschrieben. Die Hydrodynamif, eine Wissenschaft, die zu uns
aus Italien gefommen ist, wurde von Cialdi und Bettocchi gefördert.

Beweis der geistigen Bildung ist endlich die Rom wie den Ita=
lienern überhaupt eigene Pflege der bildenden Künste und der schönen
Literatur. Würden bei der Zerrüttung der Gegenwart die Mufen schwei=
gen — es wäre begreiflich. Dennoch herrscht eine rege Thätigfeit.
Rom ist noch immer die Metropole der Kunst. Ausgezeichnetes haben
in der italienischen Literatur Maffi, der Sänger der Baticanischen Nächte,
und **P.** Bresciani, im classischen Latein der Dichter **P.** Palumbo geleistet.
Anderes übergehen wir, da man auf diesem Gebiet schon lange gegen
Rom billiger denft [2]. Lessing wollte nach Italien, mit Deutschland un=
zufrieden, und wurde nur durch einen Ruf nach Wolfenbüttel festgehalten.
Im Jahr 1768 schrieb er an Nicolai: „Was ich in Rom will, werde
ich Ihnen aus Rom schreiben. Von hier aus fann ich Ihnen nur so
viel sagen, daß ich in Rom wenigstens ebensoviel zu suchen und zu er=
warten habe, als irgendwo in Deutschland" [3]. Vorzüglich war es Göthe,
welcher den Zug der Geister gegen Rom lenfte [4]. Er anerfannte mit
Winkelmann Rom als „die hohe Schule" des Geistes für alle Welt.
Seiner Ansicht nach „ist nur Ein Rom in der Welt", das ihm ein
„Zauberfreis" ist, in welchem er sich, „wie bezaubert, zufrieden" be=
findet. Rom hat „den eigenen Vorzug, daß es als Mittelpunkt fünst=
lerischer Thätigfeit anzusehen ist" [5]. Unsere obige Rundschau hat nur
die vorzüglichsten Schriftsteller Roms vorgeführt. Freilich begegneten
uns auch andere als römische Namen. Aber hat Rom nicht alle diese
Gelehrten hervorgebracht, so ist es doch der Magnet, welcher sie ange=
zogen hat.

Ein Blick auf die bestehenden Zeitschriften mag unser Bild vervoll=

---

[1] Ueber die Blüthe der Wissenschaft 2c. von Cardinal Wiseman S. 321.
[2] Vgl. die Briefe aus Rom im Kathollf 1865. Bd. 13. S. 44 ff.
[3] Daumer, Mansarde III. S. 193.
[4] Vgl. Göthe in Italien, von Grimm. Berlin 1861 und die berichtigenden
Bemerkungen Dr. von Ringseis' in den Histor.=pol. Blättern. Bd. 48. S. 616 ff.
[5] Göthe's Werke. Aufenthalt in Rom. Siehe Briefe d. d. Rom, Ende Juni
1787. Sept. 1787. 27. Oct. 1787.

ſtändigen. Vor acht Jahren hatte Rom deren vierzehn für Cultur und Wiſſenſchaft [1]. Der Fortſchritt zeigte ſich auch hier. Zwei neue Zeit= ſchriften wurden ſeitdem gegründet. Die eine dient zur Veröffentlichung des Inhaltes römiſcher Acten und Entſcheidungen [2], die andere zur För= derung der Meteorologie und Phyſik [3]. Die Correspondenza scien- tifica enthält als neue Zugabe einen Anhang für Schifffahrt und Erd= kunde [4]. Die Annalen der mathematiſchen und phyſiſchen Wiſſenſchaften erſcheinen unter einem neuen Titel und dienen als ein Organ der Ma= thematiker Italiens für ihre gelehrten Unterſuchungen [5]. Die Landwirth= ſchaft, der Handel, die Archäologie, die Medicin, die Poeſie und ſchöne Literatur, das Recht und die Naturwiſſenſchaft haben ihre Blätter. Von univerſellerem Charakter ſind die Civiltà und das Journal der Arcadia [6], das ſeine 180 Bände zählt. In letzteres ſchrieb der oben erwähnte Borgheſi zwanzig Jahre lang. Oft wurde er von Italienern und Aus= ländern vergebens gebeten, eine Sammlung ſeiner Schriften herauszu= geben. Nach ſeinem Tode ließ ſie Kaiſer Napoleon auf Koſten ſeiner Civilliſte veranſtalten. Auch in den päpſtlichen Provinzen wuchs die Zahl der wiſſenſchaftlichen Zeitſchriften. So entſtand eine philologiſche und eine mediciniſche in Bologna in den letzten Jahren der päpſtlichen Herrſchaft (1858).

Wir ſind zwar weit entfernt, alle dieſe Zeitſchriften und Akademien den deutſchen in jeder Hinſicht an die Seite zu ſtellen. Doch geht ſoviel unzweideutig aus ihnen hervor, daß es Unrecht iſt, Rom geiſtigen Ver= fall vorzuwerfen. — Man hat zudem mit Recht hervorgehoben, daß, wenn auch in Rom weniger Werke dem Drucke übergeben werden, doch den Gelehrten in den vielen Congregationen eine andere Gelegenheit geboten iſt, dem Glauben und der Wiſſenſchaft zu dienen [7]. Jedes Jahr werden Abhandlungen, als Gutachten über ſchwierige Fragen aus allen Zweigen der Theologie, verfaßt. Werthvolle Arbeiten, die wir von rö= miſchen Theologen beſitzen, waren urſprünglich derartige Gutachten. An=

---

[1] Sie ſind in der Civiltà 1857 S. III. v. 8. S. 603 und 606 aufgezählt.

[2] Acta ex iis decerpta quae apud S. Sedem geruntur.

[3] Bulletino meteorologico dell' Osservatorio del Collegio Rom., con corrispondenze e Bibliografia, per l'avanzamento della Fisica terrestre.

[4] Bulletino nautico e geografico.

[5] Annali di Matematica pura e applicata.

[6] Giornale Arcadico di Scienze, Lettere ed Arti.

[7] Briefe aus Rom im Katholik 1865. Bd. 13. S. 169 ff.

bere wissenschaftliche Arbeiten wandern als Manuscripte in die Biblio=
theken. So soll gegenwärtig Coppi die handschriftlichen Erzeugnisse
seiner vieljährigen Geschichtsforschungen der Casanatensischen Bibliothek
bestimmt haben.

Von Seite des Papstes Pius IX. wurde Kunst und Wissenschaft
trotz der beschränkten Finanzmittel mit fürstlicher Munificenz gepflegt.
Collegien für Engländer, Amerikaner, Polen, Slaven verdanken ihm ganz
oder theilweise ihr Entstehen. Ein Colleg gründete er in seiner Vater=
stadt Sinigaglia, ein größeres, das Pius=Seminar, in Rom. Für dieses
gab er eine halbe Million Scudi (2,500,000 Frcs.) aus; die talent=
vollsten Candidaten der Theologie aus allen päpstlichen Provinzen, einer
aus jeder der 82 Diöcesen, sollten hiedurch die Wohlthat einer vollen=
deten Ausbildung in Rom erhalten. Die Accademia ecclesiastica re=
formirte er, damit sie ihrem Zwecke entsprechend eine Pflanzschule für
hohe Prälaten und Diplomaten werde. An der Akademie zu Bologna
errichtete er einen neuen Lehrstuhl der Baukunst und Ornamentik. Rom
erhielt von ihm ein militärisches Colleg (Kadettenhaus) und ein technisches
Institut der Geodesie und Jcodometrie. In Rom, Civitavecchia und
Ancona sorgte er für magnetische Observatorien. Die meteorologischen
Observatorien der beiden zuerst genannten Städte verband er nach dem
Vorschlage des gelehrten P. Secchi durch einen Telegraphen. Bereits
vor neun Jahren sagt ein officieller Rechenschaftsbericht [1] hierüber:
„Die Wissenschaft zieht so mittelst des Telegraphen Gewinn von den
Mitteln, welche sie selbst der bürgerlichen Gesellschaft an die Hand ge=
geben hat, und mit den neuen Vortheilen, die sie daraus ziehen wird,
wird sie neuen Gewinn bringen... Schon erkennt man jeden Tag mehr
an, daß die durch den Telegraphen vermittelten meteorologischen Mit=
theilungen ohne Widerspruch das sicherste Mittel sind, um sich gegen
die großen von den heftigen atmosphärischen Veränderungen drohenden
Gefahren zu schützen, besonders auf dem Meere, und wir freuen uns,
daß wir im Laufe dieses Semesters diese Wahrheit in einer noch kla=
reren Weise haben zur Anerkennung kommen sehen." Die Sternwarte
in Rom und Bologna, die Museen, insbesondere die zwei von Gregor
XVI. für Antiken im Lateran und für etruskische Alterthümer gegrün=
deten, die des Vaticans und des Capitols wurden beträchtlich bereichert,
ebenso die Sammlungen von Münzen, Medaillen, Kupferstichen, das

---

[1] Bei Margotti, die Siege der Kirche S. 488.

anatomische Kabinet in S. Spirito in Sassia u. s. w. [1]. Ein neues Museum, „das christliche", wurde im Lateran angelegt. Reiche Schätze lieferten hiezu die vielen Ausgrabungen. Wir wollen aus ihren Ergebnissen hier nur die kostbaren antiken Malereien anführen, die man an der Via Graziosa ausgegraben hat und bei der Seltenheit erhaltener Ueberreste der Malerkunst aus dem classischen Zeitalter eine fühlbare Lücke in etwas ausfüllen. Für die Bibliotheken des Vaticans und der Universitäten zu Rom (Sapienza) und Bologna kaufte Pius IX. die berühmten Polyglotten-Bibliotheken des Cardinals Mai und des schottischen Reisenden Ritter Watson an. Wenn eine neue Epoche der Wissenschaft der Katakomben begann, so gebührt Pius IX. das Verdienst. Er läßt Jahr für Jahr die Ausgrabungen mit ungeheurer Arbeit auf seine Kosten fortsetzen; er bestellte eine Commission für gelehrte Untersuchungen und zur Wiederherstellung der ursprünglichen Form; er ermöglichte eine wissenschaftliche Reise des Ritters von Rossi nach Frankreich, Deutschland und England und die Herausgabe seiner Prachtwerke über das unterirdische Rom durch seine freigebige Unterstützung; allein hiefür hat er 50,000 Gulden verausgabt [2]. Der Akademie der Archäologie gab er ein eigenes Haus und zwar an der Stelle, wo die Gründung Roms begonnen hat. Die hinsiechende naturwissenschaftliche Akademie der Nuovi Lincei erweckte er zu neuem Leben und wies ihr das Capitol zum ständigen Sitze an. Auch die Akademie S. Luca erhielt von ihm ein geräumigeres Lokal. Die Vereine der Künstler und insbesondere die Gesellschaft der Virtuosen des Pantheons erfreuten sich seiner Ermunterung und Hülfe.

Torquato Tasso, der unsterbliche Dichter des befreiten Jerusalem, hatte bis in die Neuzeit einen einfachen Grabstein in der Kirche der Hieronymiten zu S. Onofrio. Im Schatten des Vaticans suchte er einst Trost in seinem Unglück. Clemens VIII. bestimmte ihm eine jährliche Pension und im Herbste 1594 eine Ehre auf dem Capitol, welche nach Petrarca Niemand erhalten hatte, indem er ihm sagte: „Ich biete dir die Krone von Lorbeer, damit sie von dir so geehrt werde, wie sie früher Andern zur Ehre gereichte." Doch der Tod ereilte ihn vor der Krönung. Die Leiche wurde in die römische Toga gehüllt und mit Epheu

---

[1] Siehe Maguire, Rom S. 430—53. Margotti, Rom und London S. 281 ff. und die Siege der Kirche S. 363 ff.
[2] Dr. Sighart a. a. O. S. 19 ff. Maguire, Rom S. 453 ff.

bekränzt. Pius ehrte das Verdienst auch in dem Todten und setzte dem Dichter ein Monument in einer prachtvoll umgestalteten Kapelle.

Doch genug; wer Mehreres über unsern Gegenstand wünscht, nehme die 63 Hefte der Scienze ed Arti sotto il Pontificato di Pio IX., und er wird ein bewunderungswürdiges Bild seiner unermüdlichen und großmüthigen Förderung der Künste und Wissenschaften finden. Gehen wir zum Königreich Italien über.

Mit dem Verluste der Herrschaft über Rom müßte der Papst mit Grund befürchten, unter seinen Augen die zum Wohle aller, auch der entferntesten Völker, gegründeten Collegien zu verlieren. Denn Piemont achtet keine kirchliche Anstalt; in Bologna hat es alsbald das vom großen Cardinal Aegid Albornoz gestiftete spanische Colleg, welches ein halb Tausend Jahre allen Stürmen Trotz geboten hatte, aufgehoben und 35 Professoren und Docenten wegen ihrer Treue gegen den Papst abgesetzt. Die Aufhebung so vieler bischöflicher Seminarien in ganz Italien verkündet gleichfalls klar das Loos der römischen Anstalten unter Piemont.

Aber auch über den geistigen Fortschritt überhaupt bringen die Nachrichten aus dem neuen Reiche Italien wenig Erfreuliches, viel Düsteres. „Die Unordnung", schreibt man der Augsb. Allg. Zeitung vom 27. September 1865, „und die Rathlosigkeit im Unterrichtswesen wetteifert mit der in der Finanzverwaltung. Jeder Minister hat ein anderes System gehabt, und da die Minister rasch auf einander gefolgt sind, versteht keiner den andern mehr. Die Verwirrung zu mehren, versetzt man Lehrer und Inspectoren in die Kreuz und Quere, schickt einen von Pistoja nach Caltanisetta in Sicilien.... Wie es dabei mit dem Unterricht steht, mag man sich denken. Die Dotationen sind überall unzureichend; und wenn man auf den Raub der geistlichen Güter vertröstet wird, so zucken sogar die Anhänger des heutigen Treibens die Achseln, indem sie schon wittern, welcher Abgrund diesen Raub zu verschlingen droht. Das Unterrichtswesen ließ hier zu Lande Manches zu wünschen übrig, obgleich in den letzten Jahren von der großherzoglichen (toscanischen) Regierung viel geschehen war. Die Mängel betrafen mehr den Volksunterricht als den höhern, denn die Lyceen und Gymnasien, obgleich sie theilweise zu sehr in den Bereich der Universitätsstudien übergriffen, entsprachen im Ganzen ihrem Zweck. Jetzt ist die Ordnung der höheren Lehranstalten, die man großentheils entschieden Experimentirern anvertraut hat, sehr gestört. Von den Universitäten schweigen wir, denn die pisanische haben wir in zahlreichen Briefen erwähnt, und von der fienefischen ist mit dem besten Willen nichts zu sagen." Die officielle Statistik bezeugt die abnehmende Frequenz der Universitäten, mit Ausnahme der neapolitanischen. Auf den 19 Universitäten Italiens gibt es 714 Professoren, 357 Privatdocenten und 15,508 Studenten, von welchen fast zwei Drittel, 10,000, in Neapel sind. Die Zahl der Studirenden sank 1864 seit dem Jahr 1861—1862 in Turin von 1291 auf 880, in Urbino von 67 auf acht, welchen sieben Professoren und acht Privatdocenten ihre Kenntnisse mittheilen. Für den mittleren Unterricht bestehen 93 Gymnasien mit 20,373 Schülern, 67 Lyceen mit 4612 Schülern, 39 technische Anstalten mit 9554 Schülern und Convicte mit 11,243 Zöglingen[1]. Im Vergleich zur Schülerzahl des ehemaligen Kirchenstaates ist das ein ungünstiges Verhältniß; denn dieser hatte im Jahr 1853 nach Angabe der officiellen Statistik (1857) 28,899 Studirende. Oeffentlichen Nachrichten zufolge soll die italienische Regierung gegenwärtig beabsichtigen, die altberühmte halbtausendjährige Universität Siena aufzuheben und an ihre Stelle ein Polytechnikum treten zu lassen[2]; mit demselben Geschicke, die Hochschule zu verlieren, sind Parma, Genua und andere Städte bedroht; denn Sparen ist nothwendig.

Auch das ernste Streben nach Wissenschaft hat unter den Studenten gelitten. Man beschäftigt sich lieber damit, hohe Politik zu treiben und Patriotismus an den Tag zu legen, Petarden zu werfen und gelegenheitlich eine päpstliche Encyclica zu verbrennen. Besucht man eine Vorlesung, so geschieht es mit der Cigarre im Munde. Die Universität Pavia, die besuchteste von Oberitalien, mußte sogar (1862) wegen der eingerissenen Unordnungen der erhitzten Köpfe zeitweilig geschlossen werden.

Daß die Künste unter den obwaltenden Umständen nicht blühen, bedarf keiner Erwähnung. In dem feingebildeten Florenz, dem Sitze der Musen, jammert man über den Einbruch der Vandalen[3] und noch mehr über die der reinsten italienischen Mundart drohenden Gefahren. „Was ist das für eine Sprache", schreibt Fanfini[4], „in welcher die obersten Behörden des neuen Italiens ihre Gesetze und Befehle dem italienischen Volke dictiren? Es fällt mir schwer, es zu sagen, aber ich muß es

---

[1] Annuario statistico della istruzione pubblica del regno d'Italia vom J. 1864, nach Petermanns geographischen Mittheilungen 1865. S. 118. Vgl. J. 1863 S. 116 und Civiltà 1863. v. 6. S. 125.

[2] Augsb. Allg. Ztg. 1. Juli 1865. Beil.

[3] I Vandali a Firenze. Firenze, Birindelli 1863.

[4] Il Borghini, giornale di filologia e di lettere italiane. 1863. p. 67.

aussprechen: die Gesetze sind in barbarischer Sprache gegeben, voll dunkler Begriffe, weitschweifig ohne Maß." — Wenden wir uns zum

Volksunterricht.

Ist die katholische Kirche wirklich der Aufklärung abhold? Begünstigt sie in der That, wie man gerne vorgibt, die Verdummung und die Unwissenheit? Das müßte vor Allem sich in Rom zeigen und man müßte sich nur wundern, daß hier überhaupt Schulen für das gemeine Volk bestehen. Wir läugnen allerdings nicht, daß das römische Volk nicht in dem Grade und in der Ausdehnung wie das deutsche unterrichtet ist. Aber das ist vorzugsweise dem Schulzwang beizumessen, den der Italiener nicht kennt. Jedoch auch Frankreich, England und selbst das fortgeschrittene Königreich Italien kennen den modernen Schulzwang nicht und erleuchtete Staatsmänner, wie Guizot, und Freunde der Literatur und Wissenschaft, wie Cäsare Cantu und Wolfgang Menzel, sind gleichwohl nicht für ihn. Die Akademie der Künste und Wissenschaft von Modena schrieb eine Preisfrage aus des Inhalts, ob die Freiheit des Unterrichts ein in der Vernunft begründetes Recht sei. Cantu's Schrift, welche in bejahendem Sinne entschied, wurde mit dem Preise gekrönt. Man wahrt das Recht und die Freiheit der Eltern in der Erziehung der Kinder; sie sollen auf dem Wege der Belehrung und Ueberzeugung, nicht aber durch den gehässigen Zwang bewogen werden, für den Unterricht der Kinder zu sorgen, und die Frage ist viel bestritten, ob denn der Staat berechtigt sei, durch derartige Zwangsgesetze in das Recht und das Leben der Familie einzugreifen [1]. Uebrigens gehört es, sagt Professor Mittermaier [2], „zu den Vorurtheilen mancher Ausländer, daß die katholische Kirche und die Geistlichen in Italien selbst den Volksunterricht nicht begünstigen... Die Betrachtung des Entwickelungsganges der Päpste für die Schulen in Rom zeigt die Grundlosigkeit dieser Meinung... An vielen Schulen fehlt es in Rom nicht." Schon vor etwa 50 Jahren konnte Tournon [3], französischer Präfect in Rom unter Napoleon I.,

---

[1] Vergl. u. A.: Der Schulzwang, ein Stück moderner Tyrannei von Lukas. Landshut 1865.

[2] Italienische Zustände S. 232 und 261 ff.

[3] Bei Dr. Hergenröther, der K.-Staat S. 86; vgl. sein ganzes Kap. VI. über das Unterrichtswesen S. 71—90.

sagen: „Der Primärunterricht ist dem Volke mit einer Liberalität geboten, von der wenige Regierungen ein Beispiel geben… In den klein-
sten Dörfern gibt es Schullehrer, die lesen, schreiben und rechnen lehren,
so daß es fast kein einziges Kind gibt, dem die Wohlthat des Unter-
richtes nicht zu Gute kommen könnte." Cardinal Morichini anerkennt
in seinem bekannten Werke über die römischen Institute manche Mängel,
die der Verbesserung bedürfen; doch beweist er durch seine statistischen
Angaben, daß, sieht man von Deutschland ab, die Zahl der Schulen
und Schüler in Rom beziehungsweise ebenso groß oder noch größer ist
als in irgend einer andern Stadt. Nach ihm gab es in Rom (1841)
27 Institute und 387 Elementarschulen, in welchen 14,157 Kinder den
Unterricht empfingen; außerdem wurden 2213 Kinder in besondern Con-
servatorien und Anstalten unterrichtet. Als Gaume [1] bald darauf nach
Rom kam, zählte er 374 Primärschulen (vermuthlich zu wenig) unter
484 Lehrer und Lehrerinen mit 14,000 Schülern bei einer Bevölkerung von 170,000 Seelen, während die Hauptstadt seines französischen
Vaterlandes bei ihrer ungeheueren Bevölkerung (im Jahr 1844) nur
24,137 Schüler zählte.

Im Jahr 1856 fand Maguire eine sehr beträchtliche Zunahme der
Schulen und Schüler [2]. Höchst erfreulich war zumal der Aufschwung,
den die Abendschulen genommen hatten. Ihre Zahl war von acht auf
dreizehn gestiegen und die Zahl ihrer Schüler von 1000 auf 1600. Er
fand den Besuch des Unterrichts weit bedeutender als in England, und
die von ihm vorgebrachten Daten setzen dieß außer Zweifel; ja er will,
auf amtliche Berichte gestützt, im englischen Unterrichtswesen mehr Rück-
schritt als Fortschritt wahrgenommen haben; die Arbeit in den Fabriken
lichtet nämlich die Schulen [3]. Noch später, nach einem zweiten Aufenthalte in Rom, schätzte er (1859) (ebenso Sauzet 1860) die Zahl der
Kinder und jungen Leute in den verschiedenen Unterrichtsanstalten auf
23,000. Neher's Statistik gibt 375 Elementarschulen an, in denen der
Unterricht unentgeltlich ist, mit 17,000 Schülern [4] (die in Wohlthätigkeitsanstalten unterrichteten Kinder sind, wie es scheint, nicht gerechnet)

---

[1] Les Trois Rome T. II. nach der Tübinger Q.-Schrift 1849. S. 559.
[2] Rom S. 348.
[3] A. a. O. S. 600—610, vgl. S. 284—355; dazu Dr. Roßbach im Chilianeum Sept. 1865. S. 525. Margotti, Rom und London S. 88 ff.
[4] So corrigiren wir unbedenklich den offenbaren Druckfehler von 117,000. I.
S. 42.

und Abendschulen mit fast 2000 Schülern. Letztere haben in öffentlicher Prüfung vor Cardinälen, französischen Generälen und zahlreicher Versammlung Beweise ihrer Kenntnisse in der Grammatik, Kalligraphie, Geschichte, Geometrie u. s. w. abgeben; ein wahres Gegenstück zu den „Lumpenschulen" Londons.

Daraus erhellt die Nichtigkeit der Anklagen gegen Rom. Laut der officiellen Statistik des öffentlichen Unterrichts in Italien besuchten im J. 1863 von den 3,766,600 sechs- bis zwölfjährigen Kindern 939,234, also der vierte Theil, die vorhandenen 30,321 Elementarschulen und 123,581 junge Leute die Sonntagsschulen. Da das Königreich Italien über 21 Millionen, Rom 200,000 Einwohner hat, so befindet sich in Rom der neunte oder mindestens der zehnte Theil der Bevölkerung, im Königreich Italien nicht einmal der zwanzigste Theil im Unterricht. So viel über Rom. Hinsichtlich der übrigen päpstlichen Städte und Orte liegen uns keine Zahlen vor. Wir können uns jedoch nicht enthalten, über die Zustände des Kirchenstaates im Allgemeinen das Urtheil eines Deutschen anzuführen, welcher mehr als zwanzig Jahre in Rom und seiner nächsten Umgebung lebte [1]. Er behauptet, der Vorwurf, daß von fünf nur Einer lese, dürfe wohl nur von der untersten Volksklasse verstanden werden. Zum Beweise hiefür erzählt er, daß manche reiche Familie jährlich Tausende kleiner Bücher an die Armen verschenke. Diese sind absichtlich so ausgestattet, daß nur ganz Unbemittelte sie gebrauchen. Sollten nun jene gebildeten Wohlthäter nicht wissen, ob das ganz unbemittelte Volk lesen kann? Was die römischen Marken betrifft, so bürgt das Ansehen Matteucci's, des italienischen Vicepräsidenten des Unterrichtsrathes, dafür, daß es dort nicht verwahrlost wurde. Bei der Gesetzvorlage über den öffentlichen Unterricht im Juli 1863 legte jener das kostbare Geständniß ab, worauf sich auch Cantu in seiner Preisschrift stützt, daß der Elementarunterricht in der Romagna sich in einem Grade ausbreite, wie das nicht in andern italienischen Provinzen der Fall ist, in welchen das Gesetz den Unterricht regulirt. Matteucci schreibt dieß der Intelligenz des Volkes und der Energie der Municipien zu. Aber ist es nicht die päpstliche Regierung, welche diese intelligente Bevölkerung und diese thätigen Municipien herangebildet hat? Und wodurch hat sich denn die Krone Sardinien auf diesem Gebiete ausge-

---

[1] Briefe aus Rom im Katholik 1864. Bd. 12. S. 68 und 645.

zeichnet? Es ist notorisch, daß der Volksunterricht in ganz Italien nir=
gends so schlecht bestellt ist, als auf der Insel Sardinien. Hier kön=
nen laut der officiellen Statistik unter 1000 Personen nur 72 lesen und
schreiben. Und was ist unter der Regierung des Königreichs Italien
geschehen? Der Diritto schreibt unterm 23. November 1861: „Mit dem
öffentlichen und mit dem Privatunterricht ist es nichts.“ Man reißt
nieder, ohne aufzubauen. Man verjagt jene, welche sich ausschließlich mit
dem Unterricht beschäftigen, Schulbrüder und Ordensschwestern. Kein
Alter, kein Verdienst schützt. So hat man in Rossano das Kloster der
Clarissen, welche sich mit Unterricht befassen, gewaltsam geschlossen und
„dem seit Jahrhunderten blühenden Institut ein schnelles Ende gemacht“ [1].
In Turin unterdrückte man das schöne Colleg der Schulbrüder S. Pri=
mitivo. Eine Actiengesellschaft sollte für die Herstellung eines neuen
sorgen, aber es fand keinen Anklang. Der Präsident des Comite’s,
Nora, erklärte deßhalb d. d. Turin 17. September 1863 das Unter=
nehmen suspendirt. Der schon angeführte Correspondent der Augsburger
Allg. Zeitung aus Florenz vom 27. Sept. 1865 berichtet über Toscana:
„Die Mängel betrafen mehr den Volksunterricht als den höheren...
Jetzt ist der Volksunterricht beinahe chaotisch.“ Ein zweiter aus
Turin gesteht [2]: „Leider hat es bis jetzt noch kein italienischer Unter=
richtsminister verstanden, mit der Hebung des Elementarunterrichts glück=
lich durchzugreifen.“ Verwirrung, wo man hinblickt!

Nur Ein Unterricht ist schlechterdings für jeden Christen ohne Aus=
nahme nothwendig; es ist der Unterricht in der Religion. Auf ihm be=
ruht die Bildung des Geistes, die Veredlung des Herzens, die Sittlich=
keit und die Wohlfahrt des Volkes. Für diesen ist im Kirchenstaat vor=
trefflich gesorgt. Gesetzliche Vorschriften verpflichten die Eltern, ihre
Kinder in denselben zu schicken. Um die religiöse Erkenntniß nicht nur
möglichst zu verbreiten, sondern ihr auch dauernden Halt zu geben, wer=
den mit verschwenderischer Hand alle jene Schätze gespendet, welche der
Reichthum der Kirche bietet. Es ist staunenswerth, was hierin geleistet
wird [3]. In keinem Lande sind die Kirchen und Kapellen zahlreicher,

---

[1] Augsb. Allg. Ztg. 4. Oct. 1865.
[2] Augsb. Allg. Ztg. 5. Juli 1865, Beil.
[3] Briefe aus Rom, Katholik 1864. B. 12. S. 644, 648 ff. Wisemans Er=
innerungen 2c. S. 125. Mittermaier S. 232. Brentano, Rom, wie es in Wahr=
heit ist S. 302 ff. Wiseman hielt Görres für den Autor dieser vor 40 Jahren

und nirgends wird häufiger das Wort Gottes verkündet und Katechesen, homiletische Unterrichte, mit einem Worte eine Fülle von Vorträgen für das ganze Volk und für die besonderen Klassen, Geschlechter und Alter gegeben. Kommt die Fastenzeit heran, so versammelt der Papst jedes Jahr die Prediger um sich, um in eindringlicher Weise ihnen die eifrige Erfüllung ihres hohen und wichtigen Amtes an das Herz zu legen. Das Volk ist daher in religiöser Hinsicht im Allgemeinen gut unterrichtet. Zustände solch' haarsträubender Unwissenheit, daß ganze Schaaren als Heiden aufwachsen, wie es in manchen civilisirten Städten der Fall ist, sind in den päpstlichen Staaten eine Unmöglichkeit. In England fanden sich einem amtlichen Berichte zufolge unter 3000 Kindern 1588 ohne alle religiöse Erziehung, unfähig, ein Wort von einem Gebet herzusagen, ohne Idee von Tugend und Laster [1]; in Rom findet sich nicht einmal Eines.

So bewährt sich der Papst als Stellvertreter Dessen, der das Licht in die Finsterniß gebracht hat. Von ihm gepflegt, flammt das Licht des Glaubens und der Wissenschaft, zur Verbannung finsterer Unwissenheit, zur Aufklärung des ungebildeten Volkes und zur Ermunterung der Gelehrten, ein himmlisches Licht, nicht sengend und brennend, nicht austrocknend und ausdörrend, sondern mildthätig erwärmend und anregend zu einem religiös=sittlichen Leben.

6. Der religiöse und sittliche Zustand.

Gerne würden wir das religiöse Leben Roms als unläugbar übergehen, würden nicht hartnäckig fortgesetzte Verunglimpfungen einige Bemerkungen nothwendig machen. „Das sittliche und religiöse Leben liegt in ganz Italien tief darnieder", schreibt der Prediger Nitzsch [2]. Gleichwohl konnte sich ebenderselbe, wenn er die Leute öffentlich, beispielsweise bei Processionen, auf die Kniee sinken sah, „keinen vollkommeneren Ausdruck der Andacht und Hingebung denken, als die Mienen und die Haltung solcher Knieenden." Könnte er schlagender als mit diesen seinen eigenen Worten widerlegt werden? Oder träumte er, das Volk werde

---

zuerst anonym herausgegebenen Schrift und sah in ihr das wohlgetroffene Bild Roms zu seiner Zeit.

[1] Bei Margotti, Rom und London S. 87.

[2] Die evangelische Bewegung in Italien 1863. S. 22. S. Westph. K.=Bl. 25. März 1865.

sich plötzlich seinetwegen verstellt haben? Ist nicht jener vollkommene Ausdruck der Andacht eben das natürliche Kennzeichen der inneren Andacht? Wenn man auf solche Art gegen offene Thatsachen ankämpfen darf, dann kann man jede Tugend läugnen und jeder Mißdeutung ist Thür und Thor geöffnet [1]. Auch Brentano beobachtete den ergreifenden Ausdruck der ernsten und doch milden Frömmigkeit italienischer Wallfahrer, sah aber in ihm naturgemäß das Gepräge der naivsten Ehrlichkeit und ungeschminktesten Demuth, des unbefangensten Glaubens, der herzlichsten Einfalt, welcher fast keinen Anwesenden ohne geistliche Rührung ließ. Cardinal Wiseman führte die Worte Brentano's als wahrheitsgemäß mit Genugthuung an und schildert unnachahmlich die Andacht in den Dörfern Italiens, mag man sie nun an ihren Festtagen besuchen oder die Kirche an jedem beliebigen Morgen betreten, wenn die ganze Bevölkerung vor Sonnenaufgang in derselben versammelt ist. Er meint, man müßte fühlen, daß „die Religion dieser einfachen Leute da ist, wo sie immer sein sollte — tief im Herzen, aber aus der Fülle überfluthend in ihre Blicke und Handlungen, und sich untrennbar mit den besten und reinsten natürlichen Gefühlen vereinigend." Er wenigstens gesteht, daß in ihm Eindrücke hervorgerufen wurden, „welche nie aus dem Herzen gerissen und durch die engherzigen falschen Darstellungen von Reisenden nur in frischer Lebendigkeit und Schönheit wieder hergestellt werden können" [2]. Der Marquis von Beauffort war ebenso tief bewegt von der Frömmigkeit der Italiener und zumal des niedern Volkes [3]. Er konnte seine Rührung eines Tages dem gefeierten Manzoni nicht verhehlen und erhielt die Antwort, daß „die Bauern ihn oft durch erhabene Ideen über Religion, ja selbst durch Geistesreichthum in Erstaunen gesetzt" hätten. Nach seinem Urtheil ist das italienische Volk „eines der

---

[1] Ebenso ist Nitzsch's Behauptung zu rügen: „Aeußerliche (nur?) Treue gegen die Kirche sei nicht zu vermissen" (S. 36). Unterziehen sich um einer Aeußerlichkeit willen gegenwärtig 2056 italienische Missionäre allen Anstrengungen, Mühen und Todesgefahren in der Ausbreitung der Lehre ihrer heiligen Kirche?

[2] Italienische Religiosität, in Wisemans verm. Schriften B. 3. S. 85 ff.

[3] Rückerinnerungen an Italien von einem Katholiken (M. v. Beauffort). Nach der 5. Auflage aus dem Französischen. Aachen 1843. Th. I. S. 94 und 54. Vgl. Tübinger O.-Schrift J. 1845. S. 399 ff. Der Recensent bemerkt: Ein vortreffliches, ganz originelles Schriftchen, eine wahrhaft katholische, großartige, ideenvolle Auffassung des kirchlichen und socialen Lebens. Alles betrachtet der geistreiche Verfasser, welcher sich dort acht Monate und davon drei in Rom aufhielt, im Lichte des Glaubens, darum ist sein Urtheil so treffend.

religiösesten von allen Völkern der Erde." Eines Sinnes mit ihm berichten den in den Römern oder Italienern im Allgemeinen lebenden religiösen Sinn und ihre Anhänglichkeit an die Kirche in den angeführten Schriften Mittermaier (S. 55), Sauzet (S. 283), Sighart (S. 155, 167, 181), Maguire (S. 405 ff.) und Gerbet [1]. Rom insbesondere ist eine Stadt des Gebetes oder, wenn wir Gerbet's Worte gebrauchen wollen, die Hauptstadt der christlichen Frömmigkeit.

Hier erzählen die Steine den Sieg des christlichen Glaubens über das Heidenthum; der Boden ist getränkt mit dem Blute der Märtyrer und ihre Gebeine in den unterirdischen Grüften der Katakomben umgürten die Stadt und zieren die Altäre. Die Straßen sind Zeugen des Lebens christlicher Helden, welche sie durchwandelt haben, tausend Erinnerungen an sie sind geblieben; nicht wenige ihrer früheren einfachen Zellen sind mit Schmuck bedeckt oder in prachtvolle Kapellen umgewandelt. Von dort aus predigen jene großen Vorfahren heute noch, wenn am Jahrestage ihres Hinscheidens zahllose Schaaren hineilen, um ihre Ueberreste, die Zeugen ihrer Gebete, ihrer Thränen und ihrer Tugenden zu betrachten, sich ihrer Thaten zu erinnern und ihrem Schutze zu empfehlen. Die heiligen Stätten, die kirchlichen Feste, die erhabenen Ceremonien, die herrlichen Kirchen aus allen Jahrhunderten, zahlreich wie die Tage im Jahre und von Betenden zu allen Stunden besucht, die Statuen Mariens mit dem göttlichen Kinde und die vor ihnen brennenden Lampen an den Ecken aller Straßen und an den Fenstern der Werkstätten, die in den Mauern eingegrabenen Sprüche ewiger Wahrheit, die erhebenden Meisterwerke der Kunst, die ehrwürdigen Gestalten des Papstes und der Cardinäle — Alles zeigt hin auf das Herz und den Mittelpunkt des Glaubens. Den wohlthuendsten Eindruck macht die Zahl und die Pracht der Kirchen. Die Frömmigkeit der Päpste und des Volkes leistet Unglaubliches für ihre Verschönerung. Man zählt in den päpstlichen Staaten an sechzig Kirchen, welche Pius IX. restaurirte. Für die Vollendung und die Ausschmückung der im Jahr 1823 niedergebrannten Basilika von St. Paul soll er sechs Millionen Gulden verwendet haben [2]. Sie ist eines der großartigsten Bauwerke der Gegenwart, zu welchem selbst Mehemed Ali aus Aegypten Alabaster-Säulen

---

[1] Skizze des christlichen Roms. Aus dem Französischen. Wien 1846. I. S. 127—136.

[2] Sighart a. a. O. S. 122, vgl. Maguire, Rom S. 438—439.

schickte. An Umfang überragt sie jede Kirche Deutschlands, Frankreichs und Englands, ihre vier Reihen kolossaler Granitsäulen erfüllen den Zuschauer mit Bewunderung.

Wenden wir einen Augenblick unsern Blick nach England hinüber. In der Oberhaussitzung vom 23. April 1858 sagte der anglikanische Bischof von Exeter u. A.: In 25 Pfarren Londons gibt es nur einen Seelsorger auf je 9000 Seelen. In einem der bevölkertsten Distrikte Londons sind 806,000 Einwohner, für welche es nur 192,000 Plätze in den Kirchen gibt, so daß 614,000 Personen dem Gottesdienst nicht beiwohnen können. In neunzehn der ärmsten Distrikte sind 1,423,000 Seelen und nur 208,865 Plätze, so daß 1,214,135 Personen die Kirche nicht besuchen können. Die Armen haben daher keinen Platz in der Kirche, ja sie werden von den Plätzen vertrieben, deren sie sich zu bemächtigen gewußt haben... Ich könnte nachweisen, daß die große Bevölkerung von Manchester ebenso wie in London in kirchlicher Hinsicht verwahrlost ist. Zu Liverpool finden nur acht Personen von je 100 Platz in den Kirchen... Es gibt Tausende von Personen in London, Liverpool und andern Städten, die nie eine Kirche betreten haben und nicht getauft sind. — Damals zog die Times den gewichtigen Schluß: Diese Thatsachen verkünden einen vollständigen Verfall, eine geistige Entkräftung. Ist der Schluß richtig — und er ist richtig — so lassen die entgegengesetzten Thatsachen in Rom auf nichts weniger als auf Verfall des religiösen Lebens schließen. Im Kirchenstaat würde man darüber erröthen, den Armen von den Kirchen auszuschließen, oder eine Kirche in solch' einem verwahrlosten Zustand zu lassen, in dem sich die unausgebaute St. Paulskirche in der reichsten Residenz- und Handelsstadt der Welt befindet. Nun zu den sittlichen Zuständen.

Die Gerechtigkeit fordert, daß bei der Beurtheilung der Sitten eines Volkes das Land, das Klima, der Boden, das Temperament, die natürlichen und geschichtlichen Verhältnisse berücksichtigt werden. Die Beachtung dieses Grundsatzes würde manches harte Urtheil milder stimmen. So wird man eine im ersten Zornausbruch begonnene und übereilte That bei dem leicht erregbaren Italiener begreiflicher finden, als bei dem Bewohner des kalten Nordens. Erwägt man ferner die Einfachheit und Mäßigkeit des Italieners, das geringe Maß und die leichtere Befriedigung seiner Bedürfnisse, die zum Genuß einladenden reizenden Naturschönheiten des Landes, das warme verweichlichende Klima, so verliert auch der Vorwurf der Trägheit viel von seinem Gewichte. Es würde ungerecht sein, sagt Mittermaier [1], im Allgemeinen den Italiener der Trägheit zu beschuldigen. Doch eilen wir zu den vorzüglichsten Beschuldigungen.

Corruption im Beamtenstande begegnet uns in erster Linie. Angenommen, es sei so, fragen wir: ist sie dem Kirchenstaate allein eigen? Ist sie in Rußland und Amerika nicht zu Hause, ja sprüchwörtlich geworden? Ist sie in England nicht ebenso zu beklagen? Hören wir einmal einen Correspondenten der Augsburger Allg. Zeitung (13. März 1865 Beil.); anläßlich des berüchtigten Edmund-Scandals schreibt er: „Leider hat die Corruption des englischen Beamtenthums in den letzten Jahren so bedeutende Fortschritte gemacht und tritt in so zahlreichen Scandalen an den Tag, daß eine kühne Stirne dazu gehört, auch jetzt noch bei jener optimistischen Selbstverherrlichung zu verharren. Viel wird vertuscht, viel durch Tradition geheiligt, aber die dunkeln Scandalgerüchte, die gewöhnlich nur halb aufgeklärt werden, haben so sehr überhand genommen, daß sie sich nur noch aus einer weit gediehenen Fäulniß des Systems erklären lassen." Und hat nicht die liberale Herrschaft Piemonts sie auf eine grausenerregende Art betrieben, um sich in den Besitz der italienischen Reiche zu setzen und sich die Majorität bei den Wahlen zu sichern? Hat nicht Cavour öffentlich gestanden, daß man den Besitz Neapels mehr seinen Künsten als dem Schwerte Garibaldi's verdanke? Und mußte nicht ein italienischer Minister seinen Beamten verbieten, zur Nachtszeit die Büreaur zu betreten? [2] Wenn jemals, so ist gegenwärtig Italien von Oben herab corrumpirt worden.

Hinsichtlich des Kirchenstaates mag übrigens eine Bemerkung Graf Raynevals [3] nicht übersehen werden: „Was man von der Käuflichkeit der päpstlichen Verwaltung auch sagen mag, so ist doch Niemand im Stande, eine einzige unzweifelhafte und anerkannte Thatsache anzuführen, wenn man nicht etwa die umlaufende Münze der Verleumdung als echt

---

[1] A. a. O. S. 15: die gemachten Beobachtungen constatiren eine staunenswerthe Ausdauer italienischer Gelehrten und Künstler, den Fleiß der Geschäftsmänner, Richter, Advokaten, Handwerker.

[2] Der Ordine del giorno des Ministers des Innern vom 15. Dec. 1864 wegen der abusi di confidenza rilevati ultimamente negli uffici del Ministero in der Civiltà Februar 1865. S. 366.

[3] In seinem Berichte vom 14. Mai 1856. Vgl. oben S. 50. Dr. Hergenröther, der K.-Staat S. 114—115 und S. 100. Guizots Worte: Der alte Ruf der hohen Einsicht und der Unbestechlichkeit der S. Rota Romana hatte keine Schmälerung erlitten.

ansehen will. Wenn irgend ein Beamter reich wird, so ist es jedenfalls immer ein Laie. Niemals habe ich gefunden, daß ein Prälat sich durch unrechtmäßige Mittel bereichert hätte. Nichts beweist, daß ein Schacher mit der Amtsgewalt stattfindet, und daß Staatsgelder unterschlagen werden." Von der Makel des Nepotismus hat sich der edle Charakter der Päpste seit sehr langer Zeit ferne gehalten.

Gehen wir nun zum Vorwurf der Menge der Verbrechen über, so haben genauere Forschungen und Zahlen ein durchaus nicht ungünstiges Resultat geliefert. Wie stand es in den letzten Jahren des ganzen Kirchenstaates? Man lasse nicht außer Acht, daß die unheilvollste Zeit vorherging. Die Revolution hatte ihre Triumphe gefeiert. Mazzini's gottloses Schreckensregiment (1849) gewährte in allen Provinzen der Zügellosigkeit freien Spielraum. Als endlich die Franzosen siegreich in Rom einzogen, marschirte das zuchtlose Gesindel, welches Garibaldi aus allen Ländern zusammengeklaubt hatte, ungenirt fort in die Berge. Derartige Ereignisse muß man bei Beurtheilung folgender Statistik der Verbrechen vor Augen haben. Straf- und Untersuchungsgefangene von jeder Art gab es in den päpstlichen Staaten [1]:

December 1854: 12,140.   September 1856: 10,777.

—   1855: 11,656.   —   1858: 10,283.

Diese Ziffern zeigen erstens keine auffallend große Zahl der Verbrechen, soweit man wenigstens auf sie aus der Zahl der Verhafteten schließen kann und bekunden zweitens eine fortwährende Abnahme. In späterer Zeit ließen sich genauere statistische Vergleiche nicht anstellen, weil in den Gefängnissen Roms sich auch Gefangene aus den ehemaligen päpstlichen Provinzen befanden.

Piemont hatte, wenn wir wenigstens einer Abhandlung des Cardinals Wiseman Glauben schenken, im Jahr 1855 in seinen Gefängnissen 40,500 Delinquenten [2], und zwar gab es zufolge der Uebersicht einer Criminalstatistik im einem piemontesischen Blatte [3] an neuen Ver-

---

[1] Maguire, Rom S. 561. Vgl. zur Bestätigung Wisemans italienische Zustände S. 65. Man bedenke, daß die durchschnittliche Zahl der jugendlichen Delinquenten unter 20 Jahren in London 1839 bis 1849 jährlich 15,000 betrug. Siehe diese Criminalstatistik bei Margotti, die Siege der Kirche S. 421.

[2] Italienische Zustände S. 12.

[3] Margotti, die Siege der Kirche S. 429. S. 425: Ratazzi's Circular d. d. 27. August 1854: „Die Vergehen gegen das Eigenthum ... ein derart ausgedehntes und im Lande festgewurzeltes Uebel."

brechen in weniger als zwei Jahren, nämlich im Jahr 1854 und in den zehn ersten Monaten des J. 1855: 204 Morde, 1105 Fälle des Straßen= raubs, 7797 Diebstähle, 1893 Händel und Verwundungen, 214 ver= brecherische Brandlegungen. Piemont hatte im Ganzen an Delinquenten fast viermal so viel als der Kirchenstaat, obwohl es nur zwei Fünftel Einwohner mehr zählte, als dieser; beziehungsweise hatte es die doppelte Zahl Delinquenten. Es ergibt sich auch, im Gegensatze zur Abnahme der Verbrechen im Kirchenstaat, eine Zunahme in Piemont, da dieses in früherer Zeit gesitteter war. In der That weist das Budget des pie= montesischen Justizministers eine fortwährende Erhöhung für die Kosten der Gefängnisse und Gefangenen auf [1], eben wegen deren stetigen Ver= mehrung. Die bestehenden Gefängnisse reichten nicht mehr aus und wurden überfüllt; die Turiner beispielsweise, für eine Zahl von 525 Ge= fangene berechnet, enthielten 952 Gefangene [2]. Wie in Piemont so wuchs in ganz Italien die Zahl der Verbrechen unter piemontesischem Scepter auf furchtbare Weise. Nach der Criminalstatistik, welche die officielle Zeitung des Königreichs Italien unter dem 28. März und 4. April 1865 brachte, betrug die Zahl der Verbrechen in Italien im ein= zigen Monat Januar 1865: 7287, die 1249 Widersetzungen gegen die Militäraushebung und 92 Desertionen nicht gerechnet; unter ihnen gab es 223 Morde oder Mordversuche und 1693 Verwundungen. Nach dem Berichte des Ministers des Innern in demselben Blatte betrug die Zahl der Vergehen im ersten Quartal des J. 1865: 20,339, im zweiten 19,042. Angeklagt wurden in beiden zusammen wegen Mord oder Mord= versuch 1199, wegen körperlicher Verletzungen 4971, wegen Raub oder Diebstahl 6736, wegen Brandstiftung 869. — Englische Blätter end= lich, welche am meisten den Kirchenstaat begeifern, sollten es am wenig= sten wagen, da ja in England Männer jeder Farbe die haarsträubend= sten Bilder ihrer eigenen Zustände entwerfen und über das im Herzen ihres Landes überhandnehmende Heer von Verbrechern in Klagen sich ergehen. Unsere Verbrecherbevölkerung, gesteht der Londoner Polizei= beamte Mayhew, wächst an, wie Pilze in einer trüben und dunstigen Atmosphäre.

Aber die Unsicherheit, die Briganten, der Meuchelmord und der Straßenraub im Kirchenstaat? - Das italienische Banditenwesen ist in der

---

[1] Die Ziffern bei Margotti a. a. S. 420—426.
[2] Margotti a. a. O. S. 413—414.

That zu bedauern. Der Freiheitssinn des Volkes, die Verwegenheit der
kräftigen Gebirgsbewohner, die von den unzugänglichen Bergen gebotenen Schlupfwinkel, die schützende Nähe der Grenzen der verschiedenen
kleinen Staaten, die früheren Kriege und Parteikämpfe, die politischen
Umtriebe und Wühlereien, kurz die physische Beschaffenheit des Landes
und die Gestaltung der äußern Verhältnisse begünstigten das Brigantenthum. Um Rom selbst durften sich indeß Banditen kaum blicken lassen;
schlimmer stand es an den neapolitanischen und toscanischen Grenzen.
Zwar wurde das Leben gewöhnlich nicht bedroht; man begnügte sich,
die Taschen der Reisenden zu plündern. Jener Brauch, die Leute in
die Wälder zu schleppen, um Lösegeld zu erpressen, war im Kirchenstaat
nicht vorhanden. Als unter Papst Leo XII. sich Banden bildeten, wurden sie durch die Energie des Papstes bald unterdrückt. Die Anarchie
1848—1849 hatte eine beklagenswerthe Unsicherheit im Gefolge. Die
Regierung ergriff die kräftigsten Maßregeln, welche der günstigste Erfolg
begleitete. Margotti [1] veröffentlichte hierüber ein paar Berichte aus
dem J. 1857. Der eine betrifft Bologna. Der „Vero Amico" meldete damals, daß die Diebstähle und die Angriffe zur Zeit aufgehört
haben, Dank der Thätigkeit des Commissärs und der Polizei. Im zweiten notificirt der Delegat Gramiccia in Ferrara: „Das lebhafte Verlangen, mit allem Aufgebote der Macht und Energie den Räubereien
Einhalt zu thun, welche seit langer Zeit diese Stadt und Provinz so
sehr heimgesucht, ist, Gott sei Dank, bis jetzt mit entschiedenen und
großentheils mit vollkommenen Resultaten gekrönt worden" [2]. Vom eigentlichen Brigantenthum waren vor 1860 die römischen Provinzen frei.
Erst dann drang es ein, als es im Königreich Italien die weitesten Dimensionen angenommen hatte. Französische Truppen waren es, welche
zu dieser Zeit die Grenzen besetzt hielten. Einige Banden, wenigstens
die Serracante's, waren erwiesenermaßen von Außen geschickt worden,
um zu Klagen gegen Rom einen Anlaß zu geben.

Die Unsicherheit wird übrigens fabelhaft von jenen übertrieben, welche
ein gewisses Interesse haben, die zahlreichsten Verbrechen im Kirchenstaate
zu melden. „Alles", sagt Beaufort (II. S. 53), „was man von so
häufigen Messerstichen sagt, ist übertrieben; in Rom fallen in einem Jahr
nicht so viele Mordanfälle vor, als in Paris in einem Monat." Sicher

---

[1] Die Siege der Kirche S. 419.
[2] Civiltà S. 5. (1863) v. 7. p. 482—83; (1864) v. 12. p. 487.

hatte Graf Rayneval Recht, als er schrieb: „Wenn in Frankreich ein Wagen angefallen, wenn auf dem Wege von London nach Windsor eine Palastdame der Königin ihres Gepäcks und ihrer Juwelen beraubt wird, dann nimmt Niemand Notiz von einem solchen Vorfalle; findet aber auf einer einsamen Landstraße im Kirchenstaate etwas Derartiges statt, dann verkündet die Presse, die nach jedem Vorwande zu Schmähungen hascht, diese Neuigkeit mit gesperrter Schrift und schreit nach Rache an der Regierung!" Weist man auf die italienischen Meuchler hin, so trifft der Vorwurf nicht speciell den Kirchenstaat. Zudem vergißt man die dreizehn Attentate gegen Louis Philipp und Napoleon, die andern gegen den Kaiser von Oesterreich, den König von Preußen, die Königinen von England und von Spanien, den Präsidenten der vereinigten Staaten von Nordamerika, Abraham Lincoln.

Doch davon abgesehen! Man antworte auf unsere Frage: Erstens, sind es die Principien der Päpste, aus welchen solche Verbrechen folgen? Oder werden sie von denselben vielmehr verurtheilt? Sind nicht vielmehr gerade die Gegner der Päpste und des Kirchenstaates jene, welche den in den Hals Rossi's gestoßenen Dolch im Triumphe herumgetragen und die „Tyrannen" mit dem Tode bedroht haben? Finden wir nicht auf ihrer Seite jene, welche sich in den geheimen Gesellschaften zur Vollstreckung der Bluturtheile verpflichten, welche in der Presse den Meuchelmord vertheidigt, und welche Immortellenkränze auf das Grab des Meuchlers gelegt haben? In keiner Zeit ist im Kirchenstaate so häufig und so unmenschlich mit dem Mordstahl gewüthet, so offen und so straflos der Unschuldige hingemordet worden, als zur Zeit der Republik 1849. Dieses Alles geschah unter der Herrschaft Mazzini's. Er selbst verlangte vom schrecklichen Zambianchi zwanzig seiner Gesellen zur Ausführung wichtiger (d. i. blutiger) „Operationen". Aber er bekämpfte den Papst, und siehe, Palmerston erklärte im Parlament am 26. Mai 1856: „Die ewige Stadt wurde nie besser verwaltet, als zur Zeit der Abwesenheit des Papstes." Und ist es nicht Garibaldi, welcher im Namen Italiens und Victor Emmanuels die heroische Aufopferung des Königsmörders Milano gepriesen, sein Andenken heilig genannt und seiner Familie eine Belohnung decretirt hat? [1] Aber Garibaldi stand im Krieg gegen

---

[1] Considerando sacra al paese la memoria di A. Milano, che con eroismo senza pari s'immolò sull' altare della Patria per liberarla dal tiranno. So im Decret d. d. Neapoli 25. Sett. 1860.

den Papst in vorderster Linie und siehe, er wurde bei seiner Ankunft auf englischem Boden von ganz England, dem Prinzen von Wales mit inbegriffen, mit Enthusiasmus begrüßt. Und ist es nicht die Turiner Kammer, welche die Pension der Familie Milano's von Neuem bewilligte?

Man möge z w e i t e n s antworten: Ist unter piemontesischem Scepter größere Sicherheit der Person und des Eigenthums zu erwarten? Oder ist nicht vielmehr die Unsicherheit auf beispiellose Weise gestiegen? Kommen darin nicht die Berichte aus allen Theilen Italiens überein?

Wir wollen nicht von den ersten Jahren nach der Annexion der italienischen Reiche reden. Man mag es begreiflich finden, wenn Brofferio, ein Mann des Fortschrittes, noch am Ende des Jahres 1861 in der Turiner Kammer ausruft: „Bologna, du große und edle Stadt, was bist du geworden? Diebe, Uebelthäter, Betrüger, Mörder setzen dir den Fuß auf den Nacken" [1]. Man mag auch über das Jahr 1862 hinwegsehen. Die Lage der neapolitanischen Provinzen war der Art, daß der Deputirte Massari sie kurz mit den Worten schilderte: [2] „K e i n e ö f - f e n t l i c h e S i c h e r h e i t, a b s o l u t k e i n e. So gigantische Verhältnisse hat der Brigantaggio n i e m a l s gehabt, wie jetzt während des Belagerungszustandes." Und er bewies es mit zweifellosen Thatsachen. „Man entgegne nicht", fuhr er fort, „Uebertreibung." „Hier sitzen viele meiner ehrenwerthen Collegen. Sie kommen aus jenen Provinzen; sie werden, davon bin ich vollkommen überzeugt, bestätigen, was ich sage. Es ist furchtbar, aber Wirklichkeit." Wir wollen auch über das Jahr 1864 hinweggehen, aus dem sich Aehnliches berichten ließ. Nur bei dem Jahr 1865 wollen wir verweilen. Was ist aus Toscana geworden? Man erinnere sich seines ehemaligen Zustandes. „Toscana", schreibt man der Augsburger Allg. Zeitung vom 22. Februar 1865 aus Florenz, „Toscana, wo die Todesstrafe seit so langer Zeit nicht mehr besteht, bietet ein bedeutsames statistisches Material als Prüfstein für die große Frage (Abschaffung der Todesstrafe). Solche statistische Data hat der Justizminister für die vergangenen zwei Jahre in Toscana zusammenstellen lassen und das Resultat wird als so erschreckend bezeichnet, daß man eher die Wiedereinführung der Todesstrafe in Toscana als die Aufhebung derselben im übrigen Italien, oder mindestens gänzliche Vertagung der Frage beim Parlament durchsetzen zu können glaubt. Wollte man

---

[1] Sitzung am 3. Dec. 1861. Atti uffic. no. 339. p. 1312.
[2] Sitzung am 21. Nov. 1862. Atti uffic. no. 902.

in der That von all' den Mordthaten berichten, die für ein so kleines Ländchen wie Toscana über alle Proportionen der sonst immer als so mild und gesittet geachteten Bevölkerung hinausgehen, so wäre eine stehende Rubrik offen zu halten." Ein halbes Jahr später wird aus Florenz gemeldet: „Mit der öffentlichen Sicherheit in Florenz und Umgegend droht es leider immer schlimmer zu werden. Wir haben es aufgegeben von den in der Tageschronik regelmäßig erzählten Ermor= dungen, Räubereien, Einbrüchen und Taschendiebstählen das Nähere zu berichten, indeß häufen sich der häßlichen Fälle doch so viele, daß wir auch einmal dieses Thema ernstlich zur Sprache bringen müssen. In der Gegend von Rocca S. Casciano machten sich seit Jahren die Räuber so furchtbar" u. s. f. [1].

Und wie steht es mit dem Königreich beider Sicilien? Vernehmen wir auch hierüber verschiedene Correspondenten des besagten Blattes: „Während es jeden Augenblick heißt: die und die Provinz ist gänzlich von den Räubern gesäubert, tauchen in Wirklichkeit mit jeder Woche neue Banden auf... Die Zeitungen haben zwar auf Ersuchen von Oben die früher übliche Räuberchronik geschlossen, das Uebel besteht aber noch fortwährend und während General Pallavicini auf einem Punkt die Banden zerstreut und auch einzelne zu Gefangenen macht, tritt an andern Punkten die doppelte Anzahl wieder hervor" [2]. Im Sommer desselben Jahres wird gemeldet: „In der Provinz Catanzaro steht trotz der unausgesetzten Thätigkeit des Generals Pallavicini das Briganten= wesen in größter Blüthe und die dortigen Blätter sind voll von Be= richten über kaum wieder erzählbare Gräuelthaten" [3]. „An= dere schlimme Nachrichten aus dem Brigantenbereiche mangeln leider nicht. Calabrien scheint einen argen Rückfall erlitten zu haben" [4]. „Die Nachrichten über das Brigantenwesen sind in letzterer Zeit nicht beson= ders günstig. Dem erschütternden Vorfall von Pastena folgte rasch ein ähnlicher in S. Potito, wo ebenfalls mehrere angesehene Beamte und Bürger den Banditen in die Hände fielen. Manzi weiß fortwährend auszuweichen und in Calabrien kann General Pallavicini mit den Ban= den durchaus nicht fertig werden" [5]. „Das Räuberunwesen ist wieder

---

[1] Augsb. Allg. Ztg. 21. August 1865.   [2] Augsb. Allg. Ztg. 23. Febr. 1865.
[3] Augsb. Allg. Ztg. 2. Juli 1865 aus Turin 27. Juni.
[4] Augsb. Allg. Ztg. 14. Juli 1865.
[5] Augsb. Allg. Ztg. 5. August 1865 aus Neapel 29. Juli.

an der Tagesordnung und es sieht schrecklich aus mit den Sicherheits-
verhältnissen in der Capitanata und in einem Theil von Calabrien, wie
denn überhaupt die ganze Polizei-Organisation noch in einem ganz kläg-
lichen Zustand sich befindet" [1]. Das bestätigt die Correspondenz der
Kreuzzeitung noch im Spätherbst d. J.: „Die Nachrichten über den Brigantaggio sind immer dieselben, d. h. er greift immer mehr um sich...
Die Regierung hat seit vier Jahren alle mögliche Kraft und Strenge
angewendet, um ihm den Garaus zu machen, und oft hat sie sich geschmeichelt, auf diesem Punkte angelangt zu sein; ihre Hoffnung wurde
stets betrogen; mit hunderttausend Bajonetten des regulären Militärs
und mit eben so vielen der Nationalgarde war es ihr unmöglich, diese
kleinen Banden zu vertilgen. Die Armee ist durch diesen ruhm- und na-
menlosen Krieg demoralisirt worden; die Banden stehen gefährlicher als
je da" [2].

Auf der Insel Sicilien sieht es wo möglich noch schrecklicher aus.
Auch hierüber einige Berichte vom Anfang bis zum Schluß des Jahres.
„Die Unsicherheit ist auf der ganzen Insel Sicilien noch sehr groß, so
daß sämmtliche Postwagen jetzt mit reitender Gensdarmerie begleitet sein
müssen" [3]. „Der Sicherheitszustand in der Provinz Palermo läßt noch
immer Alles zu wünschen übrig: Carabinieri, Soldaten, Hinrichtungen
in Masse, das Gesetz Picca — Alles hat sich erfolglos bewiesen, und
es blieb bis jetzt nichts übrig, als sich selbst zu vertheidigen. Zu einer
mehr als hinreichenden Charakteristik dieser Verhältnisse möge die Thatsache dienen, daß die Arbeiten an der Bahn von Termini nach Monte-
maggiore suspendirt werden mußten, weil die Arbeiter lieber den Verdienst aufgeben, als ihr Leben und ihre armselige Habe stets den An-
griffen der Räuber ausgesetzt sehen wollten" [4]. Einige Tage später heißt
es: „Die unerträgliche Frechheit der Räuber und Wegelagerer hat ihren
Höhepunkt erreicht und macht nun auch die unmittelbare Nähe der Hauptstadt (Palermo) unsicher. Allgemein ist die Beunruhigung, welche durch
den unerhörten Gewaltstreich gegen den Sohn des Marchese Guccia
erregt worden ist. (Folgt seine Entführung auf einem öffentlichen
Spazierweg in der nächsten Umgebung von Palermo.)... Niemand

---

[1] Augsb. Allg. Ztg. 5. August 1865 aus Mailand.
[2] Neue Preuß. Ztg. 4. October 1865 aus Neapel 27. September.
[3] Augsb. Allg. Ztg. 22. Februar 1865.
[4] Augsb. Allg. Ztg. 17. März 1865 aus Palermo.

wagt fich mehr aus der Stadt, wenn ihm nicht bewaffnete Begleitung zu Gebote steht"[1]. Nach einem Monat liest man: „Nach den letzten in Sicilien vorgekommenen Ruhestörungen hat fich der Zustand der Insel noch trauriger gestaltet. Die öffentliche Unsicherheit nimmt erschreflich zu und kein Tag vergeht, an dem man nicht von Raubanfällen, Plünderungen und Brandstiftungen hörte und dieß vornehmlich in den größeren Städten wie Palermo, Messina, Catania, Syracus, Caltanisetta u. f. w. Auch der Brigantaggio, von dem die erkauften Blätter immer fabeln, er fei dem Tode nahe und binnen Kurzem werde das Land von diefer Plage befreit fein, nimmt immer größere Dimensionen an und zeigt, daß er unter der jetzigen „alles veredelnden" Regierung nie aufhören wird. So z. B. tritt er zu Catania und Girgenti immer kühner auf... In den Städten und Inseln herrscht ein vollständiger Belagerungszustand; starke Patrouillen durchstreifen die Straßen und sämmtliche Geschäftshäuser schließen, sobald nur der Abend heranbricht. Von da an findet man keinen Bürger mehr auf der Straße, Alle haben fich in ihren Wohnungen eingeschlossen. Diese Zustände find in der That fo traurig, daß felbst regierungsfreundliche Blätter fich nicht mehr scheuen, dieselben zuzugestehen"[2]. „Die Insel Sicilien befindet fich in einem gräulichen Zustand; namentlich ist es die Stadt Palermo und die gleichnamige Provinz, welche voller Anarchie verfallen find. In der Stadt Palermo kamen vom 1. bis 23. März nicht weniger denn elf Mordthaten vor; in dem Bezirk Monreale in 14 Tagen 14 Morde und 64 Ueberfälle mit Beraubung. Die Mordgefellen beherrschen das flache Land, die Straßen, die Gemeinden. Nichts ist mehr ficher, weder Leben noch Eigenthum. In diesen Zustand hat die Revolution die schöne Insel versetzt"[3]. Noch Ende September wird berichtet: „Mit dem Zustand der öffentlichen Sicherheit in Sicilien, der fich vor einigen Monaten etwas gebessert hatte, sieht es in der letzten Zeit wieder sehr schlecht aus. Das Plündern von Post= und Privatwagen ist an der Tagesordnung. Der Bürgermeister von Sperlinga wurde auf einer Reise zwischen Nicosia und Mistretta von maskirten Banditen ausgeraubt und getödtet. In Cefaro find ernste Unruhen ausgebrochen, da die nächtlichen Anfälle dortselbst fo furchtbar geworden, daß die Bürger bewaffnet auf den

---

[1] Augsb. Allg. Ztg. 21. März 1865 Beil. aus Palermo.
[2] Neue Preuß. Ztg. 21. April 1865 aus Neapel 7. April.
[3] Neue Preuß. Ztg. 7. April aus Turin.

Straßen wachen müssen"[1]. „In den letzten Tagen ist leider wieder eine Zunahme der Diebstähle und räuberischen Anfälle zu bemerken gewesen... Trotz aller Wachsamkeit vergeht kaum ein Tag, wo nicht ähnliche grobe Angriffe auf die öffentliche Sicherheit vorkommen"[2]. Wenden wir uns nach Oberitalien, so finden wir, daß es auch hier sehr schlimm aussieht. Ein Mailänder Kaufmann läßt sich also vernehmen: „Eine Unsicherheit für Leben und Eigenthum brachte das Königreich Italien, als lebte man inmitten der Beduinen am Riff"; ähnliche Aeußerungen kann man in allen „Städten der Lombardei, auch in Parma und Modena" hören[3]. Sogar in Turin, der ehemaligen so ordnungsliebenden piemontesischen Hauptstadt, ist Alles wie verändert. Die entsetzlichsten an Organen der öffentlichen Sicherheit verübten Bluttaten kamen auf den belebtesten Plätzen der Stadt vor. Man kennt „hier die Polizei fast nur dem Namen nach. Der Polizeimann im Dienst ist fast zur Mythe geworden... Die Stadt Turin ist durch solche Nachlässigkeit der Sammelplatz alles Gesindels von weit und breit geworden, welches in Bezug auf Keckheit seiner Diebstähle, Beraubungen u. s. w. seinen Collegen von New-York und London keineswegs nachsteht"[4]. Faßt man das Alles zusammen, so begreift man die Wahrheit folgenden Urtheils über den gegenwärtigen Zustand Italiens: „Täglich fließt Blut vom einen Ende der Halbinsel bis zum andern; Blut in den Städten, Blut auf dem Lande, Blut in den Wäldern, selbst in den Gefängnissen Blut. Kein Blatt vermag man zu öffnen, ohne die Kunde von drei, vier und noch mehr der scheußlichsten Gräuelthaten zu lesen"[5]. Das ist jene moralische Ordnung, welche Piemont beim Einrücken in die päpstlichen Marken versprochen hat. Es gibt keine Garantie mehr für Leben und Eigenthum. Und doch stehen in beiden Sicilien allein 100,000 Mann Truppen; doch herrscht hier ein unerhörtes System des Terrorismus, und doch kostet nach Sella's Exposé in der Turiner Kammer (März 1865) die öffentliche Sicherheit den Staat jährlich 55 Millionen Lire.

Zur richtigen Erkenntniß der Moralität Roms und des ehemaligen sittlichen Zustandes Italiens überhaupt, und zur Würdigung der ferneren

---

[1] Augsb. Allg. Ztg. 29. Sept. 1865 aus Mailand 25. Sept.
[2] Augsb. Allg. Ztg. 29. Sept. 1865 aus Palermo 22. Sept.
[3] Neue Preuß. Ztg. 19. Febr. 1865.
[4] Neue Preuß. Ztg. 5. April 1865 aus Turin.
[5] Neue Preuß. Ztg. 26. April 1865.

Anklagen ist die Sittlichkeit der Geschlechter zu berücksichtigen. Unbegreiflich erscheinen Vorwürfe in dieser Hinsicht dem gründlichen Kenner italienischer Zustände: „Es muß", lauten Mittermaiers Worte, „bei den Schilderungen, welche frivole, oder eitle, oder schlecht beobachtende Reisende nicht selten über die Unsittlichkeit der Frauen in Italien machen, bemerkt werden, daß eine genauere Beobachtung und sorgfältigere Erkundigung das Gegentheil lehrt. Die Natürlichkeit und liebenswürdige Unbefangenheit des weiblichen Geschlechts in Italien erklärt manche Erscheinung, die man leicht auf Rechnung der Gefallsucht, oder Eroberungslust, oder noch schlimmerer Neigungen der Frauen zu setzen versucht wird, während sie eine der Folgen jener Unbefangenheit ist, mit welcher die italienische Frau, ohne Nebenabsichten oder Lust an Unsittlichkeit, über Manches spricht, was in andern Ländern weniger offen besprochen wird und ihre Neigung offen an den Tag legt." — Ein doppelter wüster Krebsfraß zehrt an dem Mark der Bevölkerung unserer modernen Staaten, die Zunahme schlechter Frauenzimmer und der unehelichen Geburten. Statistiker wollen wissen, daß die Zahl der ersteren mit jener der letzteren im umgekehrten Verhältniß steht. Der sittliche Zustand des Kirchenstaates macht ihre Berechnungen zu Schanden. In diesem wird das schlechte Leben liederlicher Dirnen bestraft, während London 80,000, Berlin 13—16,000 solcher zählt, welche notorisch ihr unsittliches Gewerbe treiben. Dennoch ist, wie Mittermaier (S. 162, 167) bemerkt, „wenn man die Zahl der unehelichen Kinder zu den ehelichen in Italien mit der in andern Ländern vorkommenden Zahl vergleicht, auch in dieser Beziehung ein günstiges Verhältniß daselbst bemerkbar." In der That, stellen wir beispielsweise einen Vergleich mit Preußen an. Man glaubt, in Anbetracht der geringen Anzahl unehelicher Kinder, „die Geschlechtssittlichkeit der preußischen Bevölkerung im Großen und Ganzen nur loben zu können"[1]. Es kommen nämlich in den Jahren 1816 bis 1860 durchschnittlich auf eine uneheliche Geburt 11,₅₆ (die niedrigste Ziffer) bis 14,₅₁ Geburten (die höchste Ziffer). Auch zufolge den neuesten statistischen Nachrichten gab es 1861 in Preußen 723,018 eheliche und 60,154 uneheliche Kinder[2]. In Italien stellt sich das Verhältniß weit günstiger heraus, obwohl es bei der all-

---

[1] Frantz, Handbuch der Statistik. Breslau 1863. I. S. 46 ff.
[2] Von 440,415 protestantischen Kindern waren 42,999 uneheliche; von 272,709 katholischen Kindern nur 16,787 uneheliche.

gemeinen gegenwärtigen Zerrüttung schwer gelitten hat. Nach der neuesten officiellen Statistik [1] Italiens kommen in den nördlichen Provinzen auf 1000 Kinder 56 uneheliche Geburten, in den südlichen nur 42,80. So vortheilhaft überragt Italien andere Länder.

Freilich fabelt man wieder, die Sünde geschieht dafür im Geheimen um so ärger. Das ist eine Behauptung, die nicht nur völlig aus der Luft gegriffen, sondern auch durchaus falsch und lächerlich ist. Auf solche Art kann man bei heller Mittagssonne die Augen schließen und behaupten, es ist finstere Nacht. Man kann die offen vor Aller Augen daliegende Thatsache nicht läugnen; daher begibt man sich auf das Gebiet des Unbekannten, wohin man nicht folgen kann. Die Behauptung ist falsch [2], denn der rühmenswerthe Zustand der öffentlichen Moralität setzt Unverdorbenheit des innern Menschen voraus. Gemäß den Beobachtungen Mittermaiers (S. 169) „tadelt eine strenge Sitte außereheliche Geschlechtsausschweifungen und von früher Jugend an wird dem Mädchen der Anstand und die Scheu vor den Folgen der Ausschweifungen eingeprägt." Solch' eine reine edle Sitte ist von einem innerlich verdorbenen Volke nicht zu erwarten. Wenn derselbe Schriftsteller fortfährt: „Die Kirche wirkt dazu mächtig mit, indem die Beichte häufig Veranlassung gibt, auf das Gemüth der Beichtenden zu wirken", so ist es wieder die innere Reinheit, die um ihrer selbst willen und als Grundlage der äußern guten Sitten gepflegt wird. Denn die Beichte wirkt gerade auf das Gemüth, das Herz, das Innere. Die innere Verderbniß eines Volkes ist übrigens ihrer Natur nach der Art, daß sie nothwendig sich nicht lange verbergen kann und ihre Wirkung nach Außen zu Tage treten wird, zumal in unbewachten Augenblicken und bei öffentlichen Belustigungen und Festlichkeiten, bei welchen der Mensch sich freier seinen Neigungen überläßt. Nun aber bemerkt derselbe Verfasser weiter: „Es ist auch leicht zu beobachten, wie natürlich, naiv und heiter die Mädchen aus den geringen Volksklassen im Umgang mit Männern sich benehmen, aber mit Strenge und Ernst Versuche zurückweisen, sich ihnen vertraulicher zu nähern." Und (S. 22): „Nie hat der Verfasser dieser Blätter bei vielen Festen in den verschiedenen Gegenden Italiens irgend eine Unanständigkeit auch in den wogendsten Volksmassen bemerkt." Dieß wird von Maguire mit den Worten (S. 562) bestätigt: „Es gibt in

---

[1] Augsb. Allg. Ztg. 12. März 1865. Beil.
[2] Schon Brentano a. a. O. S. 298 ff. hat dieß weitläufig widerlegt.

den Straßen von Rom nicht ein einziges jener übel berüchtigten Frauen=
zimmer, bei dem nicht ein sittsames Mädchen zu jeder Stunde am Abend
oder in der Nacht kühn vorübergehen dürfte, ohne befürchten zu müssen
(was allerdings in vielen Städten des hochgebildeten Englands zu
fürchten ist), daß ihre Augen und Ohren beleidigt werden." Vor Allem
müßte sich die Immoralität Roms, wäre sie vorhanden, in der ander=
wärts berüchtigten Zeit des Carnevals kundgeben. Dennoch gibt Bren=
tano dem Betragen des Volkes zu dieser Zeit folgendes Lob (S. 294):
„Eine Mischung des Volkes von allem Stand, Alter, Geschlecht, ver=
kleidet, mit der ungebundensten Freiheit, wonach der gemeinste Lastträger
in die Carosse des vornehmsten Fürsten steigen darf, um die Lichter, die
man in den letzten Stunden allgemein in den Händen trägt, auszu=
löschen oder anzuzünden, mitten in dem Wirrwarr von Wagen, Pferden,
Masken sich in dieser zwar langen aber verhältnißmäßig engen Straße
bewegen zu sehen, ohne daß dabei das mindeste Anstößige oder Unan=
ständige verübt, oder auch nur mit Worten Jemand auf solche Weise
beleidigt würde; dieß gibt wahrlich der Moralität des Volkes überhaupt
und dem oben benannten Sinn für Schicklichkeit insbesondere ein un=
zweideutiges Zeugniß." Auf diesen eminenten Vorzug Roms kommt
Brentano später (S. 297) wieder zurück und spricht es trotz allem ent=
gegenstehenden Vorurtheil als seine Ueberzeugung aus, daß die ewige
Stadt im Vergleich zu andern Städten die sittenreinste ist, wenngleich
es begreiflicher Weise auch hier der Fälle der Verderbniß noch immer zu
viele gibt.

Der Vicomte de Bussierre heißt Rom „die Stadt des Gebetes, der
Liebe, der Heiligkeit" [1]. Gaume [2] ist derselben Ansicht; ihm ist Rom
„immer noch par excellence die heilige und heiligende Stadt". Das
Urtheil Dr. Sigharts lautet (S. 168): „Den Römer zeichnet ein hohes
Sittlichkeitsgefühl aus. In keiner Stadt der Welt, am wenigsten
in einer Weltstadt, hat sich die öffentliche und häusliche Sittlichkeit in
solcher Reinheit erhalten, als in Rom. Man sieht nirgends ein Aerger=
niß... Junge Leute verschiedenen Geschlechts sieht man in Rom nicht
leicht zusammengehen, Mädchen immer nur in Begleitung ihrer Mütter
oder älterer Frauen. Die Tracht der Mädchen ist züchtig... Fast nur
die Fremden machen häufig eine unrühmliche Ausnahme und bringen

---

[1] Les sept basiliques de Rome. Paris, Lecoffre 1846.
[2] Les Trois Rome. T. III. p. 143.

eine Störung in diese reineren Zustände, wobei sie die Armuth der einheimischen Familien als Bundesgenossin haben. Das Fremdenviertel ist auch in ganz Rom wegen laxerer Sitte nicht gut angeschrieben." In Wahrheit, was letzteren Punkt betrifft, so hat man seit vielen Jahren auf den unheilvollen Einfluß aufmerksam gemacht [1], welchen das Zusammenströmen so vieler reicher, vergnügungssüchtiger Fremden auf die guten Sitten Roms ausübt; durch die Anwesenheit der französischen Truppen wurde er nur zu sehr vermehrt.

In ein vorzügliches Verdienst um die Erhaltung und Förderung der Moralität theilen sich die Regierung und der gute und milthätige Sinn der Bevölkerung des Kirchenstaats, indem sie die Vermehrung der Ehebündnisse begünstigen. Es bestehen keine Gesetze, welche dieselben, wie es im südlichen Deutschland der Fall ist, über Gebühr zum Nachtheil des socialen und sittlichen Wohles erschweren. Dagegen ist durch Maßregeln der Regierung, durch reiche Stiftungen und wohlthätige Vereine für Aussteuer gesorgt, um ärmeren ehrbaren Mädchen den Eintritt in den Ehestand zu erleichtern. Unter allen Instituten dieser Art ragt die Erzbruderschaft von der „Verkündigung Mariä" in Rom hervor, an deren Spitze der Cardinal-Vicar von Rom als Präsident steht. Sie ist über 400 Jahre alt. Im Jahre 1600 stattete sie bereits zweihundert Mädchen, jedes mit fünfzig Scudi und mit einem weißen Kleide aus. Im Jahr 1857 beschenkte sie 695 brave Mädchen mit einer Aussteuer von 21,000 Scudi (54,787 Gulden) und 25 von ihnen wurde durch dieselbe der Eintritt in ein Kloster ermöglicht. Im Durchschnitt darf man jährlich 1200 solcher Ausstattungen durch die verschiedenen Corporationen annehmen. Vor der Besetzung des Kirchenstaats durch die Franzosen am Ende des letzten Jahrhunderts waren die Hilfsmittel noch größer; die zu dem edlen Zwecke jährlich verwendete Gesammtsumme schätzte man 1789 auf 60,000 Scudi. Man begreift den Vortheil, der hieraus sowohl für die guten Sitten der sorgfältig beaufsichtigten Mädchen, als auch für die bedeutende Zahl der Verheiratheten in Rom erwächst. In Rom sind gegenwärtig 80,082 Personen, d. i. vier Zehntel der Bevölkerung, verheirathet, während in den übrigen Städten Europa's nur drei oder drei ein halb Zehntel verheirathet sind.

Die Prüfung der vorzüglichsten Beschuldigungen hinsichtlich der Sittlichkeit ist im Ganzen wahrlich nicht zu Ungunsten des Kirchenstaates,

---

[1] A. a. O. Mittermaier S. 24. 144—145. Brentano S. 297.

vielmehr zu seinem Ruhme ausgefallen. Wir dürfen nun auch einige seiner Vorzüge nicht unerwähnt lassen. Eine dreifache Gattung des Mordes ist so selten, daß Rom hierin wohl unübertroffen dasteht, der Kindsmord, der Selbstmord, das Duell, oder wie der Marquis von Beauffort sagt: „dieses kalte, überlegte, mit Muße ausgeführte gegenseitige Umbringen, dieses gefühllose Verachten der ewigen Bestimmung und der Empfindungen der Menschlichkeit, der Doppelmord, ein würdiger Bruder des Selbstmordes." — Man hat die Seltenheit der Selbstmorde dem heitern italienischen Klima vorzugsweise zuschreiben wollen; das ist unstatthaft. Friedrich von Hurter berichtet [1], nach Mittheilungen eines Schweizers zu Neapel, daß die böse Versuchung auch dort, unter dem schönen süditalienischen Himmel, an die Deutschen tritt. Von den 28 Selbstmorden, die sich in Rom, nach Morichini vom 1. Januar 1839 bis 31. Juli 1842 ereigneten, wurde die Mehrzahl durch Fremde verübt. Ebenso waren von 22 Selbstmördern in Neapel im Jahr 1838 12 Fremde. Dr. Mittermaier schreibt (S. 179) mit Recht die Seltenheit der Selbstmorde in Rom (wie die verhältnißmäßig geringe Zahl der Geisteskranken in Italien) dem Einfluß der katholischen Religion zu. So wird die Beobachtung Wagners [2] und das Resultat seiner statistischen Berechnungen bestätigt, daß Selbstmord am häufigsten in protestantischen Ländern, am seltensten unter rein katholischer Bevölkerung ist. London zählt jährlich mehr als 300 Selbstmorde.

In Betreff des Kindsmordes kam in Rom nach Mittermaier (S. 178) keine Untersuchung seit zwanzig Jahren vor. Sauzet [3] weiß zu der Zeit, als er die Anklagen gegen die Moralität Roms untersuchte und in allen den augenscheinlichen Charakter der Uebertreibung und der Ungerechtigkeit darlegte, nur von einem einzigen hierher gehörigen Falle (seit achtzehn Monaten), über welchen der römische Criminalgerichtshof zu entscheiden hatte und kann einen wehmüthigen Hinweis auf die traurigen Zustände in Frankreich nicht unterdrücken. Noch schlimmer steht es in England. Die englische Presse, an furchtbare Thatsachen gewöhnt, wurde doch von Entsetzen bei Veröffentlichung eines neuen Falles, des Kindermordes in Torquay, überwältigt. Die Augsburger Allg. Zeitung vom 8. August 1865 läßt sich hierüber aus London schreiben: Eine Frau

---

[1] Geburt und Wiedergeburt von Fr. v. Hurter. Bd. III. S. 435.
[2] Die Gesetzmäßigkeit der scheinbar zufälligen Handlungen. Hamburg 1864.
[3] Rome devant l'Europe S. 283—284.

macht sich seit längerer Zeit, seit Jahren vielleicht, und nicht ohne daß der öffentliche Ruf ihres Dorfes sie dessen beschuldigte, ein Geschäft, ein Handwerk daraus, neugeborene Kinder unglücklicher Mädchen für so und so viel per Kopf zu ermorden... „Sind wir nun gewiß, daß solche Wesen ... Ausnahmserscheinungen sind, selbst in England? Ist es nicht ausgemacht vielmehr, daß überall im Lande, in großen Städten und in kleinen Dörfern, eine alltägliche und allmähliche Ermordung „unschuldiger Kindlein" vor sich geht?... Die fürchterliche Wahrheit muß ausgesprochen werden — eine Wahrheit, die es vollkommen vergeblich wäre zu läugnen — daß Kindermord in gewissen Klassen der englischen Gesellschaft dermalen eine Institution ist. Dr. Lancaster, Coroner (Leichenbeschauer) von London, hat dieß wiederholt und wiederholt als eine unwiderlegbare Thatsache verkündet... Es ist nur allzu bekannt, daß auch verheirathete Weiber in gewissen Klassen dieser entsetzlichen Praxis sich hingeben. Nur allzu bekannt ist es, daß in einer großen Anzahl von Fällen die sogenannten „zufällig erdrückten Kinder" nichts anderes sind als Kinder, die man absichtlich im Bett erstickt hat." So weit der Morning Star von gestern... Hier ist, was die Times, die große Retterin des englischen Leumunds, von der Sache hält: „Die Statistik des Kindermords zwingt uns zu dem Glauben, daß solche Verbrechen durchaus nicht ungewöhnlich sind... Abhülfe eines so betrübenden Zustandes ist leider kaum zu hoffen..." Der Londoner Correspondent verbindet damit die Nachricht, daß man in Hunderten und Tausenden von niedrigen Apothekerläden für zwei Pence sich Mittel zum Nachtheil der Population verschaffen kann. Wenn er ferner anführt, daß manchmal zwei Drittheile der englischen Regimenter und der Schiffsmannschaften von der Syphilis verheert und verkrüppelt sind, so folgen wir ihm auf diesem Gebiete nur mit dem höchsten Widerwillen. Es mag daher genügen, zur Vergleichung mit London eine Berechnung des Dr. Ryan [1] zu geben, der zufolge in dieser Stadt 400,000 Personen in directer oder indirecter Beziehung zur Prostitution stehen und diese jährlich eine Ausgabe von 200 Millionen Francs veranlaßt.

Auch das unselige Laster der Trunksucht ist im Kirchenstaat höchst selten. Man begegnet kaum jemals einem Betrunkenen und noch viel weniger einer jener im Norden bekannten entmenschten Branntwein-

---

[1] Bei Margotti, Rom und London S. 373.

physiognomien, am allerwenigsten endlich dem Säuferwahnsinn. Mäßigkeit und Einfachheit der Lebensweise ist im Gegentheile eine charakteristische Eigenschaft des Italieners, der sich dadurch vor den unseligen sittlichen, materiellen und physischen Folgen des Trunkes bewahrt und gegen Pauperismus, Verbrechen und Irrsinn gesicherter dasteht. In England ist die Trunkenheit ein fast allgemeines Laster der arbeitenden Klassen. In London allein wurden in dreizehn Jahren 432,921 Personen, unter ihnen 183,921 Frauen, wegen dieses Vergehens verhaftet [1], in Rom sicher nicht der hundertste Theil in eben so viel Jahrhunderten. Im Gefängnisse von Parkhunt waren von 500 daselbst eingesperrten jungen Leuten zum wenigsten immer 400, welche von ihrer Kindheit an die verderbliche Gewohnheit des Trunkes sich angeeignet hatten. Aber auch unser Deutschland und seine Gefängnisse und Spitäler wissen leider nur zu viel davon zu erzählen. In der preußischen Hauptstadt wurden am Palmsonntag 1865, an welchem der Ausschank des Bockbiers begann, schon um 6 Uhr Morgens Tausende von Betrunkenen beiderlei Geschlechts gefunden [2]. Im aufgeklärten Königsberg waren unter 1250 Personen, welche im städtischen Krankenhaus im Jahr 1864 aufgenommen wurden, 86, also fast sieben Procent, welche am Säuferwahnsinn litten; von 220 Gestorbenen hatten sich $12 \frac{8}{11}$ Proc. den selbstverschuldeten Tod an dieser Krankheit zugezogen.

Andere Tugenden des römischen Volkes, besonders die eminente Wohlthätigkeit und Selbstaufopferung, werden im socialen Leben dargestellt werden. Nehmen wir nun von den vorgeworfenen Gebrechen die nachgewiesenen Uebertreibungen hinweg und fügen wir zu dem Schatten die hellen Lichtseiten, so ergibt sich das Bild eines sittlichen Zustandes, welcher den Vergleich mit dem keines andern Volkes zu scheuen braucht, in Wichtigem den der andern Völker übertrifft.

Man wende nicht einzelne Verbrechen ein; wegen solcher eine ganze Bevölkerung oder die Regierung beschuldigen, ist ungerecht. Aber sollte nicht nur ein einzelnes Verbrechen, sondern auch eine ganze Art von Vergehen einem Lande gemäß seiner physischen Beschaffenheit eigenthümlich sein, so wäre es doch kleinlich und unedel, dieselbe herauszusuchen und zum Maßstab für das Lob des eigenen Landes zu machen, welches seiner natürlichen Beschaffenheit nach davon frei ist. Cardinal Wise-

---

[1] Margotti, Rom und London S. 383. 384.
[2] Berliner Correspondent im Mainzer Journal vom 21. April 1865.

man hat das so anschaulich dargestellt [1], daß wir Einiges davon nicht übergehen können. „Warum", frägt er, „sollte ein Italiener (wenn jenes gegen Italien so oft beliebte Verfahren recht wäre) nicht die Trunkenheit zur Probe moralischer Gesittung wählen, und nachdem er in London gewesen, von Männern und Weibern erzählen, die er Abends in thierischem Rausche daher taumeln gesehen? Und warum sollte er nicht einige Scenen mittheilen, die an den Polizeigerichten jeden Morgen vorkommen, von Weibern, die von betrunkenen Männern zu Tode geschlagen worden?... Warum sollte er nicht dasselbe Recht haben, nach dieser eine Vergleichung der beiden Länder, wobei das seine rein und das unsere sehr befleckt ist, auf den höhern Grad der Sittlichkeit in seinem eigenen Lande zu pochen?" „Und wer hat uns je von Garotte-Räubereien im Corso zu Rom erzählt? Können wir das Vorkommen dieses Unfugs in London, Liverpool oder Leeds durch die eigenthümliche Bauart der Stadtviertel Belgravia oder Castle-Street erklären? Wenn ein Italiener hörte, daß z. B. in Lincolns-Inn-Fields früh am Abend Leute von hinten beim Halse ergriffen und gewürgt würden, daß man ihnen dann die Taschen leere und sie beraubt und halb todt liegen lasse — würde er nicht Recht haben: weil solche Räubereien mit gleichzeitigen oder vorhergehenden Mordversuchen nirgendwo als in England erhört seien, so sei dieß ein gottloseres, gefährlicheres und schlechter regiertes Land, mit einer schlechtern Polizei, als irgend eines von Italien?" Zuerst ziehe man den Balken aus dem eigenen Auge, dann deute man auf die Splitter in dem fremden.

Sind nun unter der italienischen Regierung gesittetere Zustände zu erwarten, als unter der päpstlichen? Allerdings hat Victor Emmanuel sie versprochen. Beim Beginne seines Raubzugs gegen den Kirchenstaat ließ er (11. September 1860) verkünden: „Man klagt mich des Ehrgeizes an. Ja, ich besitze Ehrgeiz, jenen, die Principien der sittlichen Ordnung herzustellen." Niemals ist ein Versprechen weniger gehalten, niemals die Heuchelei großartiger gespielt worden; unerwähnt bleibe, daß das piemontesische Reich selbst am meisten einer moralischen Restauration bedurfte. Oder was ist für Veredlung der Sitten Italiens geschehen?

Seit der Constituirung eines Königreichs Italien wird auf empörende Art an der Zertrümmerung der Grundlage aller Sittlichkeit, der

---

[1] Italienische Zustände S. 72—73.

Religion, theils unter den Augen der Regierung, theils mit ihren eigenen Händen gearbeitet, die Geheimnisse des katholischen Glaubens werden offen verlästert und verhöhnt und die Hirten der Kirche in ihrem heiligen Amte gehindert, oder wenn sie treu ihre Pflicht erfüllen, verjagt; Millionen Katholiken leiden unter der Verwaisung bischöflicher Sitze. Schon im Frühjahr 1865 waren 24 Bischöfe oder Generalvicare von den Tribunalen verurtheilt oder verfolgt, 17 aufgerieben von Kummer oder Mißhandlungen, 6 nach Turin transportirt, 17 zu ihren bischöflichen Sitzen nicht zugelassen, 42 lebten im Exil [1]. Also über ein Drittel der Bisthümer steht verwaist. Papst Pius IX. knüpfte Unterhandlungen an, um nach göttlicher Ordnung den Heerden ihre Hirten zu geben und dem trostlosen Zustand ein Ende zu machen. Der Verlauf der Mission Vegezzi's (25. März bis 5. Juli 1865) ist bekannt. Alle Bemühungen des edlen Papstes scheiterten an der unnachgiebigen Hartnäckigkeit der italienischen Regierung. Sie wird nun auf eigene Faust handeln, sich in das Heiligthum Gottes drängen und den Zwiespalt und den anormalen Zustand der italienischen Kirche, so viel an ihr ist, verewigen. Ihr Gesetzentwurf für Verminderung der Bisthümer ist durch politische und ökonomische Gründe motivirt. Kirchen, Klöster und Seminarien werden ihrer Güter beraubt, Ordensleute aus ihrem Asyle vertrieben; im Herbst 1865 hatte dieses Loos bereits 405 religiöse Genossenschaften getroffen. Die italienischen Präfecten beobachten mit Argusaugen den Schmuck der Kirchen, das Vermächtniß der frommen Ahnen, deren Gold und Silber, Pretiosen und Kunstschätze, und harren des Winkes von Oben, um das Alles zur Verminderung der Staatsschulden in einen unergründlichen Schlund zu versenken. Oeffentlich werden heilige Gefäße und Kirchengeräthe versteigert. Die Gottlosigkeit wird von den Kathedern herab und in der Presse verbreitet. Der Diritto, ein weit verbreitetes, angesehenes, der neuen Ordnung huldigendes Blatt, bringt einen offenen Aufruf zur Vernichtung der katholischen Kirche [2], das sei der Weg, der allein nach Rom führe.

Sittenverderbniß wird auf schaudererregende Art verbreitet durch Theater, durch die schmutzigsten Bilder, durch sittenlose Bücher, durch cynische Frechheit liberaler Blätter, durch die Lehren auf Universitäten

---

[1] Nach der Unità cattolica im Katholik Mai 1865. S. 630 ff.
[2] Unterm 8. März, 3. Juli, 7. und 11. August 1863: La nostra rivoluzione tende a distruggerlo (l'edifizio della Chiesa cattolica); 24. Febr. 1864 2c.

und Lyceen, durch das Beispiel von Magistraten und Beamten, durch die Einführung schlechter Häuser in allen Städten; 56 solcher Häuser wurden in dem einzigen Jahr 1864 autorisirt; man heißt sie case di tolleranza, vermuthlich zur Bezeichnung, welche Art von Toleranz Neu-italien kennt und übt. Der Papst und alle Bischöfe Italiens haben gegen die Verbreitung der Sittenlosigkeit reclamirt; schon am 22. April 1860 wendet sich Papst Pius IX. in einem Briefe an König Victor Emmanuel mit der Klage über die in seinen Staaten anwachsende Im-moralität und die geduldeten Insulte gegen die Religion. Gegen die Angriffe auf die Kirche, ihre Institutionen und alles Heilige, gegen die Bestrebungen zum Umsturz der Religion und gegen die Verbreitung der Unsittlichkeit trat Pius IX. offen auf in den Allocutionen vom 13. Juli 1860, 17. December 1860, 30. September 1861 und 10. August 1863. Ebenso verwahrten sich dagegen die gesammten Bischöfe der Legationen und der Romagna; jene der Provinzen Umbriens im December 1860, 16. November 1861; jene der Romagna 19. Nov. 1861. Bei Beginn des Jahres 1862 beschwerten sich die Bischöfe der Marken bei dem Minister Miglietti folgendermaßen: „Mit vollen Händen streut man in den Städten, Flecken und selbst auf dem Lande so schmutzige Bücher, so obscöne Bilder aus, daß das alte Heidenthum vielleicht niemals schlech-tere gesehen hat!" — Noch März 1865 klagten die Bischöfe der Marken und Umbriens. Das half Alles nichts. Endlich erklärten sich entsetzt selbst demokratische Blätter gegen die um sich greifende Fäulniß. Eine Resolution des demokratischen Vereins in Livorno lautet: „In Anbe-tracht, daß in Italien fort und fort Verstöße gegen die Ehrbarkeit der Sitten begangen werden und zwar veranlaßt durch die Verbreitung von Schriften, Büchern und Bildern, mittelst welcher man in der Jugend die Keime der Corruption zu entwickeln bestrebt ist; in Anbetracht, daß die Regierung und die städtischen Behörden derartige im Strafgesetzbuche vorgesehene Verbrechen ungestraft lassen; in Anbetracht, daß die Dinge so weit gekommen sind, daß man selbst die officiellen Journale bei der Anzeige solcher infamen Publicationen eifrig bethätigt sieht: legt der demokratische Verein energischen Appell bei der Regierung ein, daß sie einem solchen beweinenswerthen Exceß endlich einmal ein Ende mache." Solch' eine Sprache hatte endlich ein Einschreiten der Regierung zur Folge. Aber das Decret blieb auf dem Papiere. Ist das die Sittlich-keit, welche Victor Emmanuel versprochen hat? Oder ist nicht vielmehr Alles geschehen, um das ehemals so sittenreine Italien zu corrumpiren

und sittlich zu ruiniren? Rom würde unter piemontesischem Scepter sei=
nen religiösen Charakter verlieren, es würde des Schmuckes seiner Kirchen
und Heiligthümer beraubt werden, es würde seiner für den Glauben
und die Gesittung der entferntesten Völker bestimmten religiösen Anstalten
und Collegien verlustig, wie ja die im neuen Königreich Italien gele=
genen Güter der Propaganda mit einer jährlichen Einnahme von 60,000
Lire von der Regierung bereits eingesteckt wurden; es würde sich end=
lich bedroht sehen, seine lautern Sitten mit solchen zu vertauschen, welche
dem katholischen Herzen wo möglich blutige Thränen zu erpressen im
Stande wären.

7. Die sociale und materielle Lage.

Keine Frage dürfte in nicht zu ferner Zukunft die Geister in dem
Maße in Bewegung setzen, wie die sociale. Schon jetzt beschäftigt sie
in ungewöhnlichem Grade Staatsökonomen und Gesetzgeber, die gelehrte
Literatur und die Tagespresse. Die Verläugnung der christlichen Prin=
cipien in unsern modernen Staaten rächt sich furchtbar. Mit dem neuen
Heidenthume zieht auch immer mehr und mehr seine Barbarei ein. Die
Cultur ist mit dem riesenhaften Fortschritt in der Industrie nicht in
gleichem Schritt vorangegangen. In großen Industriestaaten, in Eng=
land namentlich, ist mit dem von Einer Klasse angehäuften kolossalen
Reichthum auch die Zahl und das Elend der großen Masse der armen
Bevölkerung schreckenerregend gestiegen und fort und fort im Steigen
begriffen und schon bedroht die Uebermacht des unbemittelten Volkes wie
ein Damokles=Schwert die gesammte besitzende Klasse. Der äußere Glanz
und Reichthum, den der unchristliche Staat als sein einziges Ziel an=
strebte, sticht dem hungrigen Arbeiter in die Augen und unchristlich erzogen
blickt er mit Neid und Ingrimm in die hell leuchtenden Säle des Fabrik=
herrn. Wohl Mancher hat die Absicht, in den Coalitionen mit den Genossen
seiner Arbeit und seiner Leiden die Kräfte seines Standes zu prüfen.
Ja es scheint, als wolle die menschliche Gesellschaft sich in zwei Hälften,
gleich feindlich sich gegenüberstehenden Heerlagern, spalten und einer all=
gemeinen Auflösung entgegen gehen. Das sind trostlose, unchristliche,
nicht civilisirte, sondern unsere moderne Civilisation brandmarkende Zu=
stände und an ihnen leidet der Kirchenstaat nicht.

Das katholische Princip der Einheit und der Liebe hat hier erstens
die Gegensätze versöhnt und die Herzen geeinigt, welche der Abfall von

der Kirche getrennt hat. Treu dem Geiste des christlichen Gesetzes ehrt der römische Millionär die vom Sohn Gottes geadelte Menschenwürde in dem Aermsten, welchen das moderne Heidenthum zum Sklaven erniedrigt hat. In der That, die Kenner [1] der Zustände Italiens heben mit Recht das diesem herrlichen Lande eigene schöne Verhältniß der Stände hervor, „das man vergebens in andern Ländern sucht", wo „die Stände sich nicht schroff gegenüber stehen, wo Hochmuth und vornehmes Herabsehen auf die niedrigen Volksklassen weit weniger als in andern Staaten bemerkbar ist"; „wo der Niedrige zwar höflich und anständig, aber ohne alle gemeine Kriecherei dem Hochgestellten gegenüber steht"; hier „spricht ein Mann des niedrigsten Standes viel leichter und freier mit einem Cardinal oder dem Papste selbst, als bei uns mit dem Secretär eines mittelmäßigen Beamten" und „plaudert ein Fürst mit einem Bürger ganz traulich und man sieht dem Bürger gar nicht an, daß er sich über sein Verhältniß in ihm geschmeichelt fühlte." Unter andern beherzigenswerthen Gründen dieses schönen Verhältnisses bezeichnet Professor Mittermaier (S. 46) „das System religiöser Corporationen, welches einen edlen Geist der Gleichheit im Wohlthun begründete, doppelt mächtig, da die Religion die Verbrüderung heiligt und in der statutenmäßigen Gleichheit der Pflichten die Standesunterschiede verschwinden."

Das lebendige Christenthum hat hier zweitens das Land vor den extremen Gegensätzen zwischen den enormen Reichthümern in den Händen Weniger und dem tiefen Elende der großen Masse der Bevölkerung bewahrt. Es hat die Hände der besitzenden Klasse geöffnet und zahllose Anstalten für jedes Bedürfniß und zur Linderung jeder Art von Elend gestiftet und ein reichliches Armengut hinterlegt. Den Armen aber flößte es Selbstverläugnung ein, um seine Entbehrungen in Geduld und selbst mit Zufriedenheit zu tragen. In der That, die ungekünstelte Heiterkeit des Volkes ist ein charakteristisches Kennzeichen seiner glücklichen Lage und der allgemeinen Wohlfahrt. Auch davon haben vorurtheilsfreie Beobachter [2] gemeldet. Prof. Mittermaier (S. 21) schreibt: „Wer sehen will, wie ein Volk mit ganzer Seele sich freut und in liebenswürdiger Heiterkeit sich bewegt, muß Italiener bei ihren Festen beob-

---

[1] A. a. O.: Mittermaier S. 19. 20. 45—47. 277. Brentano S. 293—294. M. v. Beaufort II. 52. 66. Cardinal Wiseman, italienische Religiosität. S. 94.

[2] Ueber die gegenwärtige Regierung des hl. Stuhles S. 21. 43. Eingehender handelt hievon Saugzet, a. a. O. S. 274 ff. Maguire S. 476—484.

trachten." Graf Rayneval verbindet mit der Schilderung der Heiterkeit bei öffentlichen Belustigungen die Frage: „ob dieß das Volk sein kann, dessen Elend in solchem Grade das Mitleid Europa's erregt?" Man beachte, daß dieses fröhliche Wesen sich in allen Klassen der Bevölkerung, in den Städten wie auf dem Lande kund gibt. Und sie hat Grund dazu. Oder befand sie sich unter den letzten Päpsten nicht in guter Lage? Unser früher erwähnter deutscher Diplomat [1] urtheilt: „Unter Gregor XVI. hatte der Wohlstand durchweg zugenommen." Unter Pius IX. war, obwohl die Republik das Land in die größte Noth gebracht hatte, doch „in wenigen Jahren alles wieder beigebracht.... Einige Jahre nach der Republik... war das Land auffallend reicher geworden, Handel und Wandel blühte, und die Stadt Rom hatte ein anderes Aussehen bekommen." Das bestätigt Graf Rayneval mit den Worten: „Das Volk befindet sich im Ganzen in einer ziemlich behaglichen Lage." Das Land ist dicht, doch nicht unmäßig bevölkert [2], der Menschenschlag ist kräftig, die Haltung, selbst des Bauern, edel. Die Zahl der Eigenthümer betrug (laut officieller Statistik von 1853) 206,558, und repräsentirt mithin mit ihren Familien über eine Million Seelen, d. i. ein Drittel der Gesammtbevölkerung. Familien gab es 680,280 bei einer Seelenzahl von etwas mehr als drei Millionen; jede besteht im Durchschnitt aus $5_{,44}$ Personen, mithin aus mehr Individuen, als es der gewöhnlichen Regel nach der Fall ist. Das Alles, und die oben nachgewiesene große Anzahl der Ehen spricht für sehr günstige Verhältnisse des socialen Volkslebens.

Aber wie steht es mit dem einfachen Bürgersmann, mit dem Handwerker, dem Taglöhner, dem Dienstboten, kurz mit den niedern Schichten der menschlichen Gesellschaft? Die Lage dieser Klasse bildet die brennende Frage der modernen Zeit; dieselbe begreift ja in sich den weitaus größten Theil der Bevölkerung aller Staaten [3]. Bei ihr handelt es sich, Dank

---

[1] A. a. O. Brentano S. 294. De Beaufort I. 275. II. 50. Dr. Hergenröther S. 147. Cardinal Wiseman, italienische Religiosität S. 86—94.

[2] Vor der Annexion kamen im ganzen Kirchenstaat 80 Seelen auf einen Quadrat-Kilometer, d. i. mehr als in Frankreich, Oesterreich, Preußen; jetzt, nach dem Raub der bevölkertsten Provinzen, wegen der Ausdehnung der pontinischen Sümpfe, der Unfruchtbarkeit der Campagna und der Malaria, kaum 63, d. i. so viel als in Frankreich im J. 1838. Vgl. Petermanns geographische Mittheilungen 1859. S. 1. 367—368 und J. 1865 S. 118. Civiltà März 1865. S. 732.

[3] Vgl. Wilhelm Emmanuel Freiherr von Ketteler, Bischof von Mainz, die

dem modernen antichristlichen Fortschritt, um das Allernothwendigste, um die physische Existenz, die tägliche Nahrung und Wohnung und ein er= trägliches Familienleben. So weit ist es in Rom nicht gekommen. Das Brod des Armen, sagt der Bischof von Poitiers im Hirtenschreiben an seinen Clerus vom 12. September 1856, ist hier bei Weitem besser als in Frankreich. Die Consumtion von Fleisch ist beträchtlicher, als in vielen andern europäischen Ländern, in Rom insbesondere steht sie der= jenigen von keiner Hauptstadt nach [1] und übertrifft die von Paris; der Verbrauch des Zuckers und Kaffee's hat sich gleichfalls vermehrt.

Häuser gab es im Kirchenstaat im Jahr 1853 468,457, mithin im Durchschnitt eines für 1,30 Familie, was auf große Bequemlichkeit im Wohnen schließen läßt. Graf Rayneval spricht zwei oder drei Jahre später von den vielen neuen Gebäuden, die entstehen und Maguire nach ihm von der großen Baulust, die in den päpstlichen Städten herrscht, so daß in Rom allein 313 Häuser in den Jahren 1857 und 1858 ganz neu gebaut oder bedeutend vergrößert und reparirt worden waren, und zwar waren 95 von ihnen ganz neu gebaut, „darunter sehr große, welche den Raum von einem halben Dutzend gewöhnlicher englischer oder irischer Wohnhäuser einnehmen." Die Bauten haben seitdem immer zugenommen. Papst Pius IX. ließ auf eigene Kosten für brave Arbeiter Wohnungen bauen. Es gibt zwar auch in Rom viele elende Wohnungen, und welche große Stadt kennt sie nicht? Sind doch in Berlin 46,000 Bewohner in 12,000 Kellerwohnungen und wohnen in New=York 22,095 in Kel= lern! Aber schwerlich wird in Rom geschehen, was in englischen Städten vorkommt, daß einige Familien sich in ein Zimmer theilen und etwa die Grenzscheide mit Kreide bezeichnen, zum größten Nachtheil der Gesund= heit und der Sittlichkeit; daß in Armenhäusern den Obdachlosen als Wohnung ein offener Stall angewiesen würde, welcher viermal mehr Schläfer beherbergen muß, als vernünftiger Weise Raum geboten ist — daran ist in Rom nicht zu denken.

Auch sind hier die schönsten Kirchen zu jeder Tageszeit offen. In ihnen wenigstens steht der Arme dem Fürsten ebenbürtig zur Seite und stärkt seinen Muth durch die Erinnerung an die himmlischen Wohnungen, in welchen jeder Unterschied des Ranges aufhört. Hier ist es ihm ge=

Arbeiterfrage und das Christenthum. Mainz, Kirchheim 1864. S. 20. 165 ff. An= lage I. Numerisches Verhältniß der Arbeiterklassen zur Gesammtbevölkerung.
[1] Dr. Hergenröther, der K.-Staat S. 132. 137. Saujet S. 277.

stattet, Marmorböden zu betreten. Hier wenigstens besitzt er gemeinsam mit dem Reichen blendende Hallen, die Meisterwerke der Malerei, altclassische Denkmäler, die herrlichsten Formen von Bronce, die feinsten Gold-Arbeiten, kunstvoll gewirkte Teppiche, einen seltenen Reichthum an Alabaster, Porphyr oder Marmor.

Für die Bewältigung des Elendes nach allen Richtungen hin hat sich die Wohlthätigkeit nirgends so universell, nirgends so großartig bethätigt, als in Rom. Mit dem Christenthum ist sie eingezogen und als es nach dreihundertjähriger Verfolgung offen vor der Welt seine Thätigkeit entfalten durfte, so errichtete es in mütterlicher Liebe auch schon Hospizien für Fremde und für Kranke, und streckte die helfenden Arme bis nach Jerusalem und Arabien und Kleinasien [1] hinüber. Jede Zeitepoche hat unvergängliche Spuren römischer Wohlthätigkeit hinterlassen. Kein noch so elender Pilger kommt nach Rom, sagt Papst Martin, dem nicht Brod und Wein nach Bedürfniß gereicht würde. Die meisten Nationen hatten hier einst ihre eigenen Herbergen und Spitäler. Unter Innocenz III. wurde (1204) ein Haus für Findelkinder, unter Benedict XII. (1339) ein anderes für Unheilbare, zwei Jahrhunderte darauf (1548) eines für Pflege der Irren gegründet; alle drei sind wohl die ersten ihrer Art. Heutzutage zählt Rom 167 Wohlthätigkeitsinstitute jeder Art [2], unter ihnen 21 Anstalten für Kranke, durch alle Viertel der Stadt vertheilt, insbesondere sieben großartige Spitäler, unter welchen wieder St. Spirito, als bis jetzt unübertroffen, hervorragt, das in seinen Anfängen bis in die Zeiten des angelsächsischen Königs Jvo (717) zurückgeht, von Papst Junocenz III. aber fest begründet wurde. Ihm steht das apostolische Hospiz von S. Michele [3] an den Ufern der Tiber würdig zur Seite, einzig in seiner Art mit seinen tausend Bewohnern, unter ihnen 490 Knaben und Mädchen, welche größtentheils unentgeltlich erhalten und in den von ihnen selbstgewählten Handwerken oder Künsten unterrichtet werden. Wer aber zählt alle die guten Werke, in welche sich fromme Anstalten, Bruderschaften und Vereine theilen! Witt-

---

[1] Vgl. Gerbet, Skizze des christlichen Roms. Bd. 2. S. 388 ff.

[2] Stato delle anime dell' alma Città di Roma per l'a. 1864. Vgl. auch Hurter im Kirchenlexicon von Wetzer und Welte Bd. 9. S. 360 ff. Neher, kirchliche Statistik S. 51 ff.

[3] Vgl. Hurter, Geburt und Wiedergeburt III. 429 ff. Er führt u. A. als Thatsache an, daß damals die berühmtesten Kupferstecher zu Paris, Rom und Neapel Zöglinge von S. Michele waren.

wen und Waisen, Greise und Schwache finden Asyle. Der Kranke wird in den Häusern oder in den Spitälern gepflegt, schutzlose Mädchen vor Gefahr der Verführung bewahrt, verwahrloste Kinder erzogen, Erwerbslose beschäftigt. Der verschämte Arme wird insgeheim unterstützt, der Hilflose mit Lebensmitteln und Kleidern beschenkt, der Unvermögende umsonst durch Vereine von freiwillig zusammengetretenen Advokaten vor Gericht vertheidigt, in der Krankheit mit unentgeltlichem ärztlichem Beistand zu Hause versehen, die Arznei wird gezahlt, wozu mindestens elf Institute bestehen. Für den Besuch der Kranken und der Verhafteten, für Aufsicht der aus den Kerkern, sowie aus dem Hause der Büßerinnen Entlassenen, für die Vorbereitung verurtheilter Verbrecher auf ihr nahes Ende und für liebevolle Begleitung auf ihrem letzten Gange, für das letzte Geleite und das Begräbniß der Aermsten ist Sorge getragen. Nach Morichini belief sich die Summe, welche alle Wohlthätigkeitsanstalten aus eigenem Vermögen und von der apostolischen Kammer jährlich beziehen, auf 4,100,000 Francs, während Paris bei fünf oder sechsmal größerer Bevölkerung und unvergleichlich größerm Pauperismus nur 10½ Millionen aufwendete. Für Kranke sind in Rom nach Neher (S. 52) in den Spitälern 5005 Betten, d. i. eines auf 38 Einwohner; es zählt mithin nach Verhältniß seiner Bevölkerung elfmal mehr Krankenbetten als London und verwendet auch dreimal mehr Kurkosten für die Kranken, als diese reiche Handelsstadt. Bei einem Besuche St. Spirito's fand Maguire von den 2000 Betten nur 780 besetzt; jährlich werden daselbst etwa 12,000 Kranke aufgenommen.

Wie in Rom, so bestehen in allen Städten des Kirchenstaats ähnliche herrliche Anstalten der Wohlthätigkeit. Papst Pius IX. aber leuchtete Allen voran als Muster milden, freigebigen Sinnes. Gleichwie er als Abbate in Tata Giovanni sein Einkommen bis auf den letzten Heller dazu verwendete, den Waisen bessere Nahrung, wärmere Kleidungsstücke oder unschuldige Vergnügen zu verschaffen; gleichwie er als Bischof sein silbernes Besteck und silberne Leuchter verpfändete, um Armen aus der Noth zu helfen, so hatten die ihm als Papst geschenkten Diamanten und sein ganzes Vermögen die von ihm ausgesprochene Bestimmung: „All' mein Reichthum ist das Erbe meiner armen Unterthanen, die meine Kinder sind." Es gab keine bedeutendere Noth im Lande, der er nicht seine hilfreichen Hände entgegengestreckt hätte. Es gibt kaum eine Stadt seiner Staaten, die nicht von seinen Wohlthaten zu erzählen hätte. Noch war kein Decennium seiner Regierung abgelaufen, so hatte er schon 1,500,000

Scudi (3,750,000 fl. rhein.) oder über zwei Millionen Thaler zu frommen und wohlthätigen Zwecken verausgabt. Seine Vaterstadt Sinigaglia bedachte er mit einer großartigen Stiftung, dem nach ihm genannten Stabilimento Pio, einer Anstalt für chronische Kranke und verlassene Mädchen, für welche sowie für andere gemeinnützige Zwecke daselbst er aus seinem Privatvermögen ein Kapital von 180,000 Scudi auswarf. Piemont verwandelte sie, das Privateigenthum des Papstes, in eine Kaserne. Noch kurz vor der piemontesischen Annexion ordnete Papst Pius die Errichtung einer Anstalt für Erziehung hilfloser Knaben der untersten Volksklassen in jeder Legation an; die Provincialräthe sollten zu entscheiden haben, ob sie eine landwirthschaftliche oder industrielle sein werde. Die bestehenden Institute in Rom vermehrte er mit einem Asyle für schwache greise Priester.

So vererbte sich von Geschlecht zu Geschlecht bis auf unsere Tage jene alte Sitte der römischen Kirche, welche die hl. Väter und Kirchenschriftsteller als ihr eigen mit Bewunderung erwähnen. Von keiner Stadt ließ sich die ewige Roma den schon vom hl. Ignatius gerühmten Vorzug nehmen, im Reiche der Liebe den Vorsitz zu führen. Sie thront, eine Königin der Welt, vor den Augen der christlichen Erde zweifach gekrönt mit dem Diadem des Glaubens vermöge ihres göttlichen Berufes, mit dem Diadem der Liebe kraft ihrer Thaten.

Man wird nun auch einige specielle Vorzüge der römischen Staaten begreifen; der Krebsschaden des Pauperismus, der Schrecken des Proletariats, die Arbeitereinstellungen in Masse, Brodrevolutionen gibt es hier nicht. Die Statistik von 1857 weist (1853) in Rom 20,012, im ganzen Kirchenstaate 37,015 Arme bei 3,124,668 Einwohnern auf, d. i. Einer auf 85 bis 86 Einwohner, während in England im Jahr 1863 1,142,624 bei 20,205,504 Einwohnern vom Staat Unterstützung beziehen mußten, d. i. einer von 17; nach Andern kömmt schon auf acht ein Armer, was nach Margotti wenigstens von London gilt. In Paris gab es im Jahr 1856 69,424, d. i. einer auf 15,59. Wenn man über das Bettelwesen in Rom klagt, so liegt der Grund nicht darin, daß man unbefugtem Bettel nicht steuerte oder die Noth oder die Zahl der Bettler größer wäre als anderswo, sondern daß der Arme sich als solchen, der er ist, öffentlich zeigen und der Mildthätigkeit des Wohlhabenden sich anempfehlen darf, welcher ihm etwas gibt, wenn er will, freiwillig, nicht durch eine Armentaxe gezwungen. Man macht die Armuth nicht zum strafwürdigen Vergehen, eingedenk der Armuth Christi und seiner Worte:

Arme habt ihr immer um euch. Der römische Bettler im Allgemeinen ist bescheiden [1]. Gegen Unfug und Mißbrauch des Bettelns erließ der Vice=Camerlengo Cardinal Matteucci am 30. März 1863 eine sehr strenge Verordnung. Nur der erwiesenermaßen Hilfsbedürftige darf die Freigebigkeit des Vermöglichen auf einem ihm bezeichneten Posten beanspruchen. Das Betteln der Kinder, das Herumvagabundiren, das Betreten der Kirchen und Häuser, um zu betteln, ist verboten.

Auch die Noth der Auswanderung ist im Kirchenstaate nicht gekannt. Italien überhaupt liefert wenig Auswanderer, am meisten noch das Königreich Sardinien. Aus Großbritannien und Irland emigrirten seit 1814 bis 1865 5,691,709; unter diesen sind über 1,500,000 Irländer seit 1. Mai 1851 ausgewandert, d. i. ein Viertel des irischen Volkes. Irland hatte im Jahr 1834 7,900,000 Einwohner, jetzt hat es 5,800,000. Rom erfreute sich dagegen einer Einwanderung unter der Herrschaft der Päpste, während es bei ihrem Abzuge stets verfiel. Durch die Abwesenheit der Päpste in Avignon war (1376) die Zahl der Einwohner Roms bis auf 17,000 herabgesunken; Kirchen und Paläste verfielen und der Adel griff nach den Steinen der zusammenstürzenden Prachtbauten, um sich Burgen für seine Parteikämpfe zu bauen. Bei der Abwesenheit Papst Eugen's IV. war Rom nach dem Zeugnisse des Zeitgenossen Vespasian da Bisticci zu einer Viehweide [2] (terra di vaccai) geworden; dort, wo die Banken der Kaufleute seien, habe man das Vieh gehalten. Die 165,000 Einwohner unter Pius VI. verminderten sich bis auf 123,000 nach der Wegschleppung Pius VII. im Jahr 1810. Im Jahr 1820 betrug die Bevölkerung schon wieder 135,000, zu Ende des Jahres 1842 167,121 Einwohner [3]. Nach der Flucht Pius IX. verließen 13,000 Personen weltlichen Standes die Stadt [4]. Die letzten neun Jahre nahm die Volkszahl stetig zu [5]. Im Jahr 1855 betrug sie

---

[1] Vgl. Cardinal Wiseman, Abhandlungen über verschiedene Gegenstände Bd. 3. S. 415. Brunner: Kennst du das Land? Kap. 44. Die römischen Bettler. Fr. v. Hurter, Geburt und Wiedergeburt Bd. 3. S. 74.

[2] Vite di Uomini illustri del secolo XV. scritte da Vespasiano da Bisticci. Firenze. Barbèra Bianchi 1859.

[3] Historisch=politische Blätter B. 18. S. 621 ff. Die ewige Stadt und die Malaria.

[4] Ami de la religion 8. Jan. 1853.

[5] Die progressive Steigerung gibt der Stato delle anime dell' alma città di Roma per l'a. 1864.

177,461, im J. 1864 203,896, Ostern 1865 207,338 Einwohner; eine Zahl, welche sie seit einem Jahrtausend noch niemals erreicht hatte; sie ist die bevölkertste Stadt Italiens nach Neapel. Der Kirchenstaat hat im Jahr 1816: 2,354,721 Einwohner, 1850: 3,007,771 Einwohner, 1853: 3,124,668 Einwohner.

Doch genug von den socialen Verhältnissen Roms. Ihre Beleuchtung gibt folgendes Resultat: Wenn der Mensch nicht um des Staates willen, sondern der Staat um des Menschen willen besteht, wenn der Staat auch nicht um einer privilegirten Klasse, sondern um der Gesammtheit willen besteht, wenn es mithin eine der wichtigsten Aufgaben eines ge= ordneten Staates ist, für das Wohl jener untern Klassen angelegentlich Sorge zu tragen, welche die immense Mehrheit der Gesammtbevölkerung bilden, so folgt, daß die Regierung des Kirchenstaates diese wesentliche Aufgabe besser als wohl irgend eine andere Regierung erfüllt, und daß in der milden väterlichen Herrschaft des Papstes und in den wohlthäti= gen und menschenfreundlichen Einrichtungen und Anstalten seines Staates die möglichste Gewähr für eine dauernde Erfüllung dieser Staatspflicht gegeben ist.

Nicht so im Königreich Italien. Von einem materiellen und so= cialen Boden kann dort kaum die Rede sein, wo der Grundlage aller staatlichen Wohlfahrt, der Religion und Sittlichkeit, die schwersten Wun= den geschlagen wurden und dieselbe Tag für Tag in schnellerem Rück= schritte begriffen ist; wo der ganze Staatsorganismus, der commercielle Verkehr, die Industrie und alle Geschäfte unter der finanziellen Zerrüt= tung auf's schwerste leiden; wo ein unerträglicher Steuerdruck nament= lich auf der großen Masse der ärmeren Bevölkerung lastet; wo Leben und Eigenthum immer mehr gefährdet werden und hiefür in manchen Bezirken gar keine Garantie mehr gegeben ist. Es bedarf wohl schwer= lich fernerer Einzelheiten, um das herrschende Elend darzuthun. Man muß hiebei durchaus nicht an einen etwaigen Ausnahmszustand denken, wie er wohl in Ancona durch die Cholera hervorgerufen wurde; es machte da „den schaudervollsten Eindruck, nun schon einigemal ein paar tausend arme Arbeiter zusammengerottet die Straßen durchziehen zu sehen, bleiche, von Hunger abgezehrte Gestalten, wie sie Laute ausstießen, welche das Herz durchschauderten"[1]. Wir wollen nur an das vom Herzog von Persigny viel gepriesene Neapel und an eine Stadt des alten Königs=

---

[1] Augsb. Allg. Ztg. 12. August 1865.

reichs Sardinien, an Genua, erinnern. Als Neapel von der nahenden Cholera sich bedroht sah, besuchte die Sanitätscommission die Grotte degli Spagari in dem Berg, auf welchem das Fort St. Elmo steht, einem Aufenthaltsort von etwa 300 Menschen, wie man vermuthete. Aber „wie erstaunt war man, als man darin wohl gegen 2000 Personen in allem Schmutz und Elend zusammengelagert fand" [1]. Dank der Furcht vor der Cholera wurde die Höhle vermauert. Von Genua meldet ein Correspondent der Augsburger Allg. Zeitung (27. September 1865) über das Bettelquartier Villetta: „Dort leben die zahlreichsten Proletarier in den tiefsten Urzuständen der Cultur beisammen, mehr in Löchern als in Wohnungen, welche voll Rauch und Schmutz sind, und größtentheils dem Einsturz drohen. Stiegen und sogar Leitern sind unbekannte Luxusgegenstände, und die halbthierischen Bewohner ziehen es vor, ihre Wohnung mit Hilfe von Stricken zu erklettern. Wasser fehlt dort gänzlich und man erzählt seltsame Dinge von der Ernährungsweise dieser Troglodyten." Während die traurige Lage der untern Volksklassen einer gründlichen Aufbesserung dringend bedürfte, beraubt sie die italienische Regierung der barmherzigen Schwestern, der Schutzengel der leidenden Menschheit, und anderer Genossenschaften, welche sich ohne Lohn ihrem Dienste widmen, und das in den religiösen und wohlthätigen Anstalten hinterlegte Armengut ist theilweise schon verschleudert und vor seiner völligen Leerung keinen Tag sicher.

Man hat dem Königreich Italien wenigstens die tröstliche Aussicht gegeben, den größten Staaten Europa's an Zahl der Einwohner gleich zu werden. Denn während es laut amtlicher Statistik [2] am 31. December 1862 21,929,176 Einwohner zählte, hatte es am Ende des folgenden Jahres 22,104,789 Einwohner und mithin betrug der Zuwachs der Bevölkerung in einem Jahre 175,613 [3]. Allein die Zunahme ist so beträchtlich nicht, und das zumal, wenn man einerseits die bedeutende Zahl und Fruchtbarkeit der Ehen in Italien erwägt, wo auf 100 Einwohner 4,02 Geburten kommen, während ihre Zahl in England 3,50 Procent, in Belgien 3,22, in Frankreich nur 2,74 beträgt, und wenn man

---

[1] Augsb. Allg. Ztg. 14. August 1865.

[2] Augsb. Allg. Ztg. 12. März 1865. Beil.

[3] Vergl. über unsere statistischen Angaben Dr. Petermann, Mittheilungen auf dem Gesammtgebiete der Geographie. J. 1861 S. 433. J. 1862 S. 481. J. 1863 S. 481. J. 1865 S. 306.

andererseits den Antheil in Anschlag bringt, welchen die nie zuvor ge=
kannte Vermehrung des Proletariats in größeren Städten an der Ge=
sammtzunahme hat. So hat die Bevölkerung in Mailand allein seit
1859 um 30,000 Seelen zugenommen, gerade hier aber wird über das
Proletariat sehr geklagt und die Zahl der Findelkinder (7000) hat eine un=
gekannte Höhe erreicht. Der Zuwachs der Bevölkerung ist aber ein über=
raschend geringer, wenn man auf den Anfang des Königreichs Ita=
lien zurückgeht. Laut den vom Minister Minghetti im Jahr 1861 ge=
gebenen und im Jahr 1862 berichtigten statistischen Angaben hatte Italien
damals 21,920,269 Einwohner; diesen aber liegen die Ziffern der Be=
völkerung in der Lombardei vom Jahr 1857, in Piemont, Sicilien,
Umbrien und in den Marken vom Jahr 1858, in den neapolitanischen
Provinzen und in der Emilie vom Jahr 1859, in Toscana vom Jahr
1860 zu Grunde [1]. In dieser langen Zeit hat also Italien nur um
184,520 Einwohner zugenommen; ja es hat bis Ende 1862 nur um
8907 Seelen zugenommen. Und doch gibt diese erste italienische Sta=
tistik den altpiemontesischen Provinzen (J. 1858) und der Lombardei
(1857) zusammen (J. 1857—1858) nur 4,080,009 Einwohner, wäh=
rend Sardinien (mit Savoyen und Nizza, dagegen ohne die weit stärker
bevölkerte Lombardei) im Jahre 1857 5,167,542 Einwohner, und am
Ende des Jahres 1855 nach früheren statistischen Angaben 5,194,807
Einwohner zählte [2]. Nur der Bürgerkrieg und das Elend, welches Pie=
mont durch seine Annexionspolitik über Italien brachte, gibt eine ge=
nügende Erklärung der auffallend schwachen Zunahme der Bevölkerung
in Italien. Nun noch Einiges zur

8. Beleuchtung besonderer Anklagen gegen die Päpste.

Von dem angeblichen Verfall und Elend der päpstlichen Staaten
hat die Darstellung der wahren Sachlage sehr wenig übrig gelassen.
Wir dürften füglich schließen, würden nicht gewisse, stets wiederkehrende
Tiraden die Erörterung einiger der gemeinsten Schlagwörter wünschens=
werth erscheinen lassen. Tyrannei, brennende Scheiterhaufen, Tortur,
schaurige Kerker, blutdürstige Inquisition, Intoleranz, Verfolgung von
Oben und allgemeine Unzufriedenheit von Unten — so lauten die Vor=

---

[1] Almanach de Gotha. 1863. S. 652 ff.
[2] Almanach de Gotha. 1860. S. 742.

würfe, welche man mit einer Sicherheit vorbringt, als sei jeder Zweifel an ihrer Wahrheit ausgeschlossen. Wie verhält es sich hiermit? Rom hat die Scheiterhaufen nicht erfunden. Wenn aber nach der allgemeinen Anwendung dieser Strafe im Mittelalter dieselbe auch im Kirchenstaat zugelassen wurde, was jedoch nur höchst selten und ausnahmsweise geschehen ist, so hatte Rom nur gethan, was man heutzutage so stürmisch von ihm verlangt, es hatte sich endlich dem herrschenden Zeitgeiste anbequemt.

Aus neuerer Zeit kann man indeß auch nicht ein einziges Beispiel dieser Todesart anführen. Ebenso wenig kennt man gegenwärtig in Rom die Tortur. Ueberhaupt waren die Päpste der Grausamkeit abhold. Gerade das ist das große Verdienst der katholischen Kirche, daß sie die Sitten milderte. Je überwiegenderen politischen Einfluß sie übte und je thätiger sie bei der Abfassung der Gesetzbücher war, um so mehr schwand die Unmenschlichkeit aus der Gesetzgebung und um so milder wurde sie [1]. Dagegen ist es wahr, daß unter der piemontesischen Herrschaft Ottario Tancreti (1862) der Folter unterzogen, und der unschuldige Taubstumme Cappello mit glühenden Zangen gequält und mit 70 Wunden bedeckt wurde. Die zwei Aerzte aber, die die Quälereien befahlen, wurden mit dem Mauritiusorden geziert, bevor die Gerichte sie verurtheilten. Auch die englischen Behörden haben bis vor Kurzem in Ostindien die an sich ungesetzliche Tortur anwenden lassen, das ist Thatsache [2], und heute noch bringt das civilisirte England die neunschwänzige Katze mit ihren Krallen in Anwendung. Ebenso kennt Jedermann die fürchterlichen Folterqualen in Cayenne [3]. Die „Times" [4] nahm mehrere Briefe von Deportirten auf, welche Louis Blanc in ihrem Namen veröffentlichte und die nicht nur die „entehrende Pfahlstrafe" bestätigten, sondern auch herzzerreißende Details über die „Martern" der Verbannten an das Tageslicht brachten. Und wer duldet hier? Es sind „Männer aus allen Klassen der Gesellschaft — Künstler, Handwerker, Arbeiter, Juristen, Aerzte, Pächter, Journalisten, Gelehrte." Und warum dulden sie? Es

---

[1] Vgl. Dr. Kober, über den Einfluß der Kirche und ihrer Gesetzgebung auf Gesittung und Civilisation im Mittelalter. Tübinger Q.-Schrift 1858. S. 443 ff.

[2] Britische Verwaltung in Indien bei Maguire, Rom S. 614 ff.

[3] Siehe den Auszug aus dem wahrhaft schaubererregenden Berichte eines Deportirten im Bayer. Courier vom 28. Juli 1859.

[4] Vgl. Wiseman, italienische Zustände. S. 37—49.

gibt Solche unter ihnen, welche ohne gesetzliche Form, ohne gesetzliches Urtheil, nur weil sie in einem politischen Kampfe unterlagen, wegen Widersetzlichkeit gegen den Staatsstreich vom 2. December 1852 nach Cayenne deportirt wurden, um Galeerensklaven gleichgestellt, unter der Last erschöpfender Arbeiten zu seufzen und „in sumpfigen Wäldern, aus denen fortwährend verpestete Dünste aufsteigen … ohne geeignete Nahrung, ohne Kleider und Schuhe" den Tod als Erlösung von dem qualvollen Leben herbeizuwünschen. Wir bestreiten durchaus nicht, daß die Leidenschaft Manches in den Angaben übertrieben haben wird. Aber selbst die Times behauptet bei aller Bemäntelung, „in der Hauptsache können sie nicht unwahr sein. Wenn wir Cayenne nennen, sagen wir Alles." Die französische Regierung hat freilich das Ganze geläugnet oder modificirt und Niemand wird sich an Ort und Stelle begeben, um die Wahrheit zu untersuchen. Aber soviel wenigstens ist gewiß, daß der Kirchenstaat keine Strafcolonie Cayenne besitzt, und daß liberale Blätter mehr Grund hätten, sich mit Zuständen modern regierter Staaten als mit dem päpstlichen zu befassen.

Und wie steht es mit den unheimlichen päpstlichen Kerkern? Wie mit der ungeheueren Zahl der Gefangenen? Wir haben bereits gezigt, daß die Zahl der Gefangenen überhaupt verhältnißmäßig gering ist. Politische Gefangene gab es im Jahr 1865, am zwanzigsten Jahrestag der Krönung Pius IX., in Allem 87, eine Zahl, die Angesichts der mehrfachen angezettelten Verschwörungen und Umsturzversuche nicht auffallen wird. Zudem gehört hieher die Klasse Derjenigen, welche sich gemeiner Verbrechen aus politischen Motiven schuldig gemacht haben. Die Zahl der wegen rein politischer Vergehen Verurtheilten betrug vor der Annexion, am 1. October 1858, nach Maguire (S. 256, 258) nur 72. Ein Drittel von den 87 gehörte den geraubten Provinzen an und 42 wurden am genannten Tage ganz oder theilweise begnadigt [1]. Die Todesstrafe wurde unter Pius IX. über Niemand wegen rein politischer Verbrechen verhängt. Die Gefängnisse sind nichts weniger als das, was man sie gerne sein läßt, schaurig und barbarisch. Schon der französische Präfect Tournon bezeugte seiner Zeit: die römischen Gefängnisse der Strada Giulia und S. Michele seien geeignet zu beweisen, daß die Päpste „der Bewegung der Geister zur Verbesserung der Gefängnisse

---

[1] Augsb. Allg. Ztg. vom 1. Juli 1865. Beil. Civiltà Juli 1865. S. 229.

vorausgeschritten sind" [1]. Noch gewichtiger sind die Worte, welche
Cardinal Wiseman [2] aus dem Munde eines „berühmten englischen Phi-
lanthropisten" vernahm, „welcher die Gefängnisse in ganz Europa besucht
hat. Er habe außerhalb England keine gefunden, die den römischen
vorzuziehen seien; zu der Zeit, wo sie gebaut wurden, seien sie bei
weitem besser gewesen, als die unsrigen (englischen) und die jedes andern
Landes, und sie seien reinlich und sehr gesund." Der Cardinal fügt
bei, in keinem von den päpstlichen Gefängnissen sei irgend ein Fall von
ansteckenden Krankheiten vorgekommen, wie in den englischen. So gab
es im December 1844 in Pentonville nach den officiellen Berichten unter
741 Gefangenen 719 Kranke. Unter Pius IX. nahm die Verbesserung
des Gefängnißwesens den erheblichsten Fortgang. Dahin rechnen wir die
Verwendung religiöser Orden in Gefängnissen. Dadurch wird am leich=
testen jener edle Zweck erreicht, welchen die allgemeine Erfahrung
leider nur zu sehr vermißt: die moralische Besserung des Verbrechers.
Auch das verhärtete Herz, welches Gewaltmaßregeln hartnäckigen Trotz
bietet, widersteht nicht leicht dem Einflusse, welchen die auf die Macht
der Religion gegründete Belehrung und die einzig von der Liebe Gottes
eingeflößte theilnehmende Hingebung der Ordensleute ausübt. Maguire,
welcher sich nach Gewohnheit von Allem durch eigene Anschauung über=
zeugte, theilt hierüber (S. 235 ff.) die überraschendsten Züge mit. Das
für Weiber bestimmte Gefängniß „Termini", in welchem sich selbst solche
befanden, die ihre Hände mit Blut befleckt hatten, befand sich seit drei
Jahren in den Händen der Schwestern der Vorsehung. Es machte auf
ihn den Eindruck einer „Gewerbeschule für Erwachsene". Noch „nie=
mals hatte er einen Platz gesehen, der einem Gefängnisse weniger ähn=
lich gewesen wäre". Die Weiber waren mit „den verschiedensten Hand=
arbeiten beschäftigt, vom Nähen und Ausbessern der Kleider bis zur
Anfertigung der schönsten und kostbarsten Spitzen. Mehrere Schwestern
überwachten die Beschäftigung der Gefangenen und hielten durch ihre
bloße Anwesenheit die Ordnung aufrecht. Nur eine einzige Gefangene,
welche eine Mitgefangene geschlagen hatte, war in abgesonderter Haft.
Alle Gefangenen wurden im Lesen und Schreiben und den nöthigen und
nützlichen Handarbeiten unterrichtet. Als Maguire nach zwei Jahren
(1858) die Anstalt wieder besuchte, war „die Ordnung und Disciplin

---

[1] Bei Dr. Hergenröther, der K.=Staat S. 109.
[2] Italienische Zustände. S. 69.

so vervollkommnet, daß sie kaum noch einer Vervollkommnung fähig war. Das Ansehen der Nonnen war unbegrenzt." An der Spitze des Gefängnisses von S. Balbina, einer zur Besserung jugendlicher Verbrecher bestimmten Anstalt, stehen „barmherzige Brüder", eine von einem belgischen Domherrn gestiftete und von Papst Pius IX. approbirte Genossenschaft. Denselben Brüdern ist die Aufsicht über ein Gefängniß für Männer übertragen worden; auch hier wird wissenschaftlicher und gewerblicher Unterricht ertheilt. Der Einfluß der Brüder grenzt nach der Bemerkung Maguire's „an's Wunderbare", und die Umwandlung zum Bessern in den Reden, dem Benehmen und der Gesinnung der Gefangenen gibt Zeugniß von den bereits erzielten schönen Resultaten. Auch das Gefängniß für politische Gefangene besah Maguire, um nach dem Augenschein zu urtheilen, ob die Angaben gewisser englischer Journale über die Behandlung der politischen Gefangenen wahr oder falsch seien. „Ich erwartete nach diesen Schilderungen dumpfe und ungesunde Zellen zu finden, in denen die Opfer der päpstlichen Tyrannei auf dünnen Strohbündeln und auf dem steingepflasterten Boden lägen. Auch war ich darauf gefaßt, das Klirren wund reibender Fußfesseln und das Rasseln schwerer Ketten zu hören." Aber kaum hatte sich ihm das Thor der großen Gefängnißhalle geöffnet, so wurden die „düstern Phantasiebilder" mit einem Schlag zerstreut. Wir müssen die Beschreibung dieses geräumigen, selbst mit einigen Luxusgegenständen versehenen Gefängnisses, sowie die übrigen Beobachtungen Maguire's übergehen, insbesondere seine Mittheilungen über die andern Gefängnisse und Besserungsanstalten, über die von Anfang an sehr zweckmäßig eingerichteten „neuen Gefängnisse" und über die Häuser der Büßerinnen, in welchen nichts an die Vergangenheit der unglücklichen Geschöpfe erinnert und Gemeinheit und Schande der Unschuld, dem Frieden und der Heiterkeit Platz gemacht hatten, endlich über den stetigen Fortschritt zum Bessern im Gefängnißwesen überhaupt. Nur der Bau des großen Mustergefängnisses in Fossombrone mag noch erwähnt werden. Das gemilderte Zellensystem findet in ihm seine Anwendung, für die Besserung des Verbrechers ohne Zweifel die beste Methode. Die Einsamkeit der Zelle bei Nacht wechselt mit der Gemeinsamkeit der Arbeit unter Schweigen bei Tage. Gegenwärtig ist es im Besitze des Königreichs Italien. Auch den rührenden Brauch der visita graziosa können wir nicht verschweigen. Eine Commission besucht jährlich die Gefängnisse Roms, um die Gefangenen über ihre Klagen zu vernehmen und bei den Directoren anzufragen, wer

Strafnachlaß verdiene, worauf Begnadigungen erfolgen. Uns will scheinen, man könnte von Rom im Auslande lernen, wie man Gefängnisse
reformiren müsse. Gehen wir nun zu jenen Italiens über, so erblicken
wir einen Contrast, welcher kaum greller gedacht werden könnte.

Vor einigen Jahren fanden neapolitanische Gefangene Gelegenheit,
dem Deputirten Ricciardi heimlich eine Bittschrift zukommen zu lassen;
sie hofften, einer menschlichen Behandlung durch Vermittlung des italienischen Parlaments theilhaftig zu werden. In ihr heißt es[1]: „Im
Namen der Menschlichkeit flehen wir um Gerechtigkeit für die Armen,
welche in diese Mauern wie wilde Thiere eingeschlossen sind... Wenige
Begünstigte haben ein Bett, der größte Theil der Unglücklichen ist nackt,
voll Lumpen und voll Insecten, auf Stroh... Droht Jemand sich zu
beklagen, so wird er mehrere Tage an Händen und Füßen gebunden;
verschiedene unglückliche Gefährten, welche ihren Unwillen über die schlechte
Verwaltung kund gaben, wurden schwebend in die Luft gehängt, den
Kopf nach unten, und Einen ließ man auf diese barbarische Art sterben,
vom Blute erstickt." Man wird vielleicht die Wahrheit dieser Angaben
in Zweifel ziehen. Wohlan, man vernehme die dem Turiner Parlamente vorgelegten Berichte jener, welche selbst die Kerker untersuchten[2].
Sie sind von Marchese Cavour über die von Turin, von Bellazzi über
jene von Genua, und von Lazzaro über die neapolitanischen Gefängnisse.
Sie melden einstimmig 1) die excessive Zahl der Gefangenen zusammen-
gehäuft in Zellen, welche mindestens zweimal soviel Gefangene fassen
müssen, als sie aufzunehmen bestimmt sind; 2) den horrenden, aller
Menschlichkeit widerstrebenden Zustand des Schmutzes der Gefangenen,
die vom Ungeziefer bedeckt sind; 3) die ungesunde, grausame und
unmoralische Vermengung der Gefangenen; der irre geleitete Jüng-
ling ist neben dem vollendeten Meister der Schlechtigkeit, die ehrbare
Matrone neben der öffentlichen Dirne, der vielleicht unschuldige, einfach
Angeklagte und der eines politischen Vergehens Schuldige oder nur Ver-
dächtige neben dem verruchtesten Bösewicht. Die Berichte constatiren
ferner 4) die Unzulänglichkeit der Nahrung, die bereitet wird, als sei
sie für Thiere; 5) die Beraubung des nothwendigen Wechsels der Wäsche,
so daß man ein Hemd zwei bis drei Monate beständig am Leibe trägt;
6) die Entbehrung jedes religiösen Trostes. „Ich besuchte", sagt ein

---

[1] Gazetta di Napoli, 5. Dec. 1862. Civiltà 1863. v. 5. 230.
[2] Atti uffiz. 1863. no. 1154—1155. Civiltà 1863. v. 6. p. 369.

von Bellazzi angeführter Zeuge, „die Kerker von Milazzo, es war schauderhaft! ich ging heraus beladen mit Insecten und die Röthe auf der Stirne vor Scham, ein Italiener zu sein. Ich hielt es nicht für möglich, daß man in Italien menschliche Wesen in der Fäulniß umkommen ließe. Alle jene Eingekerkerten schrieen mir mit Einer Stimme zu ... (ich will das Wort nicht wiederholen). Ich glaube, sie hatten Recht; denn schlechter als so konnten sie nicht daran sein, und besser wäre es für sie gewesen, man hätte ihnen das Leben genommen." Damit stimmt der Bericht des englischen Lord Lennor vollkommen überein [1]. Aller Reclamationen ungeachtet, dauert dieser empörende Zustand bis zur Stunde fort. Der Augsburger Allg. Zeitung (31. März 1865) schreibt man noch in neuer Zeit aus Neapel: „Durch Fremde, welche die hiesigen Gefängnisse für politische Verbrecher besucht hatten, ist vor einiger Zeit ein Nothschrei in die Blätter gelangt, welcher das öffentliche Mitleid für die so barbarisch behandelten Gefangenen von S. Francesco zu erregen suchte. In Folge davon wurden weitere Nachforschungen angestellt, welche noch empörendere Barbareien an's Tageslicht gebracht haben. Die Speisen werden durch ein Loch in der eisernen Thüre verabreicht, und zwar in Körbchen von sehr seltsamer Form, welche es unmöglich machen, daß die Speisen in anderm als in festem Zustand sich befinden. Die Beschreibungen des Zustandes dieser Lebensmittel erregen unwiderstehlichen Ekel und Abscheu. Der Besuch von Familiengliedern ist den Gefangenen fast ganz versperrt, und wenn er überhaupt gewährt wird, so hört man die Stimmen der lebendig Begrabenen in einem Lokal, welches den Besucher abschrecken muß. Solche empörende Behandlung wird Unglücklichen zu Theil, welche seit Jahresfrist und länger auf Untersuchung harren, die ihnen „wegen Geschäftsüberhäufung" nicht gewährt wird." Hiebei bringen sich uns nothwendig einige Schlußbetrachtungen auf.

Vor Allem constatiren wir die ausgesprochenermaßen übergroße Anzahl der Gefangenen; sie hat sich unter piemontesischem Scepter verdoppelt oder verdreifacht. Wir haben die Thatsache oben schon berührt, insoweit sie mit der jährlichen Zunahme der Verbrechen zusammenhängt, und zumal die Ueberfüllung piemontesischer Gefängnisse hervorgehoben. Die Klagen hierüber sind allgemein [2]. In Palermo saß

---

[1] Bei B. Dupanloup, die Convention vom 15. Sept. 1864. S. 71.
[2] Siehe einen Bericht aus Ancona in der Opinione von Turin, im Corriere delle Marche, in der Civiltà 1862. v. 4. S. 363.

der Deputirte Ricciardi[1] 1500 Gefangene, welche alle wie Sardellen im Faſſe aufeinander lagen. Er brachte dieſe ſchreienden Mißſtände in der Kammerſitzung zu Turin am 18. April 1863 zur Sprache[2]. Sie verfaulen, rief er aus, halbnackt unter den Würmern, und 18,000 ſind in den Gefängniſſen der ſüdlichen Provinzen verhaftet. Die Wahrheit mißfiel dem Miniſter Piſanelli und der Majorität der Kammer, welche ihr eigenes Werk nicht vor der Welt bloßſtellen wollte. Sie beſchuldigte den Redner der Uebertreibung und entzog ihm das Wort. Er führte nun im Diritto (23. April 1863) weiter aus, daß er die Zahl der Gefangenen viel zu gering angegeben hätte. Und in der That, dieſelbe muß viel größer ſein, dürfte ſich aus den von Falconcini[3] vorgebrachten und mit zahl= reichen Dokumenten belegten Daten ein Schluß ziehen laſſen. Während der fünf Monate ſeiner Präfectur wurden 499 verhaftet und mußten die Gefängniſſe drei und viermal ſoviel aufnehmen, als ſie anſtän= diger und vernünftiger Weiſe faſſen konnten, während der angemeſſene Raum unter den Bourbonen niemals voll war! Und doch wurden 174 von den 499 nach Gaeta deportirt. Würde man daſſelbe Ver= hältniß der Gefangenen und Deportirten im ganzen Reiche Neapel an= nehmen, ſo hätte man faſt 50,000 Verhaftete in einem einzigen Jahre; ja die Zahl der Deportirten würde hundertmal ſo viel betragen, als unter den Bourbonen. Hiemit haben wir einen neuen Punkt der pie= monteſiſchen Schreckensregierung berührt, von der nur gelegenheitlich ein Lichtſtrahl zur Oeffentlichkeit dringt. Im Jahre 1865 ſtellte der Ge= neralprocurator ein Geſuch an das Miniſterium, 199 Individuen (von denen viele bloß wegen einfacher Uebertretung, nicht wegen Verbrechen verhaftet ſind) nach den toscaniſchen Inſeln zu bringen, um die gefüllten Gefängniſſe ein wenig zu räumen. Weil unter dieſen 199 Baranti, ein früherer Kapitän Garibaldi's, ſich befand, der noch dazu ſeit 1862 gefangen ſaß, ſo gerieth die italieniſche Preſſe in Feuer, worüber ein

---

[1] Bei Dupanloup, die Convention vom 15. Sept. 1864. S. 78.

[2] Die Atti Uffiz. 1863. Nr. 1129. Civiltà 1863. v. 6. S. 495.

[3] Cinque mesi di Prefettura in Sicilia per Falconcini, già Deputato al Parlamento italiano. Firenze, Morini 1863. Von Ricaſoli wurde er zum Prä= fecten der ſchönen und reichen Provinz Girgenti gemacht, von Peruzzi aber ohne Proceß und Urtheil verabſchiedet, mit dem Bemerken, eines ſolchen bedürfe es nicht, weil er nur „dispensirt" worden ſei. Er ſchreibt unparteiiſch, wenn man von ſei= nem durch den Haß gegen die Bourbonen getrübten Anſichten über die früheren Zu= ſtände abſieht. Vgl. Civiltà 1863. v. 8. S. 68 ff.

Correspondent der Kreuzzeitung (7. October 1865) aus Neapel treffend urtheilt: „Weßhalb aber erst jetzt diesen Lärm?... Verdienten es nicht vielmehr die Tausende von Greisen, Weibern, Kindern, Krüppeln, welche gleichfalls in jene Inseln verwiesen wurden? Waren jene 89 Bürger von Vierti (lies Vieste), die im Juli 1861 verhaftet und erst im Juli 1865 vor die Geschworenen geführt wurden, weniger der Aufmerksamkeit und Theilnahme werth, und vor Allem jetzt, da sie in einem eisernen Käfig eingeschlossen gehalten werden? Nicht diese Beispiele allein sind zu beklagen; denn dieses System wird hier überall und stets angewendet. Die wegen des Reactionsversuches von Isernia im Jahr 1860 verhafteten Personen kamen erst 1864 vor die Assisen, um von ihnen freigesprochen zu werden; vier von ihnen waren mittlerweile im Gefängnisse gestorben. Die bei den Vorfällen zu Ponte-Landolfo (l. Landolfo) 1861 gefänglich Eingezogenen wurden erst 1864 vor die Richter gestellt, um freigesprochen zu werden! Und wie viele Geistliche wurden und werden verhaftet, seufzen in den Gefängnissen oder wurden nach den unwirthbaren Inseln verbannt, bloß weil sie „die Gewissen beunruhigen" wollten". Gegenwärtig ist man bemüht, einen neuen Deportationsort in den fernen oceanischen Gewässern ausfindig zu machen.

Das Erschütterndste ist ohne Zweifel die Thatsache, daß viele Unschuldige die Qualen solcher Gefängnisse dulden. Grund der Verhaftung ist schon: Blutsverwandter eines Briganten zu sein. Bei den politischen Massenverhaftungen werden auch viele Unschuldige gefaßt, die dann oft Jahre lang im Kerker schmachten müssen, bevor sie auch nur verhört werden. Wir wollen gar nicht in Anschlag bringen, was uns Falconcini von der Willkür der niedern Beamten berichtet, welche bei den ungeregelten Zuständen gegen wehrlose Bürger freies Spiel hat, aber wie viele Geistliche sind bloß wegen ihres Eifers verhaftet? So wurde der ausgezeichnete Erzbischof Arnaldi von Spoleto wegen seines Fastenhirtenbriefes gegen die herrschende Gottlosigkeit und Sittenverderbniß am 11. Juni 1863 zu Fuß in den gemeinen Kerker der Rocca von Spoleto von Gendarmen geschleppt und die von den Bürgern angebotene Caution nicht angenommen. Niemanden wurde gestattet ihn zu sehen, obwohl seine gebrochene Gesundheit eines Dieners bedurft hätte[1]. Gehört das zur versprochenen Restauration der sittlichen Ordnung?

---

[1] Der edle Prälat übte unter den Gefangenen sein apostolisches Amt mit dem gesegnetsten Erfolge aus, wozu ihm sonst vermuthlich keine Gelegenheit gegeben worden wäre.

Aber die römische Inquisition? Sie ist ein Gerichtshof, welcher aus ehrwürdigen Cardinälen als Mitgliedern und hochgestellten Prälaten und verdienten Gelehrten als Cosultoren besteht und über die Lehren des Glaubens auf Anfragen der Bischöfe der Welt entscheidet und über Verbrechen und Vergehen gegen den Glauben und über Sacrilegien zu Gericht sitzt. Niemals hat sie ein Todesurtheil gefällt. Ihre härteste Strafe ist Einsperrung. Ihre Gefängnisse sind reinliche gesunde Lokale, welche Tournon, de Corcelles und Maguire (S. 182) besuchten und als einen Beweis der Schonung und Milde dieses Gerichts anführten.

Aber die Intoleranz gegen die Akatholiken? Papst Pius IX. durfte mit Recht zu Bischof Dupanloup sagen: Protestanten und Juden genießen Freiheit und Ruhe in meinem Lande. Sie haben nichts zu dulden. Niemand greift in die inneren Angelegenheiten ihrer Kirchen ein und die Tribunale machen keinen Unterschied zwischen Katholiken, Protestanten oder Juden. Doch sprechen wir zuerst von den Letzteren. Juden gab es im ganzen Kirchenstaat laut officieller Statistik im Jahr 1853 9237. Angenommen, Rom habe sich gegen sie intolerant benommen, würde der Vorwurf nicht ebenso jene treffen, gegen welche man kein Wort des Tadels hat, oder welche man selbst bewundert? Schrieb nicht Dr. Martin Luther in der heftigsten Weise ein ganzes Buch „Von den Juden und ihren Lügen"? Und stimmte mit seinen Worten nicht sein Benehmen überein? Als einst Bachhof, der von Melanchton empfohlene erste protestantische Pfarrer Hammelsburgs, vom Schultheiß dieser Stadt verlangte, die Juden zur Taufe zu zwingen, aber auf Anregung des trefflichen Fuldaer Abtes eine abschlägige Antwort erhielt, geberdete sich Bachhof wie rasend und Luther schimpfte den Abt einen Judenfreund [1]. Bekannt sind die harten Maßregeln des großen Königs Friedrich II. von Preußen gegen die Juden, die Aeußerungen Göthe's, Fichte's, Voltaire's.

Was jedoch die Päpste betrifft, so ist die Wahrheit, daß sie sich der verfolgten Juden stets erbarmten. Das ist der Inhalt der Rede eines der unverdächtigsten Zeugen, des Isaak Samuel Avigdor, im großen jüdischen Sanhedrin zu Paris am 30. October 1806, welcher die ganze Versammlung der Juden applaudirte. Zum Beweise dieser Wahrheit wurden die Päpste Gregor VII., Alexander II., Innocenz II., Alexander III., Gregor IX., Clemens V., Clemens VI., Nikolaus II., Clemens XIII.

---

[1] Archiv des historischen Vereins für den Untermainkreis. 1835. III. 2. S. 153.

angeführt. Und das sind nur einige von den Vielen, bei Weitem nicht alle. Schon Papst Gregor I. nahm sich häufig der ungerecht bedrückten Juden an[1] und schrieb an die Bischöfe von Arles und Marseille, man sollte die Juden nicht zur Annahme der christlichen Religion zwingen, ein Grundsatz, welchen die katholische Kirche stets aufrecht hielt. Berühmt ist die Encyclica des Papstes Gregor IX., dat. Perugia 3. Mai 1235. Da überall blutige Judenhetzen losbrachen, stellte er gerne den Juden auf ihre Bitten einen Schirmbrief aus; er warnt alle Gläubigen vor der Verfolgung derselben, ja er bedroht die Christen, welche ihnen Gewalt anthun würden, mit der Excommunication, und stützt sich auf das Beispiel seiner Vorfahren Calixt, Eugen, Alexander, Clemens, Cölestin, Innocenz und Honorius. Auch seine Nachfolger Innocenz IV., Urban V., Sixtus V. erließen Verordnungen zu ihrer Vertheidigung.

Aber Mortara! — mit diesem Rufe unterbrach ein Senator die herrliche Rede des Cardinals Bonnechose im französischen Senate[2], in welcher er die Toleranz des Papstes klar darlegte. Mortara, das ist das Steckenpferd, auf welchem die Ankläger herumreiten. Doch fürwahr, mit der Toleranz muß es im Kirchenstaate nicht schlimm stehen, weil man an dieser einzigen Thatsache sich wie ein Ertrinkender an dem letzten Brett anklammert, welches helfen soll. Der Russe mag Hunderttausende in Polen und Lithauen mit List und Gewalt zu Schismatikern machen; Vater und Mutter und Kind mögen sich sträuben, das Alles hilft nichts, das Kind muß schismatisch werden, wenn dem griechischen Popen der Nachweis gelingt, daß unter den Ahnen des Kindes sich ein Schismatiker befand. Unsere Ankläger schweigen. In Boston mag man katholischen Kindern mit Stockschlägen den Protestantismus einbläuen wollen[3], unsere Apologeten der Toleranz schweigen; aber ein einziger Mortara genügt, um ein endloses Heer von Schmähungen hervorzurufen. Ist aber in der That die Toleranz verletzt worden? Keineswegs. Die Angelegenheit ist früher von europäischen und amerikanischen katholischen Zeitschriften besprochen und das Verhalten der päpstlichen Regierung gerechtfertigt worden. Wir begnügen uns daher, Weniges zu bemerken, wobei

---

[1] Vgl. Gregors Briefe bei Mansi Concil. T. 9. p. 1055. 1066. 1161. 1177. 1189. 1231 etc. oder ed. Migne t. 77. 457. 489. 510. 1267.

[2] Monde, 17 mars 1865. Supplément.

[3] Die radikale New-Yorker Zeitung (laut dem Märk. K.-Bl. 1860, Nr. 1) mit dem Zusatz: Die katholischen Kinder, die man mit Stockschlägen zu Protestanten machen will, sind unsere (amerikanischen) Mortara's.

wir uns auf die Angaben zuverlässiger Zeugen [1] aus Deutschland, England und Italien stützen, welche den Knaben selbst gesprochen haben. Erstens nicht der Jude, sondern der Christ Mortara ist aus dem Hause seiner jüdischen Eltern entfernt worden. Christ wurde er aber durch die Taufe einer christlichen Magd, nicht gemäß, sondern trotz der uralten, schon vor der Souveränetät der Päpste geltenden Gesetze, welche das Dienen christlicher Mägde bei Juden verbieten, eben um die vielen sich daraus ergebenden Inconvenienzen zu vermeiden. Zweitens, der geweckte, geistig begabte Knabe war zwar nur siebenjährig, aber verständig und reif genug, um mit freier Selbstbestimmung sich für die Annahme des katholischen Bekenntnisses zu entscheiden, wie er sich wirklich entschieden hat. Er pries und segnete das Mädchen, welches ihn getauft hatte, indem er hinzufügte, ihm einst die Wohlthat vergelten zu wollen. Auf die Frage unseres Deutschen, ob er froh und glücklich sei, wendete er statt der Antwort seine vor Freude glänzenden Augen gegen Himmel, und dieser so dankbare, so glückselige Blick sagte unendlich mehr, als irgend ein Erguß des beredtsamsten Mundes hätte sagen können. Drittens, der Knabe wollte selbst nicht zu seinen Eltern zurückkehren. Als er einst in einer Kirche unvermuthet seine Eltern ankommen sah, schrie er: „Hilfe, Hilfe, da sind die Eltern, um mich wegzuholen!" Dem französischen Gesandten vorgestellt und befragt, ob er nach Hause zu seinen Eltern zurückzukehren wünsche, erwiederte er, „sehr gerne, wenn sie Christen werden." Dasselbe antwortete er seinem Vater: „werde ein Christ und ich will mit dir gehen." Den Zudringlichkeiten seiner Eltern, an denen er doch sonst mit der zärtlichsten Liebe hing, setzte er eine unbeugsame Festigkeit entgegen. Anbietungen von Geld für den Rücktritt zum Judenthum und glänzende Verheißungen wies er mit den Worten zurück: seine Schätze habe er im Paradies. Als ihm einst die Mutter seine geweihte Medaille vom Halse riß und sagte, du bist ein Jude und mußt Jude bleiben, beklagte er sich hierüber nach ihrem Fortgehen und erzählte, die Gedanken, die er dabei gehabt, seien gewesen: Ein Christ bin ich und als Christ will ich sterben. Welches Loos hätte seiner geharrt, wenn man ihn den Juden ausgeliefert hätte? Man fordert Gewissensfreiheit; warum tadelt man den Papst, der sie für den Kleinen beansprucht? Man will Toleranz; wohlan, der Papst hat ihr Princip gegen

---

[1] Stimmen aus Rom von den Benediktinern in St. Paul. S. 179—214. Maguire, Rom S. 355 ff. Civiltà 1858. v. 12. p. 385.

die Intoleranz der jüdischen Eltern gewahrt. Viertens, der päpstliche Gerichtshof hat dieselbe Entscheidung gegeben, welche die englischen Gerichte im gleichen Falle ohne Zweifel gegeben haben würden [1], wie sie in der That in ähnlichen Fällen entschieden haben.

Gerade so wenig wie die Juden haben sich die Protestanten des Kirchenstaates über Verletzung der Toleranz zu beschweren. Es gibt deren überhaupt im ganzen Staate so wenig, daß von ihnen kaum die Rede sein kann. Von Martens [2], welcher ihre Zahl in jedem Orte Italiens, wo es deren gibt, sorgfältig anmerkt, kennt nur etwa 200 Protestanten im ganzen Staate, und zwar sind es ausländische zu Rom. Im Jahr 1853 betrug ihre Zahl laut officieller Statistik 263, im J. 1864 382. Göthe sah sich in seiner Gewissensfreiheit zu Rom nicht beeinträchtigt. Im Gegentheile, er schrieb wiederholt, wie wohl er sich hier befinde. Sein Akatholicismus hinderte nicht, daß die Arkadia ihn als namhaften Schäfer in ihre Gesellschaft aufnahm und ihm das Diplom unter den schmeichelhaftesten Komplimenten überreichte. Das geschah gerade ein Jahr darauf, als (1786) Volksmassen in London alle katholischen Kapellen in Asche legten. Wilhelm von Humboldt erfreute sich der besondern Gunst des Papstes Pius **VII.**, und aus Zuneigung zu ihm überließ der Papst den Protestanten einen eigenen Kirchhof in der Nähe der Pyramide des Cestius als Geschenk. Der Maler Riedel aus Bayern ist, obwohl Protestant, seit Langem an der Akademie St. Luka als Professor angestellt. Gegenwärtig besitzen wenige protestantische Kinder, heißt es, sogar eine eigene Schule.

Sehen wir auf längst vergangene Zeiten zurück, so suchen wir vergebens Gräuelscenen gegen Andersgläubige, welche die gebildete Welt mit Bedauern in der Geschichte akatholischer Verfolgung antrifft. Wir finden keinen Briquemaud, jenen Führer der französischen Hugenotten, der ein Halsband von Ohren ermordeter katholischer Priester trug. Wir wissen nichts von jenem unmenschlich grausamen englischen Strafcoder, welcher den Irländern trotz verbriefter Rechte aufgedrungen wurde und selbst nach dem Zeugnisse des unparteiischen Hallam in europäischer Geschichte fast nicht seines Gleichen hatte [3]. Andersgläubige wurden nicht, wie es in Rußland geschah, lebendig so geschunden, daß ihre Haut die

---

[1] Vgl. Brownson's Quarterly Review bei Maguire S. 365 ff.

[2] Italien. Stuttgart 1844. Bd. II. S. 565.

[3] Historisch-politische Blätter. 1861. Bd. 48. S. 393 ff.

Nationalfarben darstellte; es wurden keine bis an den Hals in die
Erde gegraben und dann ihre Köpfe abgemäht [1]. Andersgläubigen wurden nicht, wie es in Holland geschah, Ratten auf den Bauch und die
Brust gesetzt und durch eigene Vorrichtungen von Stein oder Holz gezwungen, sich durch das Fleisch bis zum Herzen und zu den Eingeweiden
durchzunagen; es wurden nicht jene entsetzlichen Gräuel verübt, über
welche sich weiter zu verbreiten der Anstand verbietet [2]. Man kennt hier
auch nicht jenen bekannten Schwedentrunk, eine Mischung von Mistjauche,
verdünnten Excrementen oder anderen Flüssigkeiten, welche gewaltsam
eingegossen und durch Treten auf die angeschwollenen Leiber wieder her-
ausgetrieben wurde. Andersgläubige Geistliche hat man nicht, wie man
es gegen katholische auf deutschem Boden in der Nähe des Rheines that,
auf Berge geführt, in Fässer gesteckt und hinabgerollt, um todt oder
wahnsinnig unten anzulangen [3]. Man verzeihe, daß wir an solche Scheuß-
lichkeiten erinnern. Wir thun es ungern, nur nothgedrungen; wir
wünschten, daß sie für immer in Vergessenheit begraben seien; aber
warum übergibt man sie alle der Vergessenheit und will immer nur Rom
an den Pranger stellen? Man glaubt, mit dem einen Worte „römische
Inquisition“ alle Gräuel zu bezeichnen, und doch hat sie, wir wiederholen es, niemals auch nur eine Hinrichtung angeordnet.

Worin besteht also nun die tyrannische Herrschaft der Päpste?
Halten sie das Volk in den Banden einer drückenden Zwangsherrschaft?
Nichts weniger. Es bewegt sich frei und ungenirt und schwätzt und kri-
tisirt nach Herzenslust. Die päpstliche Regierung hat, wie der schon erwähnte deutsche Diplomat bemerkt [4], „von jeher den Grundsatz gehabt,
daß man dem Individuum alle Freiheit lassen muß, welche sich mit dem
allgemeinen Frieden verträgt. — In allen Zeiten, selbst unter Lambrus-
chini, finden sich die Belege zu dieser Behauptung, und vor Allem hat
die römische Polizei die Sprechfreiheit immer respektirt.“ Ein kennzeich-
nendes Beispiel aus dem Volksleben führt Professor Höfler [5] an. Als

---

[1] Dr. Janssen in den histor.-polit. Blättern J. 1865. Bd. 56. Zur Genesis
der ersten Theilung Polens.

[2] Kerroux, Abrégé de l'histoire de la Hollande, Leyden 1776, tom. II.
pag. 310.

[3] Chronik von Wadgassen.

[4] Ueber die gegenwärtige Regierung des hl. Stuhles S. 11.

[5] Im Vorwort zu Papencordts Geschichte der Stadt Rom S. XI.

er dem Carnevalsvergnügen in Rom zusah, „schwang sich eine Maske
auf den Tritt des prächtigen Senatorwagens, um dem darin befindlichen
Abbilde des altrömischen Senates die bekannte Geste des becco (Hahn=
reies) vor aller Welt zu machen. Niemand fiel es ein, die Maske
deßhalb zur Verantwortung zu ziehen, am wenigsten dem Senator selbst."
Die Städte und Gemeinden des Kirchenstaates hatten das Recht selbstftän=
diger Verwaltung (nur in Rom ist das Recht der besondern Verhält=
nisse wegen mehr beschränkt); ihre Municipalfreiheiten übertreffen jene
von Piemont und Frankreich. Es herrscht hier ferner Freiheit der Ge=
werbe, Freiheit der Jagd, Freiheit in der Eingehung der Ehe, Freiheit
des Unterrichts, Freiheit von dem, was die Volkssprache dort Blut=
auflage heißt, der Conscription. Die Freiheit des Handels ist bedeu=
tend erweitert worden, und Ancona besaß einen Freihafen, mit dessen
Verlust es jetzt bedroht ist. Und wie sollte auch die Freiheit nicht durch
jene Päpste gefördert werden, deren ganze Geschichte eine Geschichte ihrer
Verdienste um die Freiheit des Menschen, der Gesellschaft und der Staa=
ten ist, deren Werk es ist, daß Europa nicht in den Sklavenketten eines
asiatischen Despotismus liegt? Man hat in unsern Tagen Lincoln förm=
lich in Weihrauchwolken gehüllt, weil er die Sklaverei in den Süd=
staaten vernichtet hat. Nun, die Päpste haben dasselbe in ihren Staaten
vor einem Jahrtausend gethan, und zwar nicht, indem sie das Land mit
Leichen bedeckten und die Erde mit Blut tränkten, sondern durch den
Hauch des lebendigen Christenthums, durch die Waffen des Geistes, durch
Umwandlung der Herzen. Auch überließen sie nicht die Freigelassenen
ihrem Elende; ein Band der Freiheit und Bildung umschlang bald die
ganze Bevölkerung. Man begegnete hier nicht dem Loose der freige=
lassenen Neger in den Südstaaten, welche zum großen oder vielleicht
zum größten Theile in die traurigste Lage versetzt wurden; nicht jenem
Zustande der vor 40—50 Jahren emancipirten Neger auf S. Trinidad
in Westindien, deren Kinder zwar frei, aber verwilderter sind, als ihre
Eltern in der Sklaverei; nicht der Barbarei der Neger auf Jamaica,
welche in den dreißig Jahren ihrer Freiheit bereits zum fünften Male
mit afrikanischer Wildheit über die Weißen herstürzten, um sie zu morden
und unter den brennenden Trümmern ihrer Häuser zu begraben.

Mit der Souveränetät der Päpste ist, wie schon bemerkt, das Skla=
venjoch im römischen Staate für immer gebrochen worden. Hierin ist
er allen civilisirten Staaten zuvorgekommen. Im Umfang des ehemali=
gen fränkischen Reiches wurden bis in das zehnte Jahrhundert Sklaven

verkauft [1], ja noch gegen Ende des elften Jahrhunderts finden sich davon Fälle am Rhein vor, wobei sich namentlich Juden betheiligten [2]. In Florenz wurde die Sklaverei im Jahr 1289 abolirt, in England und Irland im zwölften, in Schweden im dreizehnten, in den englischen Colonien (1838), in den Donaufürstenthümern (1855), im holländischen Ostindien (1859), in Rußland (1861—1863) im gegenwärtigen Jahrhundert. In Mecklenburg wurde die persönliche Freiheit des Bauernstandes sogar im 17. Jahrhundert völlig vernichtet und derselbe in die Leibeigenschaft gebracht; dasselbe widerfuhr damals auch dem Bauernstande in Pommern, und in Preußen verfügte Friedrich II. (1777), daß abgedankte Soldaten auf's Neue ihren alten Grundherrn unterthänig sein sollten, und daß dieses Loos selbst ihre im freien Stande geborenen Frauen und Kinder treffen sollte [3]. In den Colonien des von Illuminaten regierten Portugal besteht die Sklaverei heute noch. Vom griechischen Kaiser Michael VIII. wurde der Sklavenmarkt in Konstantinopel nicht nur nicht verpönt, sondern sogar dem Sultan von Aegypten, Bibars, gestattet, dort Knaben zu kaufen; mit diesen rekrutirte letzterer seine Mameluken [4]. Die Päpste stritten stets für die Freiheit auch nach Außen. Wie sie einst (866) für die Freilassung der Sklaven bei den Bulgaren wirkten, dann bei der Krönung Königs Swenimir von Croatien und Dalmatien (1096) sich die Abstellung des Sklavenhandels versprechen ließen [5], so erhoben bei dem Wiederaufleben desselben in Spanien und Portugal während der Kämpfe mit den Mauren ein Eugen IV. (1435), ein Pius II. (1462), ein Sixtus IV. (1476) die apostolische Stimme gegen den abscheulichen Menschenhandel. Von entscheidender Bedeutung für die Freiheit der Indianer des spanischen Amerika's war die Bulle Pauls III. im Jahr 1537 und oft noch waren die Päpste, ein Urban VIII. (1639), ein Benedikt XIV. (1741), ein Gregor XVI. (1839), ein Pius IX. bestrebt, das harte Loos des Sklaven zu lindern.

Wir haben nach Beweisen einer tyrannischen Herrschaft der Päpste gesucht, aber unser Suchen war vergebens. Wo, fragen wir mit Graf

---

[1] Möhler, gesammelte Schriften II. S. 54 ff.

[2] Mone, Zeitschrift für die Geschichte des Oberrheins. Bd. XII. S. 493; vgl. VII. 130. In Uri wurden Leibeigene im vierzehnten Jahrhundert noch verkauft. Schmid, Geschichte von Uri II. 224.

[3] Döllinger, Kirche und Kirchen S. 109 ff.

[4] Damberger, synchronist. Geschichte. X. 850.

[5] Damberger, synchronist. Geschichte III. 512. 514. VI. 933.

Montalembert, wo ist der Eid, den sie gebrochen? Wo das Blut, das sie vergossen? Wo das Eigenthum, das sie confiscirt? Wo die Lüge, die sie gesprochen? Wo die Schlinge, die sie gelegt? Wo die Freiheit, die sie vernichtet? Wo die Macht, die sie gestohlen? Wen auf dieser Welt haben sie jemals betrogen oder verfolgt? Worin besteht also ihr Verbrechen? Wir antworten mit Montalembert: Sie haben nur Eines, ein Einziges begangen, sie sind Priester. — Dieß und dieß allein ist der Schlüssel zum Verständniß der maßlosen Angriffe gegen Rom. Allerdings, auch der Kirchenstaat hat seine Uebelstände. Aber darin unterliegt er dem gemeinsamen Gesetze jeder menschlichen Einrichtung. Sie sind nicht außerordentlich; in jeder Hinsicht verdient er den Vorzug vor dem Königreich Italien. Das glauben wir durch unsere Zahlen und Daten, durch die vorgebrachten Zeugnisse competenter Richter, Diplomaten, Juristen, Staatsmänner und der glaubwürdigsten Zeugen, selbst durch die Eingeständnisse akatholischer Blätter erwiesen zu haben. „Wenn es in unserm Europa Völker gibt, die frei und vollkommen genug sind, um das Recht zu haben, der römischen Regierung Unvollkommenheiten vorzuwerfen, so mögen sie auftreten und sprechen", mit dieser Antwort wies Dupanloup die Vorwürfe gegen Rom im Allgemeinen vollständig zurück; dem Turiner oder dem heutigen Florentiner Kabinet gegenüber ist die Entgegnung peremtorisch; denn jede Anklage, welche von dieser Seite kömmt, fällt auf sie zentnerschwer zurück.

Allerdings fehlen entgegengesetzte Zeugnisse nicht. Allein die Kenner italienischer Zustände haben sich mit Recht gegen den Unfug erklärt, alle seine Kenntnisse aus Reisehandbüchern oder den Schilderungen Jener zu schöpfen, welche das italienische Volk nach ihrem Verkehr mit Fuhrleuten, Postknechten, Lohnbedienten oder Gastwirthen beurtheilen[1], oder den Stab über ein Volk brechen, weil sie entweder jene Comforts und Bequemlichkeiten nicht antreffen, an die ihre Langeweile oder ihr raffinirter Genüsse bedürftiger leerer Geist gewöhnt ist, oder weil sie nicht jene politischen Formen oder Einrichtungen senden, die ihnen als Ideale vorschweben. Was glaubt nicht Alles ein von blinden Vorurtheilen eingenommener Geist? Das schlagendste Beispiel bietet ein englischer Minister, Gladstone. Er veröffentlicht in zwei Briefen das Resultat seiner For-

---

[1] Vgl. hierüber Cardinal Wiseman, vermischte Schriften III. 78 ff. und Abhandlungen über verschiedene Gegenstände III. 377 ff. 395. Mittermaier, italienische Zustände S. 3—4.

schungen in Neapel. Die Ergebnisse sind eine Anklage der neapolitani=
schen Regierung von so gravirender Natur, daß Lord Palmerston Copien
der Schrift an die Großmächte als Belege der herrschenden Mißstände
sendet mit der Einladung, gemeinsam zu interveniren. Sogar der deutsche
Bund hat zu Frankfurt ein Exemplar (20. Sept. 1851) erhalten, das=
selbe jedoch ebenso, wie die Kabinete von Wien und St. Petersburg,
zurückgewiesen. Wer hätte an der Wahrheit der Darstellung zweifeln
sollen? Für sie schien Gladstone's hohe Stellung, die persönliche An=
wesenheit in Neapel, der Zutritt zu den höhern Kreisen der Gesellschaft da=
selbst und sein Ansehen zu bürgen. Doch gerade die Wichtigkeit der Briefe
brachte den Vortheil mit sich, daß eine officielle Antwort [1] die Unwahr=
heiten bloßlegte. Sie schlug die vagen Anschuldigungen mit der ganzen
Kraft präciser unläugbarer Thatsachen und authentischer Ziffern völlig
zu Boden. Die Niederlage des Lord war so vollständig, daß ihr nur
jene gleichkam, welche ihm nach einer seiner Reden (7. März 1861)
gegen den Herzog von Modena Lord Normanby [2] beibrachte. Lord
Palmerston hat die Antwort keinem Kabinete mitgetheilt; die Times
hatte zuerst die zwei Briefe gepriesen, sie retractirte; Lord Aberdeen hatte
die Dedication der Briefe angenommen, jetzt nun erklärte er, daß er
für ihren Inhalt nicht solidarisch einstehe. In diesen Briefen bewies
Gladstone Redlichkeit genug, seinen Angaben ein einschränkendes, freilich
leicht übersehenes „man sagt“, „ich habe von glaubwürdiger Seite ver=
nommen“ u. dgl. beizufügen. Wie oft aber läßt man selbst solche Ein=
schränkungen bei Seite! Wie weit ist es schon gekommen! Die „Cork
Constitution“, eine sehr achtungswerthe Zeitschrift von streng antikatho=
lischer Tendenz, durfte von einem Herrn, für dessen Ehrenhaftigkeit und
Wahrheitsliebe sich ihr Herausgeber verbürgt, sich Folgendes aus Neapel
schreiben lassen: „Gestern (12. Juli 1857) lasen ein Freund und ich
in der „Morning=Post“ eine heftige Tirade gegen die neapolitanische
Regierung... Lord Palmerston und die Morning=Post wissen recht
gut, daß die Berichte, welche sie veröffentlichen, falsch

---

[1] Rassegna degli errori e delle fallacie pubblicate dal Signor Gladstone
in due sue lettere. Napoli. Stamperia del Fibreno 1851.

[2] A Vindication of the Duke of Modena from the charges of Mr. Gladstone from official Documents etc. by the M. of Normanby 2. ed. London
1861. Da Gladstone seine Anklagen namentlich aus den von Farini veröffentlichten
Dokumenten schöpfte, beweist Normanby die Fälschung, die sich derselbe zur Er=
reichung seines Zweckes erlaubte und die Leidenschaftlichkeit, welche das Urtheil trübte.

sind. Sie haben Berichte empfangen, welche das Gegentheil bezeugen"[1]. Hennessy durfte, die unwiderleglichen Beweise in der Hand, den Lord Palmerston offen der „Gleichgültigkeit gegen die Forderungen der Wahrheit" bezüchtigen, „wenn sie nämlich seinen Zwecken (gegen den König von Neapel) förderlich ist"[2]. Ein anderes englisches Parlaments=mitglied hielt den englischen Ministern ihre unselige Handlungsweise in der italienischen Frage in einem offenen Sendschreiben[3] vor Augen, mit der Bemerkung: „Was sind Palmerston, Russell, Gladstone vor dem Richterstuhle ehrlicher und verständiger Männer im Parlament und im Lande? Sie sind ehrgeizige Leiter der Revolution, die nie ein Mittel zur Erreichung ihrer Zwecke unbenutzt gelassen und die Erfin=dungen (z. B. den Mythus von der Tyrannei des Königs von Neapel gegen Poerio) und Verleumdungen dazu benutzt haben, die Bevölke=rung unseres Landes irre zu leiten." Wenn aber ein gewöhnliches Parteiinteresse genügt, auf solche Art die Rücksichten gegen Wahrheit und Gerechtigkeit bei Seite zu setzen, so begreift Jedermann, welch ehr=loser Mittel der Verleumdung zum Umsturz der päpstlichen Regierung sich der antichristliche Fanatismus in der Presse bedienen wird[4]. Kann man sich wundern, warum gerade diese Regierung so sehr in Mißcredit gekommen ist? Den Kernpunkt bezeichnet Graf Rayneval mit den Wor=ten: „Die auswärtigen Nationen hatten nur ein Ohr für das Geschrei der Mißvergnügten und für die unaufhörlichen Verleumdungen des schlechtern Theils der piemontesischen und belgischen Presse. Dieß ist die trübe Quelle, aus welcher das Publikum seine Kenntnisse über den Kirchenstaat geschöpft hat."

Spricht aber nicht gegen uns die Unzufriedenheit der päpstlichen Unterthanen und die Thatsache, daß der Papst zum Schutze gegen sie fremder Bayonette bedarf? Wir antworten: Nein. Auch bei dem Ab=zug der österreichischen und französischen Truppen unter Gregor XVI. verkündete man, alsbald werde die Revolution losbrechen. Und doch re=gierte der Papst mit einer Hand voll Truppen in Ruhe und Frieden bis zu seinem Tode. Pius IX. wollte gleichfalls im Jahr 1859 (22. Febr.) den

---

[1] Bei Maguire, Rom S. 628.
[2] In der Sitzung des Parlaments 4. März 1861, a. a. O. S. 14 ff.
[3] Köln. Blätter 6. Nov. 1861. Beil.
[4] Einen Nachweis hiefür liefert in eclatanten Beispielen Wiseman, ver=mischte Schriften III. 8 ff. 247 ff.

Abmarsch der Franzosen von Rom. Der französische Minister Drouyn de Lhuys hat das officiell eingestanden. Die Bitte des Papstes wurde damals nicht erfüllt. Jetzt sind die Umstände anders; aber diese hat, um den betreffenden Ausdruck des Generals Gemeau im französischen Senat zu gebrauchen, nicht der Papst, sondern man hat sie gegen den Papst geschaffen. Uebermacht und Treulosigkeit hat seine Truppen bei Castelsidardo vernichtet. Ohne Soldaten ist er mindestens ebenso sicher, als es ohne sie Napoleon zu Paris, Victor Emmanuel zu Neapel ist. Neue Truppen zu werben, kostet Geld und mit der Wegnahme der Provinzen hat man den Papst auch des nöthigen Geldes beraubt.

Auch die angebliche allgemeine Unzufriedenheit ist nicht vorhanden, und jene, welche vorhanden ist, wurde vorzüglich von Piemont künstlich erregt; sie ist größtentheils das Werk der von Außen angezettelten Verschwörung.

Lange hat man das Wort „Verschwörung" oder „Geheimbünde" als eine leere Ausflucht, als Hirngespinnst einiger Dunkelmänner, als einen nichtigen Popanz hingestellt. Die Zeit hat die Thatsache klar zu Tage gebracht; sie ist erwiesen aus Thatsachen, aus den eigenen Geständnissen der Betheiligten in den Kammern und in der Presse und aus den Untersuchungen der Gerichte. Von Turin aus wurde Alles geleitet. „Zwölf Jahre habe ich conspirirt", das sind Cavours eigene Worte. Graf Montalembert hat in seinem berühmten offenen Brief an Cavour vom 12. April 1861 ihn an sie erinnert, der Marquis von Normanby hat sie commentirt und als Motto an die Spitze seines vor Kurzem angeführten Buches gesetzt. Der Marquis, über die italienischen Zustände vollkommen unterrichtet, bemerkt, daß die Vertreibung des Herzogs von Modena nur Einen Act in dem großen Drama der Conspiration gegen die Fürsten ganz Italiens bildet. Unzählige Dokumente bekunden aller Welt die Verrätherei, welche überall geübt wurde. Freilich geberdete sich Cavour lange als neutral bei dem Zuge Garibaldi's nach Sicilien. Officiell läugnete er jede Unterstützung der Expedition. Was aber hinter den Coulissen vorging, wissen wir aus einer von Nicomede Bianchi veranstalteten Sammlung von Dokumenten [1]. Man beachte, daß diese Schrift dazu bestimmt war, einen Ehrenkranz auf Cavours Grab zu legen, daß ferner Bianchi nach eigenem Geständ-

---

[1] In der Rivista Contemporanea vol. 33. fascic. 112. 113. Vgl. Civiltà 1863. v. 6. p. 657 ff.

niß nur so viel veröffentlichte, als die Gesetze der Klugheit gestatteten. Gegen seine Absicht hat er ein Denkmal einer Handlungsweise gesetzt, für welche wir keinen Namen finden. Vor den europäischen Kabinetten und ehrlichen Menschen trägt Cavour die Maske des loyalen Staatsmannes. „So lange wir mit den Fürsten Italiens in Frieden sind" — lauten seine Worte — „werden wir nie revolutionäre Mittel anwenden" [1]. In der That aber ermunterte er die italienische Presse zu Klagen gegen die schlechten Regierungen der Fürsten, der Vasallen des österreichischen Kaiserreiches [2]. Ebenso stellt er bei dem Beginne der revolutionären Bewegung in Sicilien (1860) jeden Antheil in Abrede. Wie er aber dann das Zutrauen, welches der König von Neapel ihm schenkte, verrätherischer Weise zu dessen Sturze gemißbraucht hat, ist zu bekannt, als daß wir ein Wort darüber zu verlieren brauchten [3].

Es ist dieß ein Seitenstück zu dem, was Piemont im Kirchenstaate zur Anstiftung des Umsturzes gethan hat. Wie sollte auch Cavour in seiner gegen alle Fürsten Italiens gleichen Politik nur dem römischen Souverän gegenüber eine Ausnahme gemacht haben? Was Buoncompagni zu Florenz und Villamarina zu Neapel, das waren die sardinischen Gesandten Migliorati und della Minerva zu Rom: die Leiter der Verschworenen. „Unter piemontesischem Schutze ging das Arbeiten am großen Werke leichter von statten als früher, wo man sich unter den Treppen und auf den Söllern verbergen mußte, und die Häuser der piemontesischen Diplomaten, Consuln und Agenten wurden fortan die Sammelplätze der Mißvergnügten und die Sitze der Comite's, welche überall eingerichtet wurden" [4]. Die Schuld Piemonts ist sogar juridisch festgestellt, und die Beweise von der S. Consulta, dem obersten Gerichtshof zu Rom, beigebracht und veröffentlicht [5]. Es würde zu weit führen,

---

[1] Atti uffiz. a. 1857. no. 12. p. 41, vgl. Bianchi l. c. fasc. 113. p. 8 f.

[2] Bianchi l. c. f. 113. p. 10.

[3] Die Dokumente bei Bianchi l. c. f. 113. p. 44. Le Roi me parait un homme loyal etc.

[4] Ueber die gegenwärtige Regierung des hl. Stuhles von einem Diplomaten S. 47.

[5] Comissaria Anconetana, ossia II. parte della processura Ascolana di gravissime delinquenze, comprese tutte nel titolo di Lesa Maestà. Roma 1861. — Romana, a) di cospirazione etc. Roma 1863; b) di più delitti compresi nel titolo di Lesa Maestà, Roma 1864; der Haupttheil dieses Processes ist betitelt: Cospirazione contro il Governo pontificio, non senza l'annuenza dell' usurpatore Governo piemontese. Auszüge in der Civiltà 1864. v. 12. S. 99 ff., 165 ff.

das Alles einzeln anzugeben, was von piemontesischen Geheimbündlern zur Schürung der Revolution im Kirchenstaat in's Werk gesetzt wurde Schon im Jahr 1852 wurde ein von Cavour geförderter piemontesische Geheimbund nach Bologna verpflanzt behufs der Einheit Italiens, des Umsturzes der päpstlichen Regierung und des Anschlusses an Piemont Im Jahr 1855 wurde das Netz dieser Verschwörung über den ganzen Kirchenstaat ausgebreitet; selbst in Rom wurde ein Centralcomite errichtet Von Turin aus wurden dorthin überall Befehle ertheilt, Anreizungen zur Unzufriedenheit geschleudert, das Volk für die Aenderung der Herrschaft bearbeitet und die Aufstände von 1859 und 1860 angezettelt. Und so ging die perfide Arbeit auch später fort, während man sich den Schein geben wollte, den Einfall in den Kirchenstaat mit allen Mitteln zu hindern. Der Lobredner Cavours, Bianchi, und das römische Obertribunal ergänzen sich hier gegenseitig in ihren Angaben. Beide stimmen darin überein, daß man es in Turin verstand, im Kirchenstaat Unzufriedenheit zu säen, und dann mit dem Hinweis auf dieselbe vor Europa die Nothwendigkeit zu begründen, durch Annexion der unzufriedenen Länder einerseits der Anarchie vorzubeugen, anderseits das Verlangen der Bevölkerung zu befriedigen. Bemerkenswerth ist ein von Ersterem vorgebrachtes Briefchen Cavours an Gualterio kurz vor der Annexion des Kirchenstaates d. 26. August 1860: „Die Stunde der Action in Umbrien und den Marken naht. Das Ministerium ist entschlossen, der Bewegung nicht nur beizustehen, sondern sie auch zu leiten. Also bereitet die Mittel.' Damals meldete der Diritto (no. 245): „Nicotera will ohne sichere Garantie nichts beginnen... Ein Vertrag ist vom piemontesischen Ministerium und von Bertani, dem Mandatar Garibaldi's, unterzeichnet worden... Ricasoli, Repräsentant des piemontesischen Ministeriums (Gouverneur von Toscana), beobachtet scrupulös die Convention.. Er denkt an Alles. Auf seinen Befehl wurden die Waffen und das Geld vertheilt." Bereits am 3. Mai dieses Jahres hatte dasselbe Blatt vorlaut ausgeschwätzt, daß Absendungen von Waffen, Leuten und andern Hilfsmitteln nach Mittelitalien stattgefunden hätten. Dasselbe bestätig Pianciani [1], der, zur Zeit der römischen Republik Oberst, als alter Revolutionär Aufschluß geben konnte. Er berichtet auch die Vorkehrungen welche Piemont hiebei traf, um sich nicht zu compromittiren, die Unterhandlungen des Ministers Farini mit den Agenten Mazzini's, Dell

---

[1] Dell' andamento delle cose in Italia. Rivelazioni etc. 1860.

Minerva's Mißbrauch seines diplomatischen Charakters zu Rom und die Bemühungen, die päpstlichen Truppen zu bestechen. Als später weniger Vorsicht nöthig schien, berief sich auch Fanelli Tommasi, Consul zu Ancona, auf seine Verdienste für die Neugestaltung Italiens, die ihm sein officieller Verkehr und seine geheime Correspondenz [1] mit Cavour ermöglicht habe. Der liberale Deputirte Brofferio erzählt in seinen Memoiren (Bd. 14, S. 65) ein Gespräch mit dem Oberst Cipriani zu Bologna, in welchem er ihm bemerkte: „Ich weiß, daß drei Millionen in baarer Münze und 18,000 Gewehre von Turin nach Bologna spedirt wurden." „Es ist wahr", erwiederte der Oberst, „aber für das, was wir nöthig haben, ist es eine Bagatelle (inezie)." Nicht geringere Enthüllungen brachte eine Entzweiung der gemäßigten piemontesischen und der mazzinistischen Partei im Jahr 1863 mit sich in Folge der Entdeckung einer Mazzinistischen Druckerei und des ungünstigen Verlaufes ihrer Angelegenheiten in Rom. Die Schuld davon warfen sie sich gegenseitig vor; beide aber stimmten darin überein, daß die Agitation in Rom gegen die Regierung von Cavour und seinen Nachfolgern geleitet wurde. „Wir scheuen uns nicht, es offen auszusprechen, daß das römische Comite in Verbindung mit unserer Regierung ist und von ihr Befehle und Winke erwartet" [2], so der fortgeschrittene Diritto (7. October 1863), während die officiöse Turiner Stampa ihrerseits dagegen den Vorwurf erhebt: „man habe das römische Comite für autonom angesehen... und vergessen, daß es immer treuer Vollstrecker der Befehle unserer Regierung war." Nach solchen Geständnissen und Erweisen wird man das ganze Gewicht der Worte Cavours begreifen: zwölf Jahre habe ich conspirirt!

Man wird jetzt auch leicht die Worte der Encyclica Pius' IX. vom 19. Januar 1860 verstehen: „Wir haben nicht unterlassen, dem Kaiser der Franzosen zu bemerken, daß Se. Majestät wohl wisse, durch welche Menschen, mit welchem Gelde und mit welcher Hilfe die jüngsten Aufruhrversuche zu Bologna, Ravenna und in andern Städten angeregt und durchgeführt worden sind." Die französische Regierung hat in der That die Wahrheit der Anklage gefühlt; oder warum wagte

---

[1] Segreta corrispondenza del mio „apparentemente" disoccupato ufficio consolare, im Programm an die Wähler von Ancona d. d. 2. April 1861.

[2] Non essersi ricordato, che esso (il Comitato romano) fu sempre esecutore fedele degli ordini del nostro Governo, so der Vorwurf der Stampa im Diritto 17. October 1863.

sie nicht in ihrem Abdruck der Encyclica diese Worte wiederzugeben? Sie hat dieselben ausgelassen! Klar ergibt sich hieraus die Richtigkeit eines Satzes, der von einer liberalen Seite aufgestellt wurde: In einem Lande, wo in solcher Weise ohne Unterlaß gegen die legitime Gewalt agitirt wird, ist jede Regierung, also auch eine gute, unmöglich [1]. Man beschuldige also nicht die päpstliche Regierung, sondern jene, welche Jahre hindurch conspiriren und kein Mittel von sich weisen, die Regierung zu stürzen.

Die Unzufriedenheit war im Kirchenstaat dennoch im großen Ganzen nicht vorhanden. Wäre dem so gewesen, dann mußte sie bei der Rund=reise des Papstes in seinem Lande 1857 zum Vorschein kommen. Denn in den angeführten Processen des römischen Obertribunals ist erwiesen, daß die von Piemont geleiteten Geheimbünde eine allgemeine Manife=station des Mißvergnügens damals (durch ordini generali) angeordnet und sogar Muster=Exemplare verbreitet wurden, nach welchen die ein=stimmige Kundgebung von dem Elend und der Verstimmung des Volkes dem hl. Vater unterbreitet werden sollte. Und doch gelang es den Aufwieglern auch nicht in einer einzigen Stadt, die Ueberreichung einer solchen Schrift an Pius IX. durchzusetzen. Seine Reise war vielmehr ein großartiger Triumphzug, bei welchem die gesammte Bevölkerung ein seltenes Beispiel der Liebe, der Treue und der rührendsten Anhänglichkeit an den Tag legte [2]. Mit der angeblichen Unzufriedenheit reimt sich auch nicht jene von der Liebe und Zuneigung der Römer eingeführte Sitte, den Tag der Rückkehr Pius' IX. aus Gaeta und seiner Rettung aus einer Todesgefahr in St. Agnese durch eine Jahresfeier (12. April) auszuzeichnen, wie sie im ähnlichen Falle andern Fürsten nicht zu Theil geworden ist. Aus den Acten des römischen Obertribunals ist gleichfalls erwiesen, daß der von Migliorati gestiftete piemontesische Geheimbund die größten Anstrengungen machte, solch' eine öffentliche Demonstration zu verhindern, und doch ist sie seit Jahren unter allgemeiner Theilnahme und noch im letzten Jahre mit beispiellosem Glanze vor sich gegangen. Ein Augenzeuge [3] läßt sich über die festliche Illumination sogar in einem

---

[1] Augsb. Allg. Ztg. 28. Juli 1859. Art. The maladministration of Italy.

[2] Vgl. Pio IX. ed i suoi popoli nel 1857, ossia Memorie intorno al viag-gio d. SS. di Pio IX. per l'Italia centrale. 2. vol. Roma 1860—61 und P. Pio IX. da Portici a Roma nell' aprile dell' a. 1850.

[3] Handbuch der protestantischen Polemik gegen die römisch-katholische Kirche von Dr. Hase, 2. Aufl. Leipzig 1865. S. 201.

antikatholischen polemischen Buche also vernehmen: „Lampen brannten in den ärmsten Gäßchen, und durch ein Zusammenwirken von Stadt= vierteln und Corporationen waren die pittoresken Stätten, deren Rom so viele hat, mit künstlichen Flammen und allerlei Verehrungszeichen des Papstthums oder der unbefleckten Empfängniß prächtig ausgeschmückt, während eine unzählbare Menschenmasse vergnügt und bewundernd durch die strahlende Frühlingsnacht wogte." Damit soll freilich die Möglich= keit einer Wendung zum Schlechtern in der Zukunft nicht ausgeschlossen sein. In einer Stadt von ein paar hunderttausend Einwohnern lassen sich unschwer einige tausend finden, welche, vom Ausland und vom Dolch der Geheimclubs unterstützt, die große Masse der ruhigen fried= liebenden Bevölkerung einzuschüchtern verstehen; das hat das Jahr 1848 gezeigt. Ebenso schwer fallen in die Wagschale die Anfeuerung der Na= tionalität, die Fälschung der Ideen und der öffentlichen Meinung, die Intriguen und die Corruption durch die piemontesische oder jungitalie= nische Regierung. Sie belohnte mit reichen Pensionen, ja mit den ehren= vollsten und glänzendsten Staatsanstellungen jene, welche seit vierzig Jahren gegen die Ruhe und Ordnung der italienischen Staaten con= spirirt haben; daher auch die 200 Millionen jährlicher Ausgaben für die Beamten. Sie und die Kammer der Deputirten haben noch am 27. April 1865 den Revolutionären von 1820—1821 60,000 Lire ausge= worfen. Sie warf sechs Millionen Ducaten aus dem Privatvermögen des Königs von Neapel für Neapolitaner aus, welche seit zwölf Jahren gegen ihren König conspirirt hatten. Das Decret wurde am 23. Oct. 1860 unterzeichnet, in demselben Monat, in welchem der neapolitanische Gesandte Turin verließ, und war, irren wir nicht, das erste, welches Victor Emmanuel für die neapolitanischen Provinzen erließ.

Nein, in Rom und im Kirchenstaat herrschen nicht jene eingebil= deten düstern, verkommenen und trostlosen Zustände, welche Unzufrieden= heit erzeugen und einer wahren Civilisation unwürdig sind. Wäre dem so, dann würde der Staat nicht seine 50,000 Fremde (49,089 laut Sta= tistik von 1853) beherbergen, Rom würde nicht Jahr für Jahr so viele Tausende an sich ziehen. Die Liebe der Kunst, das Studium der An= tike, ein partikulares Interesse ist nicht hinreichend, das zu erklären. Denn dann müßten jene froh sein, nach Erreichung ihres Zweckes der Siebenhügelstadt den Rücken zu kehren und freudig den Staub von ihren Füßen schütteln. Wie kommt es dann aber, daß, um in der Zeit etwas zurückzugreifen, Göthe gerade in den letzten acht Wochen seines

Aufenthaltes zu Rom „die höchste Zufriedenheit seines Lebens" genossen und in den letzten Tagen daselbst bekannt hat: „Soviel kann ich sagen, daß ich in Rom immer glücklicher geworden bin"? „Diese Hauptstadt der Welt, deren Bürger man eine Zeit lang gewesen, ohne Hoffnung der Rückkehr zu verlassen, gibt", fährt er fort, „ein Gefühl, das sich durch Worte nicht überliefern läßt. Niemand vermag es zu theilen, als wer es empfunden." Und er wiederholte in diesen Augenblicken immer und immer Ovids Distichen:

> Wandelt von jener Nacht mir das traurige Bild vor die Seele,
> Welche die letzte für mich ward in der römischen Stadt u. s. w.

Und warum zieht „eine unwiderstehliche Sehnsucht" nicht nach dem altclassischen Griechenland, sondern gerade nach Italien (vor 1859!) „Jeden, der einmal seine Gefilde besuchte"? Warum fühlen sich Alle, die Rom besuchten, Bischöfe aller Nationen, Fürsten und Staatsmänner, Künstler und Krieger, Katholiken und Andersgläubige, von welchen Letztern so Viele gerade dort ihre Vorurtheile abgelegt haben, warum fühlen sie sich alle für Rom von Liebe und Anerkennung und Sehnsucht durchdrungen? Warum durchweht, wenn sie davon reden, ihre Sprache nicht selten der Hauch der Begeisterung? Warum das Alles gerade nach persönlicher Anschauung und gründlicher Forschung? „Immer habe ich Rom geliebt", schreibt Silvio Pellico [1], dessen Freisinn Venedigs bekannte Bleidächer bezeugen, „jetzt aber, nachdem ich es gesehen, bewundere und liebe ich es mehr, als früher. Das Gute, das Schöne, das Erhabene, das Heilige sind hier in reicher Fülle vorhanden." Woher nun das Alles? Eine Antwort erklärt alle diese Fragen: es ist die Macht der triumphirenden Wahrheit. „Nur darum handelt es sich", argumentirt Sauzet [2], „Rom seinen wahren Charakter zurückzugeben. Alle jene, welche es oft und welche es in der Nähe gesehen, können sich einer solchen Aufgabe nicht entschlagen." Und so unterzog er sich ihr selbst, in der Ueberzeugung, weil er dort den größten Theil seiner letzten zehn Jahre zugebracht und weil er Franzose von Herzen und von Geburt, treuer Diener der constitutionellen Monarchie und mit den höchsten Posten im Staate ehemals beehrt worden sei, werde er weder der Vorurtheile noch der Schmeichelei verdächtig sein; ihm sei es darum zu thun, zu dienen, alles Große aber wolle nur durch die Wahrheit bedient sein.

---

[1] Brief an den Grafen Laberght 22. Mai 1846. Civiltà 1857. v. 7. p. 223.
[2] Rome devant l'Europe p. 270—271.

Dieses Interesse haben auch wir verfochten. Die Wahrheit fordert zu gestehen, daß Rom auf dem Gesammtgebiet der Verwaltung, des geistigen, sittlichen und materiellen Gebiets die gerechten Forderungen der Vernunft, des Herzens und der Civilisation in mehr als genügendem Maße befriedigte.

Gibt es eine rechtlich begründete und factisch bestehende Unzufriedenheit in Italien, so ist sie nicht in Rom, sondern im neuen Königreich zu suchen. Sie ist in Piemont, aus welchem das alte savoyische Geschlecht fortgezogen, nachdem das Blut die Straßen seiner neunhundertjährigen Residenz gefärbt hat. Sie ist in Mailand, wo der Empfang des Königs (7. März 1865) „sehr frostig" war, und keine Hand sich zum Beifall rührte, keine einzige Equipage der Aristokratie sich im Gefolge befand [1]. Sie ist in allen lombardischen Städten, welche in der Zeit von nahezu drei Jahren keine 3000 Thaler (10,050 Lire) zusammenbrachten, um jenem für die eiserne eine neue lombardische Krone zu bieten. Sie ist in dem begünstigten Florenz und ganz Toscana [2], wo selbst nach dem Geständnisse der „Nazione" so viele der ersten und besten Familien der großherzoglichen Familie die Anhänglichkeit bewahrt haben, wo die Aufnahme des Königs ungeachtet aller Anstrengungen der Minister so kühl und der Enthusiasmus mit einem halben Franc bezahlt worden war. Sie ist in Parma, welches in seinem vollen Verfalle begriffen ist. Sie ist in Modena, wo das Gras auf den Straßen wächst, das Heer dem König in die Verbannung folgte und das Volk trotz der feindlichen Truppen laut den Namenstag des Herzogs feierte. Sie ist in Bologna, das selbst Brofferio bedauerte. Sie ist in den neapolitanischen und sicilianischen Provinzen; Beweis sind die eingeäscherten Dörfer [3], Beweis die vom Blut derer getränkte Erde, welche für König und Vaterland den Heldentod starben, Beweis die Wittwen und Waisen, die umsonst bei den Erschießungen ihrer Männer und Väter weinend und Barmherzigkeit flehend den Henkern zu Füßen fielen, die Emigrationen

---

[1] Augsb. A. Ztg. 8. März 1865.   [2] Augsb. A. Ztg. 16. Juli, 2. 25. Aug. 1865.
[3] Von 36 niedergebrannten Orten in den Abruzzen meldet ein Brief, den Hennessy (a. a. O. S. 20) von einem Engländer aus Italien erhielt; von zwölf Dörfern und zwei Städten sprach Ferrari in der Kammer zu Turin. — Der Deputirte Massari beschreibt die Lage der neapolitanischen Provinzen mit wenig Worten so: malcontento universale, nessuna fiducia nel governo. (Sitzung vom 21. Nov. 1862. Atti uffiz. no. 902.) Ebenso Ricciardi am 23. Mai 1861, 22. Nov. 1861.

jener, welchen das Vermögen die Auswanderung gestattete [1], kurz, Beweis ist der fortgesetzte Widerstand, welcher erst dann zu enden scheint, wenn in dem schönsten der Länder die Ruhe des Friedhofes herrscht. „Ich sah Neapel und kannte es nicht wieder"; mit diesen Worten hat Ricciardi Alles gesagt. Die Unzufriedenheit ist mit einem Worte in ganz Italien, wie die Zunahme der Unruhen und der Widersetzlichkeit gegen die Steuern in allen Gegenden dieses von der Natur so reich gesegneten Landes beweist [2].

Wir erkennen hierin die Bestätigung dessen, was wir in seinen einzelnen Theilen nachgewiesen haben, daß das ganze Reich von seiner gepriesenen modernen Regierung an den klaffenden finanziellen, sittlichen und socialen Abgrund gebracht worden ist. Ja nicht einmal der Trost ist ihr geblieben, die Bemühungen von der Presse jenes Landes anerkannt zu sehen, das, wie kein zweites, von ihrer Bewunderung voll, an Rath und Ermunterung freigebig war. Freilich mußte ein Sohn Albions zuerst von den Briganten in die Berge geschleppt werden, bevor das gewichtigste Organ der öffentlichen Meinung Englands, die Times, das vernichtende Urtheil über Jungitalien schrieb: Wenn die Regierung außer Stande ist, harmlose Reisende gegen übermüthige Gewaltthat zu schützen, so wäre es doch, scheint uns, aus Rücksichten der gewöhnlichen Gerechtigkeit und Menschlichkeit, ihre Pflicht, ihre Ohnmacht zu verkündigen, um Fremden den Wahn zu benehmen, als reisten sie im Lande einer civilisirten und wohlorganisirten Regierung.

So viel ist mithin über allen Zweifel erhaben, im Interesse der Wohlfahrt des Volkes darf Piemont nicht wagen, seinen Usurpationen einen Schein der Begründung zu geben. Nicht besser ist der Vorwand der Unverträglichkeit des Kirchenstaates mit der Einheit Italiens.

§. 3. Der Kirchenstaat und die Einheit Italiens.

Es ist keine Frage, die enge einheitliche Verbindung der ehemaligen

---

[1] Ein Protest von emigrirten 34 Fürsten, 30 Herzogen und 130 des übrigen Adels findet sich im Ami de la Religion 5. Sept. 1861.

[2] Jetzt anerkennt selbst die Opinione (4. Febr. 1866) il discredito che l'Italia minaccia, il malcontento che la travaglia. Eine blutige Satire und eine Art Appendix zur Encyclica, wie ein Correspondent der Kreuzzeitung (25. Febr. 1865) meint, schrieb der Herzog Proto Maddaloni aus dem neapolitanischen Hause Caraffa in seinem Il Conte Durante, Italia 1865; drei starke Auflagen waren in wenigen Tagen vergriffen. Er zeigt Dante gleichsam verurtheilt, heute durch Italien zu reisen.

Reiche Italiens könnte dem ganzen herrlichen Lande einen Glanz und eine Größe verleihen, welche es auf eine Stufe mit den Großmächten stellen und für die zunehmende Blüthe nach Innen, für die Würde und Machtstellung nach Außen, für die Verbreitung der Civilisation in weiter Ferne die gedeihlichsten Folgen haben dürfte. Aber geben die glänzendsten Aussichten dem einen Fürsten Italiens das Recht, die übrigen Fürsten des Landes von ihren Thronen zu stoßen? Welches Recht hatte Piemont auf die päpstlichen Legationen, auf Toscana oder Neapel? Kein anderes als das des beutegierigen Wegelagerers auf die Taschen des harmlosen Wanderers. Es gab ein anderes angemessenes Mittel, welches eine große Zukunft Italiens in Aussicht stellte, ohne die Rechte der Fürsten zu verletzen, die Einheit des Bundes. Auch die Einheit der vereinigten Staaten Nordamerika's, der Schweiz und Deutschlands ist die Bundeseinheit. Sie bezeichnete der unbestritten freisinnige und für die Größe Italiens begeisterte Graf Balbo als die unter den bestehenden Verhältnissen passendste Einrichtung, und das mit Recht [1]. Sie, nicht die centrale Einheit, ist vorgezeichnet von der Vernunft, von der Geschichte, von dem Interesse, von der Gerechtigkeit. Sie wahrt den verschiedenen Nationalitäten ihren eigenen Namen, ihre eigene Hauptstadt, ihre Sitten und Gebräuche, ihre Größe. Pius IX. war wirklich geneigt, einen italienischen Bund einzugehen. Seine Unterhandlungen waren bereits so weit gediehen, daß sein Gesandter zugleich mit dem toscanischen die Präliminarien eines Zollvereins zu Turin 3. November 1847 unterzeichnete. Aber dabei blieb es. Piemont war gegen den Bund der italienischen Reiche, den der Papst vorschlug; dieß ist durch officielle Acten festgestellt. Nicht sie zu einen, sondern sie zu beherrschen, war das Ziel seines Ehrgeizes. Noch im Jahre 1859 wurde die Einheit der Conföderation in den Friedensverträgen zu Villafranca und zu Zürich in Aussicht gestellt, und der Papst als Ehrenpräsident des Bundes bezeichnet. Oesterreich schlug sogar vor, ihm die wirkliche Präsidentschaft zu übertragen. Das aber haben Victor Emmanuel und Kaiser Napoleon nicht gewollt. Beide haben den Vertrag nicht gehalten. Der König

---

[1] Vgl. Sauzet, Rome devant l'Europe, p. 16—36. Guizot, die christliche Kirche und die christliche Gesellschaft im J. 1861. Aus dem Französischen, Leipzig, Gerhard 1862. S. 52 ff., 63 ff. Sonderbares Schauspiel, ruft er aus, im Namen der Nationalität wird das Unternehmen begonnen, das man vor unsern Augen versucht, und es fängt damit an, Nationen, ächte, alte und berühmte Nationen zu zerstören.

von Sardinien fand es vortheilhafter, die übrigen Fürsten gänzlich zu berauben, und der Rest des päpstlichen Staates ist in seiner Selbstständigkeit bedroht. Aber nochmals, welches Recht steht ihm zur Seite? Wenn Papst Pius die Abtretung seines Landes verweigert, so vertritt er gegen verbrecherische Raubgier erstens das heiligste Recht des ganzen katholischen Erdkreises auf den Kirchenstaat als eine Garantie der Unabhängigkeit des Papstes, und davon später; zweitens das heiligste Recht des unbestrittenen legitimen Eigenthums, und davon nun in Kürze Einiges.

1. Das Recht der Päpste auf den Kirchenstaat.

„Die Souveränetät", sagt Graf de Maistre [1], „gleicht ihrer Natur nach dem Nil; sie verbirgt ihr Haupt." In der That, in welcher Dunkelheit verliert sich der Blick des Forschers, der bis in die ersten Anfänge der Reiche bringt und die Berechtigung ihrer ersten Herrscher untersucht! „Die der Päpste allein macht eine Ausnahme von dem allgemeinen Gesetze. Alle Elemente derselben sind offen dargelegt, auf daß sie allen Augen sichtbar sei. Nichts ist so offenbar gerecht in seinem Ursprunge, als diese außerordentliche Souveränetät." Der edle Graf sprach mit diesen Worten eine geschichtliche Wahrheit aus, welche Männer wie Gibbon, Sismondi, Joh. v. Müller, Savigny, Adolph Menzel anerkannten, und der Fortschritt der Wissenschaft nur bestätigte; gerade die neueren Angriffe gegen Rom mußten dazu dienen, die letzten etwaigen Nebel zu zerstreuen [2]. Es gibt vier Rechtstitel, welche die Souveränetät eines neuen Herrscherhauses begründen: 1) die Wahl des Volkes, vorausgesetzt, daß es frei über sich verfügen kann, 2) die Eroberung im gerechten Kriege, 3) die Abtretung oder Schenkung, 4) die absolute Nothwendig-

---

[1] Vom Papst, Bd. I. B. 2. H. 6. (Weltliche Gewalt der Päpste.)

[2] Vgl. Dr. Scharpff, die Entstehung des Kirchenstaats. — Bischof Paby von Algier: Esquisse d'un traité sur la souveraineté temporelle du Pape. — Dupanloup: Ueber die weltliche Souveränetät des Papstes, übers. von Karker, Breslau 1849. — P. Brunengo: Le Origini della Sovranità temporale dei Papi, Roma 1862, eine sorgfältige Quellenarbeit; die einzelnen Kapitel erschienen vorher in der Civiltà 1860, 1861; ihm sind wir vorzugsweise gefolgt. Desselben: I primi Papi-Re, Roma 1864; und Il Patriziato Rom. di Carlomagno, Civiltà 1864—1866. — Dr. Papencordt, Geschichte der Stadt Rom im Mittelalter S. 76 ff. 135 ff. — Mock: De Donatione a Carolo M. Sedi Apost. a. 774 oblata, Monasterii Brunn 1861. p. 34 sb. — Cenni, Monumenta dominationis Pontificiae s. Cod. Carolinus, bei Migne, Patrolog. T. 98.

keit zur Selbsterhaltung eines Volkes. Alle diese vier Rechtstitel wirkten bei der Begründung des Kirchenstaates (J. 754) merkwürdig, ja man darf sagen, durch eine wunderbar gefügte Verkettung zufälliger Umstände zusammen, das souveräne Recht des Papstes außer Frage zu stellen. Mit der Erörterung des vierten und letztgenannten wollen wir beginnen.

Wenn unter den fast 400jährigen blutigen Schlägen von Gothen, Hunnen, Vandalen, Sueven, Herulern und Longobarden das gigantische Cäsaren-Reich in Italien in Trümmer ging und die einst sieggekrönte Roma, von ihren Kaisern in Byzanz immer mehr und mehr verlassen, seine Schutzlosigkeit betrauerte, so fühlte sie diese Verlassenheit doch nie mehr, als damals, da der Longobarde der ganzen italienischen Halbinsel sein schweres Joch, und zwar für immer, aufzulegen drohte. Schon zur Zeit des Papstes Benedict I. (574—578) verwüstete er ganz Italien. Pelagius, Benedicts Nachfolger, mußte ohne Zustimmung des griechischen Kaisers gewählt werden, weil die Longobarden gerade zu dieser Zeit Rom selbst belagerten; am 13. December 581 hielten sie sogar Neapel eingeschlossen [1]. Siebenundzwanzig Jahre leben wir hier, wehklagte Papst Gregor I. (595) in einem Briefe an die Kaiserin Constantina [2], unter den Schwertern der Longobarden. In welche Lage sie Italien versetzen, beschreibt der große Papst mit folgenden Worten [3]: „Wohin wir blicken, sehen wir Trauer, was wir um uns hören, sind Seufzer. Die Städte sind zerstört, die Schlösser liegen in Trümmern, die Felder sind verwüstet, das Land ist in eine Einöde verwandelt. Auf dem Lande ist Niemand übrig geblieben, und kaum findet man Einwohner in den Städten... Die Einen sehen wir in die Gefangenschaft weggeschleppt, Andere verstümmelt, Andere hingemordet. Was kann uns, meine Brüder, in diesem Leben noch erfreuen... Rom, das einst die Welt zu beherrschen schien, was ist aus ihm geworden? Durch unermeßliche Leiden, durch das Unglück seiner Bürger, durch die Einfälle der Feinde, durch die Ruinen seiner Gebäude ist es fast aufgerieben; erfüllt ist an ihm, was der Prophet von Samaria einst geweissagt hat: das Mark der Knochen

---

[1] Pabst, Geschichte des longobardischen Herzogthums. Forschungen zur deutschen Geschichte, herausgegeben von der historischen Commission bei der Bayerischen Akademie der Wissenschaften. Bd. II. 405 ff.
[2] S. Gregorii M. Epist. l. 5. ep. 21. ed. Migne, al. 34.
[3] S. Gregorii in Ezechielem l. 2. hom. 6. Schilderungen derselben Art: In Evangel. l. 1. hom. 1; Epist. l. 5. ep. 40. (al. 31): Römer wie Hunde mit Stricken vor Gregors Augen in die Knechtschaft weggeschleppt.

wird verzehrt werden. Alle Gewaltigen der Erde sind von ihm hin=
weggenommen. Wo ist der Senat, wo das Volk?... Und unter uns
Wenigen, die wir übrig geblieben sind, nehmen noch täglich Schmer=
zen und Seufzer zu, Rom ist veröbet und der Brand wüthet in seinem
Innern." Agilulf, König der Lombarden, nahm (J. 603) den Titel:
König von ganz Italien an. Eine Stadt nach der andern fiel dem sieg=
reichen Volke in die Hände, und als endlich Ravenna, der Sitz des by=
zantinischen Erarchen, im J. 751 von dem gewaltthätigen König Aistulf
genommen wurde, da schien auch Roms Fall außer allem Zweifel. Die
Herrschaft der griechischen Kaiser in Italien war vernichtet, die Einnahme
Roms sollte das Werk Aistulfs krönen. Bereits nannte er sich Kaiser,
sein Reich das italienische oder römische, seinen Palast in Pavia den
Palast Italiens [1]. Von den Römern forderte er Tribut und Huldi=
gung. Wenn jemals, mußte jetzt Rom durch die Hilfe des griechischen
Kaisers gerettet werden. Jetzt Rom verlassen, hieß, wie seinen Pflichten
so auch seinen Rechten gegen Rom entsagen; es hieß Rom anweisen,
auf eigene Faust zu handeln und Hilfe und Schutz bei einem andern
Herrn zu suchen, der sich fähig zeigte, sie zu gewähren; und so geschah
es. Oder was haben die griechischen Kaiser in dieser 200jährigen Be=
drängniß Roms durch die Longobarden, was im letzten entscheidenden
Augenblick gethan? Sie haben es mehr oder minder immer, zuletzt gänz=
lich preisgegeben; es war auf die Päpste angewiesen.

In der That, ein griechischer Feldherr und Erarch, der Eunuche
Narses, hatte, weil beleidigt, die Longobarden (im J. 567) eingeladen,
nach Italien zu kommen, um es in Besitz zu nehmen. Um Hilfe von
den Römern angefleht, gab Kaiser Justin (577) ihnen das angebotene
Gold zurück mit dem Rathe, sich damit andere Hilfe zu erkaufen oder
die Franken zum Kriege gegen die Longobarden zu vermögen. Wurde
später auch Hilfe gebracht, so war sie kaum nennenswerth. Der letzte
Kaiser, welcher mit einem Heer nach Italien kam (im J. 663), war
Constans II., der Brudermörder; im Kampfe bei Benevent bedeckte er
sich mit Schmach, und der zwölftägige Besuch von Rom diente nur dazu,
die Kunstschätze nach Konstantinopel wegzuschleppen. Als nun Rom
Ende 752, ringsum von den Longobarden umgeben, in der höchsten Noth
ein byzantinisches Heer zum Schutze erwartete, schickte Kaiser Constantin

---

[1] Troya, Cod. diplom. Longob. no. 666. 671. 672.

Kopronymus statt dessen einen Gesandten, den Silentiarius Johannes, mit zwei leeren Schreiben, einem an Aistulf, des Inhaltes, er solle die ungerecht weggenommenen Orte des Reichs zurückgeben, einem andern an Papst Stephan II. mit dem Ersuchen vermuthlich, er möge das kaiserliche Verlangen bei den Lombarden thunlichst unterstützen. Aber kaiserliche und päpstliche Gesandte wurden von Aistulf mit Verachtung behandelt; ebenso vergebens war die Bitte der hierauf nochmals vom Papst nach Konstantinopel abgeordneten Gesandtschaft, der Kaiser möge endlich sein Versprechen erfüllen und ein Heer zum Schutze und zur Rettung Roms und Italiens schicken. Es war verloren; das ganze umliegende Land war bereits besetzt und verheert. Da versammelte der Papst das Volk zum Gebete, mahnte es zum Vertrauen auf Gott, ordnete Bußprocessionen an und ging selbst mit, er und das Volk bloßen Fußes und Asche auf dem Haupte. Und siehe, es kamen fränkische und kaiserliche Gesandte an, erstere mit tröstlichen Verheißungen, letztere, statt Hilfe anzukündigen, mit dem augenscheinlich nutzlosen Befehle, der Papst solle sich zum Lombarden-König begeben, um die verlorenen Städte zu erlangen. Damit war klar das Todesurtheil über die griechische Herrschaft in Italien gesprochen; wohin sollte nun das bedrängte römische Volk sich wenden? Es mußte offenbar um einen andern Souverän sich umsehen, wollte es nicht sich selbst dem Untergang preisgeben. Der Papst allein war seine letzte Hoffnung.

Schon seit mehr als drei Jahrhunderten waren die Päpste die Stütze und Zuflucht des römischen Volkes in den Nöthen dieser unruhvollen Zeiten gewesen; die Kaiser hatten seit Constantin den Thron im fernen Byzanz aufgeschlagen; bei dem Wanken ihrer Macht, bei der Schwäche ihres Schutzes richteten die Völker Mittelitaliens, wie von Natur und Vorsehung angewiesen, ihre Blicke unter den Gräueln der Verwüstung der hereinbrechenden Barbaren hilfeflehend auf die Päpste, als ihre Retter. Schon die geistliche Macht mußte in den Augen jener einen gewissen Zauber ausüben; in welcher Größe mußten vor ihnen jene dastehen, vor welchen sich die Könige beugten, zumal wenn diese, wie ein Herzog Theodo von Bayern (im J. 716), ein König Coinred von Mercia im 7. Jahrhundert, ein König Jna von Wesser mit der Gemahlin Edelburga (um das J. 725), ein König Rachis von Lombardien mit der Gemahlin Tassia (749) nach Rom zu den Schwellen der Apostelfürsten pilgerten, oder gar wie König Ceadwall von Wesser hier vom Papste sich die Taufe geben ließen und ihre Tage beschlossen

(689). Zu dem geistlichen Ansehen der Päpste gesellten sich ihre per=
sönlichen Verdienste, indem viele heilig verehrte, auch durch Kraft und
Staatsklugheit ausgezeichnete Männer den apostolischen Stuhl zierten,
die von griechischen Kaisern ihnen eingeräumte bürgerliche Gewalt, der
Reichthum ihrer großen Patrimonien, welche bereits vor Stephan II.
sogar Städte umfaßten, ihre Wohlthaten und die aus Thatsachen ge=
schöpfte Ueberzeugung, daß einzig in der päpstlichen Herrschaft Heil zu
finden. Dem Papst Innocenz I. verdankte Rom die einzige, wenn auch
geringe Schonung, die Alarich der Stadt angedeihen ließ, als er sie der
Wuth seiner Soldaten preisgab (410). Leo I. erweichte den harten
Sinn Attila's (452), und der bis dahin Unüberwundene zieht seine
Hunnen zum ersten Male friedfertig zurück. Drei Jahre später windet
Beredsamkeit desselben unvergleichlichen Papstes dem Geiserich und sei=
nen Vandalen die Brandfackel aus den Händen. Pelagius bittet den
Totila um Schonung, als er Rom (546) gestürmt, und dem Mord und
der Plünderung wird Einhalt gethan, und weil der Ostgothenkönig die
Stadt dem Erdboden gleich zu machen droht, unternimmt der Erzdiakon
(später Papst) Pelagius eine Reise nach Konstantinopel, um den Frieden
herbeizuführen. Wenn das damals schon siebenmal genommene Rom sich
wieder erneuerte, wenn es nicht gleich Ephesus oder Korinth in Trüm=
mern sich auflöste, so gebührt das ganze Verdienst den Päpsten.

Neuen Glanz verbreitete über sie Papst Gregor I. (590—604),
mit Recht der Große genannt, das vollendete Bild eines trefflichen Pap=
stes und tüchtigen Herrschers, Vater, Beschützer und Retter des römi=
schen Volkes. Fast unthätig, rath= und machtlos sah man von Byzanz
aus dem Vordringen der Longobarden in Italien zu, und die kaiserlichen
Statthalter geberdeten sich auf eine Art, daß Gregor über einen klagt,
seine Schlechtigkeit hause ärger als das Schwert der Longobarden. Da
hilft nun die kraftvolle Thätigkeit des Papstes aus der Noth. Er ver=
ausgabt unermeßliche Summen für die Truppen, versieht feste Plätze mit
Kriegsbedarf und Vorräthen an Lebensmitteln, empfiehlt den Bischöfen
Wachsamkeit in der Vertheidigung der Städte, und ertheilt den Kriegs=
obersten Befehle. Als König Agilulf gegen Rom rückt, nehmen die Sor=
gen um die Stadt den edlen Papst so in Anspruch, daß er [1] verkündet,
nun müsse er das Predigen einstellen, was aber die dringendsten Bitten

---

[1] Homil. in Ezech. l. 2. hom. 10. et: Praef. in hom. 1.

des Volkes nicht zuließen. Endlich verhandelt er selbstständig (595 und 597) über den Frieden und erwirkt, daß der Kaiser ihm beipflichtet.

So schaarte sich das Volk wie von selbst um den Papst, als den Vater des Vaterlandes, als seinen Hort und seinen Herrscher, und auch die fernen Kaiser legten nothgebrungen ihnen die Zügel in die Hände, um wenigstens durch sie ihre Herrschaft zu retten. Hätten die Päpste gewollt, so wäre ihnen damals schon als Regenten (des Kirchenstaates) gehuldigt worden, wie sie factisch bereits die Nothwendigkeit der Zeitverhältnisse zu solchen gemacht hatte und ihre Wirksamkeit es verdiente. Ihnen wandten sich die Herzen des ganzen Volkes als dem eigentlichen Mittelpunkte des ganzen Gemeinwesens zu. Das öffentliche Wohl, schreibt Papst Leo I. an die Kaiserin Pulcheria (440—461), und die Bitten der Bürger lassen meine Entfernung von Rom nicht zu. Den Papst Johann II. (533—535) bat der berühmte Staatsmann, Präfect und Senator Cassiodor[1], ihm die Staatsregierung nicht allein zu überlassen, denn ihm komme nur ein geringer Antheil daran zu, dem Papste liege das Ganze ob; allerdings sei er der geistige Hirt der ganzen ihm anvertrauten Heerde, aber er könne nicht umhin, sich auch des Zeitlichen anzunehmen. Von Papst Gregor I. ist bereits gezeigt worden, wie er sich um Rom verdient gemacht hat; er stand unbestritten an der Spitze des Gemeinwesens Roms. Unter dem zunehmenden Verfall des byzantinischen Reiches und der immer vollständigen Preisgebung Italiens, der Glaubenstyrannei der Kaiser und den Gewaltmaßregeln gegen die Kirche mußte die politische Macht der Päpste erstarken. Bei der ungerechten Verfolgung des hl. Papstes Sergius I. († 701) erhob sich bereits das Volk in Rom, Ravenna und in der Pentapolis zum Schutze des Papstes und seines Glaubens gegen Byzanz und verhütete, daß sich das Martyrium eines Papstes Martin an ihm wiederholte. Daß Rom nicht nach dem Beispiele Ravenna's und acht anderer Städte (711) oder der italienischen Provinzen insgesammt (726) sich empörte, hatten die Kaiser Justinian II. und Leo der Isaurier den Päpsten Constantin (708—715) und Gregor II. (715—731) zu danken. Eben derselbe Gregor besserte die Mauern Roms aus und hielt König Luitprand von der Stadt ab; auch ihn vertheidigten die Römer, und mit ihnen hielten es die Longobarden, als ihm Kaiser Leo zuerst das Leben, dann die Freiheit durch den Erarchen Paul und seine Beamten nehmen wollte. Er durfte mit

---

[1] Cassiodori Variarum lib. 11. ep. 2.

voller Wahrheit dem Kaiser schreiben: Das ganze Abendland... betrachtet uns als denjenigen, in deffen Hand der Friede und die öffentliche Wohlfahrt ruhen. Von diesem großen Papste bemerkt der Protestant Luden [1], „es würde ihm bei der Schwäche und Verwirrung des Reiches nicht schwer gewesen sein, die italienischen Provinzen, die noch am kaiserlichen Namen hingen, vom Gehorsam gegen den bilderstürmerischen Kaiser loszumachen und sich als Herrn derselben anerkennen zu lassen". Ja nach dem Zeugnisse des Anastasius [2] beruhigte der Papst Italien und ermahnte Alle, nicht abzulassen von der Liebe und Treue zum römischen Kaiser. Als dann ein gewisser Tiberius Petasius sich wirklich in Italien zum Gegenkaiser aufwarf, war es wieder der Papst, durch deffen Hilfe der Aufstand unterdrückt wurde. Unter Papst Gregor III. (731—741) wird Rom vom Longobarden Luitprand (740) wieder bedroht; von Byzanz ist keine Hilfe zu erwarten. Daher wendet sich der Papst an Karl Martell um Hilfe oder doch um seine Vermittlung, und Rom ist für den Augenblick gerettet. Der Papst war, sagt Damberger (II. S. 273), ohne die kaiserliche Oberherrlichkeit eigentlich bestreiten oder die Freiheiten der Römer antasten zu wollen, der mit allem Ansehen waltende und gebietende Fürst in Stadt und Ducat von Rom wie im kirchlichen Patrimonium. Als Luitprand auch unter Zacharias (741—752) vor Rom (742) rückt, ist an der Spitze der römischen Gesandtschaft, die den Erzürnten beschwichtigen soll, wieder der Papst. Der König wird von ihm umgewandelt, gibt ausdrücklich ihm [3], nicht dem griechischen Kaiser, vier streitige Städte heraus, gewährte einen Frieden, den des Kaisers Gesandte, Geschenke, Heer und Flotte nicht hatten erzielen können, und die erfreuten dankbaren Römer empfingen den heimkehrenden hl. Vater mit Oelzweigen in den Händen und lautem Jubel. Da Luitprand im folgenden Jahre Ravenna bedrohte, ist es abermals der Papst, welchen das Volk um Hilfe anfleht, und der in der That das Friedenswerk zu Stande bringt; auf der Reise zum König nach Pavia ward er in Ravenna vom kaiserl. Exarchen und der gesammten Bevölkerung weinend und jammernd empfangen. Deßgleichen vermittelt Zacharias (749—750) im Namen Rom's den Frieden mit dem Longobardenkönig Rachis. So leitete der Papst die Geschicke des Volkes von

---

[1] Geschichte des deutschen Volkes. Bd. 4. S. 133.
[2] In vita Gregorii II.
[3] Anastas. vita Zachariae.

Rom vornehmlich, aber außerdem des mittlern Italiens bis Ravenna auch in politischer Hinsicht [1] seit 150 Jahren; ja drei Jahrhunderte hindurch hatte das Volk aus eigenem Antriebe in allen wichtigen Angelegenheiten seine Zuflucht zum Papste als seinem natürlichen und erwählten Herrn genommen. Beredter, allgemeiner, aufrichtiger konnte die Stimme des Landes für die souveräne Herrschaft des Papstes nicht abgegeben werden, als es so lange Zeit hindurch bei jeder sich darbietenden Gelegenheit geschehen ist; da wurden keine Emissäre ausgesandt, die Masse zu bearbeiten, keine Blätter bezahlt, um eine öffentliche Meinung zu bilden, keine Stimmen mit Geld und Versprechen erkauft.

Am leuchtendsten aber gab sich der Wunsch der Bevölkerung zu erkennen, als ihr, wie (S. 136) bemerkt, die höchste Gefahr von Seiten Aistulf's drohte. Auf Papst Stephan II. (III.) waren abermals die Augen Aller gerichtet. Er machte sich auf von Rom nach Pavia, der Residenz des Longobardenkönigs, begleitet vom byzantinischen Silentiarius Johannes, dem fränkischen Gesandten und einem schönen Gefolge von Geistlichen und Herren; die Abreise erfolgte am 14. October 753 unter den Segenswünschen des weinenden Volkes; allein der Versuch mißlang. Der Papst wurde kaum mit den gebührenden Ehren empfangen; und der Zweck der Reise, die Bitte um Rückgabe der eroberten Städte, war erfolglos und für Sicherheit in der Zukunft und Rettung von der Dienstbarkeit der Longobarden keine Aussicht. Der Papst hatte zum letzten Mal die Befehle von Konstantinopel erfüllt; jetzt that er, „weil ja vom Kaiser keine Hilfe zu erwarten war" [2], was das nothwendige Interesse Rom's erheischte, er begab sich (15. November), obwohl hochbetagt und fränkelnd, in der schlimmsten Jahreszeit bei Schnee und Kälte über die abschreckenden Alpengebirge und durch ausgetretene Gewässer durch Wallis in's Frankenland. Wir übergehen die glänzende Aufnahme des Papstes und die Reihenfolge der Begebenheiten während seines langen Aufenthaltes daselbst; es genügt zu bemerken, daß Pipin eidlich dem Papste zu Pontigone 6. Januar 754 versprach, seinem Wunsche um Hilfe und Befreiung von den Bedrückungen der Longobarden und dem von ihnen aufgelegten Tribut zu willfahren und das Exarchat von Ravenna, alle

---

[1] Sogar um Hilfe für Istrien gegen die Longobarden zu erlangen, wandte sich der Patriarch Johann von Grado an Papst Stephan im Jahr 771, Troya, Cod. diplom. longob. no. 945—946.

[2] Anastasius in vita Stephani II. (al. III.)

zu Rom gehörenden Territorien und die gebührenden Rechte ihm zu ver=
schaffen, und daß das Versprechen in feierlichem Vertrage auf einem Reichs=
tage zu Quiersy (nicht weit von Noyon) April 754 bestätigt wurde. Diese
ewig denkwürdige Schenkung[1] eines Gebietes, zu dessen Herausgabe
Aistulf, der unrechtmäßige Besitzer, gezwungen werden sollte, nachmals
von Pipin und Karl d. Gr. bestätigt, bildet die Grundlage der folgen=
den Schenkungen und Verträge, sowie des eigentlichen Kirchenstaates,
als dessen unabhängiger Regent der Papst eingesetzt wurde. Stephan
begleitete das fränkische Heer und Pipin, nachdem er ihn zum König ge=
salbt (28. Juli) und zum römischen Patricier, d. i. Beschützer, ernannt
hatte, bis vor die longobardische Hauptstadt Pavia, und Aistulf streckte
bald die Waffen vor der feindlichen Uebermacht, unterzeichnete die Ab=
tretung des verlangten Gebietes an den Papst und versprach mit ihm
Friede zu halten; die griechische Oberherrlichkeit war zu Ende. Unbe=
schreiblich war der Jubel, mit welchem Stephan nach mehr als einjähri=
ger Entfernung in der ewigen Stadt empfangen wurde. Dem Retter
und neuen Herrn, der die Verträge von Quiersy und Pavia und mit
ihnen die feierliche Sanction der päpstlichen Herrschaft über die befreiten
Provinzen mit sich brachte, tönten die Freudengesänge und der nicht
endende frohlockende Ruf entgegen: Heil unserm Hirten und unserm
Retter. So gab sich die Stimme und der Wille des Volkes auf eine
Weise kund, die nichts weiter zu wünschen übrig ließ; und dasselbe Volk,

---

[1] Das Original des Dokumentes ist verloren gegangen. Fantuzzi hat aller=
dings in seinen Monumenti Ravennati ein solches (pactionis foedus) herausge=
geben, doch wird es gewöhnlich für unächt angenommen. Allein eine eingehende
Untersuchung wäre sehr am Platze. Troya, der berühmte italienische Historiker, und
Brunengo (Civiltà 1860. v. 7. p. 427) sind für die Aechtheit. Die Schenkung ist
gewiß; donationem vestra manu firmatam, schreibt Papst Stephan im J. 755, nach
Cenni ep. 7. 754. — Ueber den Umfang der Schenkung sind die Gelehrten getheilter
Meinung. Die Ansicht Pertz' (Lg. II. P. II. 7. sq.), Waitz', Brunengo's (vgl.
Civiltà 1860. v. 7. p. 427. et. 1865. v. 3. p. 187) u. A. scheint kaum in Abrede
gestellt werden zu können, daß nämlich die Schenkung Pipins mit der Karls d. Gr.
(774) übereinstimmte; so der eigentliche Sinn der Worte Anastasii vita Hadriani I.:
concessit easdem civitates. Dagegen betont Brunengo mit Grund, Aistulf
habe im Vertrage von Pavia (754) weniger zugestanden, als in den Schenkungen
Pipins zu Quiersy und Karls (774) gewährt sei. Papst Stephan habe sich nämlich
zu Pavia mit der Herausgabe geringerer Territorien zufrieden gegeben und Pipin
selbst gebeten, dem Aistulf den Thron zu lassen. Nach dem Untergang des longo=
bardischen Reiches aber bat Hadrian (774) mit Erfolg um Bestätigung der ursprüng=
lichen Schenkung von Quiersy.

das sich bis dahin für die factische Regierung der Päpste erklärt, ihrer Führung sich hingegeben hatte, anerkannte freudig nun auch die Päpste als seine eigentlichen souveränen Herrscher, welchen es die Treue der Unterthanen bewahrte [1]. Die Freude schien von kurzer Dauer zu sein. Aistulf brach sein Wort und rückte mit großer Streitmacht vor Rom. Pipin erhörte den neuen Hilfruf des Papstes und erschien zum zweiten Male vor Pavia. Aistulf mußte sich verbindlich machen, einen jährlichen Tribut den Franken zu zahlen, den Vertrag von Pavia in Ausführung zu bringen und zu dem Zwecke sogleich dem Abt Fulrad, dem fränkischen Gesandten, Sendboten an die Seite geben, um die geforderten Städte zu bereisen und auszuliefern, und ihre Schlüssel durch ihn dem apostolischen Stuhle zu übergeben. Kaiser Pipin fertigte vor seiner Rückkehr nach Frankreich ein zweites Diplom aus, durch welches auf's Neue dem hl. Petrus und den römischen Päpsten die versprochenen Städte und Territorien des Exarchats und der Pentapolis verbrieft wurden. Abt Fulrad vollzog getreu den Auftrag und legte die Schlüssel der Städte nebst der Schenkungsurkunde [2] auf das Grab des hl. Petrus nieder.

---

[1] Nos... fideles servi S. Dei Ecclesiae et... Domini nostri, Pauli Summi Pontificis... consistimus quia ipse noster est Pater.etc. sicut et... Stephanus Papa... nos salubriter gubernans. Cod. Carol. ep. 15. a. 757.

[2] Die Urkunde (donatio in scriptis) ging verloren, wurde jedoch noch zu den Zeiten des Anastasius (in vita Stephani II.) im Archiv der römischen Kirche aufbewahrt. Wie weit aber erstreckte sich das geschenkte Gebiet? Sicher umfaßte die Schenkung die von Anastasius angegebenen zwanzig Städte nebst zwei Schlössern des Exarchats Ravenna und der Pentapolis und Narni im römischen Ducat. Sie begriff aber mehr in sich, nämlich das ganze Exarchat und die Pentapolis (Muratori, Annali d'Italia a. 755). Daher bittet Papst Stephan den König Pipin im Jahr 756 (Cod. Carol. ed. Cenni ep. 11. p. 708 sq.), „sein eidliches Versprechen zu erfüllen" und zu befehlen, „daß die übrigen Städte und Territorien vollständig" der Kirche vom neuen Longobardenkönig Desiderius ausgeliefert werden. Dieser habe bereits eidlich versprochen, die Städte Faenza, Imola, Ferrara, Osimo, Ancona, Humana und Bologna sammt ihren Territorien „dem hl. Petrus zu restituiren." Auch könne, erwähnt der Papst, das (römische) Volk ohne jene noch fehlenden Theile, welche mit den übrigen stets unter der Botmäßigkeit Eines Herrn als Ein Ganzes standen, unmöglich sicher leben. — Die soeben genannten Städte gehören zum Exarchat, fehlen aber doch bei Anastasius, wie auch Anderes, weil er nur jene anführt, deren Ueberlieferung an den fränkischen Gesandten Fulrad und durch diesen an den Papst wirklich vollzogen war. — Auch das römische Ducat ist in der Schenkung nicht aufgezeichnet, ohne Zweifel, weil es selbstverständlich ebenso gut als das Exarchat dem Papst gehören sollte. Pipin hat Beides durch seinen Kriegszug gerettet und dem Papste zuerkannt; das Erstere hat er vor dem Falle bewahrt, das Zweite nach dem Falle gewonnen. Aistulf mußte geloben, das Erstere nie anzugreifen, das

Der Kirchenstaat war rechtlich begründet. An dem Kriege Pipins gegen die Longobarden und an seiner großmüthigen Schenkung läßt sich mit Grund Nichts aussetzen. Der Krieg war gerecht. Pipin durfte den Unterdrückten schützen und dem gekrönten Räuber die ungerechte Beute entreißen. „Nach der Strenge des Rechtes und der Gesetzmäßigkeit", sagt selbst Gibbon [1], „kann jeder das annehmen, was ein Wohlthäter ohne Ungerechtigkeit ihm schenken kann. Der griechische Kaiser hatte seine Rechte auf das Exarchat verlassen oder verloren, und Aistulfs Schwert war dem stärkern des fränkischen Königs unterlegen. Hatte Pipin sein Leben und sein Heer den Gefahren zweier Züge über die Alpen ausgesetzt, so hatte er es nicht gethan, um die Sache des Bilderstürmers zu vertheidigen; er besaß rechtmäßig die gemachte Eroberung und konnte sie rechtmäßig verschenken." Und wo wäre, fragt Adolf Menzel [2], „für die griechischen Tyrannen das Recht begründet gewesen, Eroberungen, die sie weder zu regieren noch zu behaupten verstanden, sogar aus der zweiten Hand wieder zu erhalten?" So vereinigten sich alle Rechtstitel, die Nothwendigkeit der Selbsterhaltung, die allgemeine Stimme des römischen Volkes, das Kriegsrecht und die großmüthige Schenkung des fränkischen Königs, um der längst nur nominellen Herrschaft der griechischen Kaiser in Mittelitalien gänzlich ein Ende zu machen und einen selbstständigen Kirchenstaat unter der Souveränetät der Päpste zu begründen. Das Volk, des griechischen Joches längst überdrüssig, warf es unter den gegebenen Verhältnissen mit Recht völlig von sich, und die Päpste, bis dahin die Beschützer der altkaiserlichen Rechte, fügten sich in die neue fürstliche Stellung, welche sie niemals ehrgeizig angestrebt, sondern die Vorsehung Gottes ihnen offen angewiesen, die Gunst der Umstände, das Schwert der glaubenstreuen Franken und die Dankbarkeit des Volkes bereitet hatte. Seit dieser Zeit (754) regierten die Päpste als unabhängige Herren. Sie nennen das römische Volk ihr Volk; den römischen

<hr/>

Zweite herauszugeben. Die Römer ermahnt Pipin zur Treue gegen den Papst Paul I. ihren Herrn. (Cod. Carol. ep. 15.) In den Augen Pipins waren überhaupt die Päpste Herrn eines Kirchenstaates schon vor der Schenkung, weßhalb diese auch eine Restitution, eine Sache der Gerechtigkeit genannt wird. Nach dem Erlöschen der griechischen Herrschaft war die päpstliche naturgemäß an ihre Stelle getreten.

[1] Geschichte der Abnahme und des Verfalls des römischen Reichs. Kap. 49.

[2] Geschichte der Deutschen, B. 3. K. 16, in der Begründung des Satzes: die Gerechtigkeit der Schenkung in Zweifel zu ziehen, ist so unbillig als ungereimt.

Staat ihren Staat [1]; sie wenden sich niemals mehr wie vorbem in den Bebrängnissen Roms zu den griechischen Kaisern um Hilfe, sie verhandeln in Zukunft mit ihnen nicht mehr als Unterthanen, sondern wie Fürsten mit Fürsten. In Konstantinopel mochte man die neue politische Ordnung beklagen, man mochte sie als mißliebig empfindlich aufnehmen, aber als eine Verletzung des Gebotes der Gerechtigkeit hat man sie nicht angesehen [2]; man konnte eben nicht läugnen, daß man den Verlust sich selbst mit Recht zuzuschreiben hatte.

Hieraus ergibt sich die Wahrheit unseres Satzes: keine Herrschaft ist nach Natur- und Völkerrecht so gerecht in ihrem Ursprung als die päpstliche. Und elf Jahrhunderte hat sie gestanden und ist immer ziemlich dieselbe geblieben; kein Ehrgeiz der Päpste hat sie ungerecht erweitert, keine auch noch so starke feindliche Macht hat sie dauernd vernichtet. Es gibt keine zweite Herrscherreihe, welche in ein gleich hohes Alter hinaufreichte, das Reich in gleichen Grenzen bis auf unsere Tage fortgeerbt hat; es gibt keinen Fürsten, welcher zuverlässigere Rechtstitel aufzuweisen hat, als der Papst. Ein Angriff gegen den Bestand des Kirchenstaates ist daher ein Angriff gegen alle Monarchen und gegen jede bestehende staatliche Ordnung. Das ist auch dem erklärtesten Feinde des Kirchenstaates klar, der gesteht: Mit dem Sturze des Papstes stürzen, ihrer Grundlage beraubt, die Monarchien [3]; das Papstthum ist die Quelle aller Autorität des heutigen Europa [4].

Wir haben von dem natürlichen Rechte auf den Kirchenstaat gesprochen, dessen der Papst nicht beraubt werden kann; es ist gestützt auf die Geschichte, gefordert von der Moral, der Wahrheit und der

---

[1] Noster populus. Mea romana civitas et populus meus peculiaris. Civitates nostrae etc. Cod. Carol. ep. 4. a. 755. ep. 7. a. 755, al. 754. ep. 10. 59 etc. Papencordt bemerkt l. c. S. 135: Seit der Loslösung von dem griechischen Reiche finden wir nicht ein einziges Beispiel, woraus nicht hervorginge, daß der Papst die höchste Gewalt in Rom besessen hätte.

[2] Man beachte die Verschiedenheit der Sprache des griechischen Kaisers Konstantin: Von Aistulf fordert er die Restitution Ravenna's aus Gründen des Rechtes; Pipin bittet er: nimis deprecans atque plura spondens. (Anastasii vita Steph. II.) Pipin anerkennt schon das Exarchat als dem Papst eigen, daher duldet er nicht, easdem civitates a potestate B. Petri alienari, und will um nichts in der Welt sie dem hl. Petrus wegnehmen (auferret). Vgl. hieher auch Hefele Conciliengesch. III. 354. Scharpff S. 66. Döllinger Papstfabeln S. 66.

[3] Pensiero ed Azione 15. Nov. 1858.

[4] L. c. 1. Sett. 1858.

Gerechtigkeit. Was immer gegen die Vereinbarkeit der weltlichen mit der geistlichen Herrschaft vorgebracht wurde, hat sich als völlig haltlos erwiesen. Bisher haben wir die Sache des Papstes unter einem Gesichtspunkt betrachtet, der geeignet ist, für sie jeden Mann von Ehre und Gewissen einzunehmen. Dennoch gibt es einen höhern, welcher die katholischen Herzen ergreift und auf's Tiefste bewegt. Die Frage des Kirchenstaates ist eine religiöse Frage, sie ist eine Lebensfrage aller Katholiken. Bevor wir sie jedoch (in der folgenden These der Encyclica) betrachten, wollen wir die nicht zu unterschätzende Thatsache hervorheben, daß dieser höhere Gesichtspunkt schon bei der Gründung des Kirchenstaates als maßgebend anerkannt wurde.

Aus keinem andern Grunde als um des Wohles der Kirche willen haben die Päpste für die Gründung eines selbstständigen Staates gewirkt und sich der Last der Regierung unterzogen. Das beweisen ihre Briefe, das die Zeugnisse der Geschichte. Wenn die Päpste mit den Longobardenkönigen unterhandeln oder die fränkischen Könige um Hilfe anflehen, so ist es an erster Stelle immer die Kirche, welche sie vor Augen haben, es ist Petrus, den sie im Munde führen[1]. Wenn sie bewegten Herzens den tapfern Franken ihren Dank ausdrücken, so geschieht es, weil sie die Kirche unter ihren Schutz genommen, dieselbe befreit und erhöht haben[2]. Wenn sie Pipin, Karlmann und Karl d. Gr. beschwören, für Rückerstattung der verlorenen Städte Sorge zu tragen, so ist es der hl. Petrus, dem sie dieselben zu erstatten bitten. Das, und das allein begriffen die fränkischen Könige; um des römischen Volkes, um einer römischen Republik willen hätten sie niemals ein Schwert aus der Scheide gezogen. Man erinnere sich an das königliche Wort Pipins: „nicht für eines Menschen Gunst habe ich gekämpft.“ Im Frieden von Pavia kamen die Franken, Longobarden und Römer überein, dem heil. Petrus und der Kirche die bestrittenen Städte und Gebiete zu übergeben,

---

[1] So empfiehlt P. Stephan II. (Anastas.) dem Pipin an erster Stelle causam B. Petri, an zweiter: et Reipublicae Rom. Daher auch die Benennungen: Fidelis B. Petri, ditio B. Petri, rebellis B. Petro. Nur zu Gunsten des heil. Stuhles verzichten die Longobarden auf ihre Beute; Desiderius in corpus B. Petri jurejurando promisit pro justitiis S. Dei Ecclesiae faciendis. Anastas. vita Adriani, coll. Cod. Car. ep. 46. 49. s. auch v. S. 14.

[2] Daher die Ausdrücke im Cod. Carol. ep. 13. 14 etc. an die fränkischen Könige: Tutor ecclesiae; Romanam redimens ecclesiam (wieder an erster Stelle!) et universum ei subjacentem populum.

und dem hl. Petrus wurde in der ihm geweihten Kirche zu Rom das Geschenk zu Füßen gelegt. Die Römer zeigten sich damit einverstanden. Den Vertrag von Pavia (754), durch welchen dem Apostolischen Stuhle der Staat der Kirche gewährleistet wurde, haben auch sie abgeschlossen, und in dem Briefe an König Pipin, in welchem sie für die Befreiung Roms danken, setzen sie gleichfalls an die erste Stelle den Schutz, die Vertheidigung und die Befreiung der Kirche Gottes und des christlichen Glaubens; sie wünschen ihm immerwährenden Sieg, allerdings zu ihrem eigenen Besten, aber vor Allem zur immerwährenden und vollständigen Sicherheit der Kirche [1].

Demnach gehört der Kirchenstaat schon seiner geschichtlichen Begründung nach nicht den Römern, nicht den Italienern, sondern dem Apostolischen Stuhle; als Gut des Apostolischen Stuhles hat ihn jeder Papst beim Antritt seines Amtes übernommen, als solches muß er ihn seinen Nachfolgern hinterlassen. — Dem angeblichen Rechte der Italiener oder richtiger einer italienischen Faction auf Rom steht nicht nur das legitime Recht des römischen Souveräns, das ehrwürdigste und gerechteste aller Fürsten, gegenüber, sondern zweitens das Recht Aller, welche sich rühmen, vom Apostolischen Stuhle in ihren heiligsten Interessen regiert zu werden, das geschichtlich begründete Recht aller Katholiken der Erde.

III.

Der Kirchenstaat und das Wohl der Kirche.

„Die Abschaffung der weltlichen Herrschaft, welche der Apostolische Stuhl besitzt, würde zur Freiheit und Wohlfahrt der Kirche im höchsten Maße beitragen"; so lautet der 76. Satz, welchen die Encyclica verworfen hat.

Welches ist der Sinn desselben? Welche Wahrheit wurde mit der Verwerfung desselben ausgesprochen? Zum wenigsten der Gegensatz: die Abschaffung der weltlichen Herrschaft, die der Apostolische Stuhl besitzt, würde zur Freiheit und zur Wohlfahrt der Kirche nicht im höchsten Maße beitragen; noch mehr aber drückt der Papst im ganzen Verlaufe jener

---

[1] Auch die Städte des lombardischen Tusciens trat Karl d. Gr. nicht dem römischen Municipium ab, sondern ausdrücklich den Päpsten. Vgl. Troya, Condizione dei Romani vinti. §. 202.

Allocution [1] aus, welcher die angeführte These entnommen ist, mehr liegt im Zusammenhang der Rede und in der Absicht, in der sie gehalten wurde. Unmittelbar vor den angeführten Worten unseres Satzes erklärt Pius IX.: „Wir können nicht umhin, diejenigen besonders zu warnen und zurechtzuweisen, welche jenem Decrete, durch das der Papst aller Ehre und Würde seiner weltlichen Herrschaft beraubt wird, Beifall spenden." Warum die Warnung und Zurechtweisung derselben? Etwa nur deßhalb, weil sie jenes Decret höchst vortheilhaft für die Kirche nennen? Durchaus nicht; sondern deßhalb, weil dasselbe der Kirche nicht nur gar nicht nützlich, sondern vielmehr nachtheilig ist. Dieß beweisen die folgenden Worte des Papstes: „Unseres Amtes Pflicht fordert, in der Wahrung der weltlichen Herrschaft des Apostolischen Stuhles die Rechte und Besitzungen der heiligen römischen Kirche und die Freiheit dieses heiligen Stuhles, welche mit der Freiheit und dem Nutzen der ganzen Kirche verbunden ist, aus allen Kräften zu beschützen." Der Kirche werde diese Beraubung zum Wohle und zur Freiheit gereichen, das ist es, was die Gegner im Wesentlichen behaupten, und das ist es, was der Papst verwirft, sowohl in dieser als in andern Allocutionen. So läßt er sich in jener vom 9. Juni 1862 vernehmen: „Wir sprechen nicht von jener boshaften Heuchelei, mit welcher die Führer und Anhänger der heillosen italienischen Revolutions- und Umsturzpartei sagen, sie wollen, daß die Kirche frei sei."

Wir werden uns hier nicht mit dem Nachweis beschäftigen, daß aus der Beseitigung des Kirchenstaates kein Nutzen für die Kirche, sei es im höchsten, sei es im mindesten Grade, hervorgehe; denn das nächste Kapitel wird zeigen, daß statt eines Vortheils ein unersetzlicher Nachtheil hieraus erwachsen wird, indem der Apostolische Stuhl hiedurch der vorzüglichsten Garantie beraubt wird, welche die Ausübung seines hohen Amtes erheischt und die von der Vorsehung Gottes gewährt wurde.

Indirect wird in unserem Satze die Heuchelei gebrandmarkt, welche Eifer für die höchste Wohlfahrt der Kirche zur Schau stellt. Und wer kann sich einer Täuschung darüber hingeben? Oder soll das Wohl der Kirche jener Partei am Herzen liegen, welche Vernichtung derselben als Devise auf ihre Fahne geschrieben? Und hat die Regierung des Königreichs Italiens sich nicht bis jetzt von derselben Partei ins Schlepptau nehmen lassen? Hat sie nicht die Kirche in ihrer Freiheit, in ihren

---

[1] Quibus quantisque 20. April 1849.

Bischöfen, in ihren Orden, in ihren Schulen, in ihren Anstalten, in ihrem Vermögen angegriffen? Und hat man nicht in Paris dieselbe Regierung unter die schützenden Fittige genommen, sie geleitet und unterstützt? Hat man nicht in Frankreich die empörendsten Angriffe gegen die Kirche gestattet, dagegen die Veröffentlichung der Encyclica und des Syllabus den Bischöfen verboten? Geschah das aus Eifer für die kirchliche Freiheit? Es ist wirklich rührend, wie sich gewisse Personen für das Wohl der Kirche interessiren können. Wer will dieses durch Entziehung der päpstlichen Staaten fördern? Es ist beispielsweise ein Prinz Hieronymus Bonaparte. Wohl hüllte er sich in seiner am 1. März 1861 im französischen Senat gehaltenen Rede in tiefsten Respect vor dem Haupt des Katholicismus, er sah bereits im Geiste die Oase des Katholicismus, die mitten unter den Stürmen der unruhigen Welt aufleben würde, sobald sich der Papst in eine römische Vorstadt zurückgezogen und zufrieden mit der geistigen Souveränetät die Siebenhügelstadt den Italienern ausgeliefert hätte. Gab es Einen Menschen, der im Ernste ihm Glauben geschenkt hätte? Der Prinz theilte ohne Zweifel das Interesse seines kaiserlichen Bruders für die geistige Autorität des ehrwürdigen Oberhauptes der Kirche; nur im Interesse für diese nahm Napoleon I. ihm die weltliche und sperrte ihn zu Savona ein, ohne Bischöfen und Gläubigen die Verbindung mit ihm zu gestatten. Dasselbe Interesse für die katholische Kirche [1] veranlaßte vor Allem die officiöse Broschüre **Le Pape et le Congrès** (1859), den Rath zu geben, auf die Romagna zu verzichten; denn je kleiner der Staat, desto größer der Souverän! Aber es frommt dem Lamme nicht, im eigenen Interesse den Rath des Wolfes zu vernehmen; die Päpste müssen am besten ihr Interesse verstehen. Pius IX. hat in der That es begriffen und die verdiente Antwort gegeben. Wie Gregor XVI. vor Kaiser Nicolaus I., so stand er am Neujahrstag 1860 vor dem kaiserlich französischen General Goyon; monument insigne d'hypocrisie, so sprach er; ein leuchtendes Denkmal der Heuchelei hat sich der Urheber der Schrift gesetzt. Männer dieser Art mögen sich Katholiken nennen, ihr wahrer Name ist: Kinder der Finsterniß, so wiederholte die apostolische Stimme in öffentlicher Allocution vom 17. December 1860; das ist die einzig gebührende Antwort, catholicae ecclesiae se filios praedicant, appellandi vero sunt filii tenebrarum.

---

[1] C'est en catholique que nous écrivons, et nous cherchons uniquement ce qui peut profiter à l'église et assurer à son auguste chef la sécurité.

IV.

Die Nothwendigkeit der weltlichen Herrschaft des Papstes.

Nach Verwerfung der die weltliche Herrschaft des Papstes betreffenden Irrthümer wird am Schlusse des §. 9 des Syllabus nicht nur auf andere hieher gehörende Irrthümer hingewiesen, sondern auch auf die „Lehre von der weltlichen Herrschaft des römischen Papstes," wie sie in fünf Allocutionen und einem apostolischen Schreiben klar dargelegt ist; es ist die Lehre von der Nothwendigkeit dieser Herrschaft. Es frägt sich nun, welche Nothwendigkeit wird hiermit ausgesprochen? Nur eine moralische und relative. Diese nämlich begreift jene Bedingungen, welche erfordert werden, nicht um schlechthin zu bestehen, sondern um so zu bestehen, wie es sich geziemt; dieselbe erstreckt sich nicht auf alle denkbaren Fälle, sondern bezieht sich auf bestimmte Verhältnisse und Umstände, in denen ein Ziel nicht anders erreicht werden kann. Es ist die weltliche Souveränetät dem Papste nicht wesentlich nothwendig, um Oberhaupt der Kirche genannt werden zu können, wohl aber ist sie ihm, namentlich in unserer Zeit, nothwendig, um die Pflichten des Papstes, so wie es sich gehört, zu erfüllen. Mit andern Worten: soll die Kirche die ihr gemäß göttlichem Auftrage zukommende Thätigkeit entfalten, soll sie ihre himmlische Mission erfüllen, so ist es durchaus nothwendig, daß sie nicht gebunden und geknechtet werde; ohne weltliche Herrschaft aber wird sie, wenigstens in unserer Zeit, gebunden und geknechtet werden. Dieß wollen wir jetzt etwas ausführlicher darstellen. Soll die Kirche ihrem erhabenen Ziele entsprechen, so darf das ihr zu ihrer Leitung ge- gebene Haupt, das nothwendige Centrum ihrer Einheit, nicht durch fremde Elemente beeinträchtigt, gehemmt werden. Die Grundlage, das Haupt und der Mittelpunkt der Kirche sind nun die römischen Päpste; ohne den Kirchenstaat[1], als Garantie ihrer Freiheit und Unabhängigkeit,

---

[1] Zunächst ist hiermit von der Nothwendigkeit eines unabhängigen Kirchen- staates im Allgemeinen die Rede; es ist hieraus der weitere Schluß leicht zu ziehen, daß der Papst den Besitz des ganzen ehemaligen Kirchenstaates fordern muß. Denn a) ist der Raub des einen Theiles dieses Staates erlaubt, so ist es ebenso sehr der Raub der übrigen Theile, Turin hat kraft desselben Princips ebenso wenig oder ebenso viel Recht auf Rom als auf Bologna; b) der Papst kann mit dem kleinen Reste seines Staates finanziell und materiell nicht bestehen. „Ohne Bologna, Fer- rara und die Romagna kann Rom sich nicht mehr halten; die alte Maschine wird in sich zusammenfallen;" so schrieb Napoleon nach dem Vertrag zu Toletino an das Directorium. Die bedrängte jetzige Lage des Papstes gibt den Beleg dazu; denn

würden sie in ihrem Amte und ihrer Wirksamkeit wesentlich gehindert werden; das profane Element würde in das Heiligthum Gottes sich eindrängen, zum Schaden des auf ihnen ruhenden ganzen Baues der Kirche. Oder wie könnte ein von einem Monarchen abhängiger Papst, ein Unterthan, frei die Kirche Gottes regieren? Er könnte, um Weniges zu berühren, nicht vollkommen zwei seiner wichtigsten Pflichten erfüllen, die des obersten Leiters der Kirche und die des allgemeinen Hirten der Gläubigen. Handeln wir zunächst von der erstgenannten. Der Papst soll in den obersten Rath der Kirche, in das ehrwürdige Colleg der Cardinäle geeignete Männer berufen, welche mit ihm das allgemeine Beste der Kirche berathen und nach seinem Tode das neue Kirchenhaupt erwählen. Was wird unter einem abhängigen Papste geschehen? Die Erfahrung lehrt es. Die Päpste zu Avignon, von Frankreich umgeben, daher obgleich dem Namen nach Souveräne, der That nach abhängig, mußten französische Creaturen zu Cardinälen machen, welche schließlich mit der Wahl des Afterpapstes Clemens VII. (i. J. 1378) das entsetzlichste Schisma bewirkten, das insbesondere die unselige Kirchenspaltung des 16. Jahrhunderts und die unheilvollsten bis jetzt fortwährenden Folgen in seinem Schooße trug; die Geschichte hat die ganze Zeit des Aufenthaltes der Päpste zu Avignon mit dem Namen päpstliche Gefangenschaft gekennzeichnet. Aehnlicher Weise wollte Napoleon im Jahr 1807 ein Drittel der Cardinäle aus den französischen, im Jahre 1813 zwei Drittel derselben aus den ihm ergebenen Staaten genommen wissen. —

Der Papst soll für die Besetzung der Hirtenstühle Sorge tragen. Wird die italienische Regierung ihn ungestört dieser schweren Pflicht nachkommen lassen? Der traurige Zustand der seit Jahren verwaisten Diöcesen Italiens und ein Blick auf die Verhandlungen mit Vegezzi verneinen es. Wie nun? was wird ein untergebener Papst von seiner gewissenlosen Regierung zu erwarten haben, wenn er gegen ihren Willen den verwaisten Kirchen die Hirten bestimmt? —

Der Papst soll über die ganze Heerde, die Gläubigen und ihre Hirten wachen, sie im Glauben stärken und in der Einheit befestigen.

nur durch äußere Unterstützung kann die gegenwärtige römische Regierung bestehen. c) Der geringe Umfang der Souveränetät über Rom würde den Papst ebenso wenig vor der politischen Abhängigkeit vom Könige Italiens schützen, als es die souveränen Päpste zu Avignon vor der Abhängigkeit von der französischen Krone schützte. d) Endlich ist auch der Umstand nicht außer Acht zu lassen, daß der päpstliche Besitz am adriatischen Meer ebenso dem Orient den Weg nach Rom offen hält, als Civita-Vecchia den Ländern des Occidentes.

Wie? wird eine Regierung, welche den Bischöfen die Reise nach Rom (1862) verbietet, den Verkehr des Papstes mit den Bischöfen leichter gestatten? Hätte sie zu gebieten gehabt, kein einziger Bischof hätte damals die ewige Stadt betreten dürfen. Ueberhaupt, „hätte es," fragen die zu Rom versammelten Bischöfe in ihrer Adresse vom 3. Juni 1862, „jetzt geschehen können, daß die Bischöfe der ganzen Welt hier ruhig zusammenkämen, um mit deiner Heiligkeit so wichtige Dinge zu unterhandeln, wenn sie aus so vielen und so verschiedenen Ländern und Völkern zusammenkommend, hier einen regierenden Fürsten gefunden hätten, der entweder ihre Fürsten im Verdacht hatte oder diesen hinwieder als ein Verdächtiger erschien?"

Der Papst soll für die Bildung des Klerus sorgen. Aber welchen Klerus könnte der Papst unter einer Regierung sich bilden, welche die Seminarien der Bischöfe schließt? — Der Papst wird sich stets auf die religiösen Orden als auf Pflanzstätten der Wissenschaft und Tugend stützen; die italienische Regierung ist es, welche sie überall aufhob. — Der Papst ist endlich, um uns kurz zu fassen, der Lehrer des Glaubens und der Wächter des christlichen Sittengesetzes und der kirchlichen Disciplin; er muß reden und handeln, und die Regierung Italiens verurtheilt ihn und seine Bischöfe nach Belieben zum Schweigen und zum moralischen Tode; wie erst, wenn sie über ihn zu gebieten haben wird? Man entreißt Fransoni, Erzbischof von Turin (1850), mit bewaffneter Hand seiner Heerde, schleppt ihn erst in die Citadelle, zuletzt in's Exil; warum das? Er hatte anläßlich eines neuen Gesetzes die Pastoren angewiesen, wie sie sich zu verhalten haben, um ihrer Gewissenspflicht zu genügen. Man exilirt den Erzbischof von Cagliari, weil er nach den ersten Principien der christlichen Moral die Sterbsacramente einem Unwürdigen verweigert. Man sequestrirt (Sept. 1863) ein Fünftel der Einkünfte aus den Tafelgütern des Bischofs von Parma, der zehn Priester nach dem canonischen Recht suspendirte, und erklärt diesen Act für Mißbrauch. Man verurtheilt den Bischof Frascollo von Foggia (30. Sept. 1862) zu zwei Jahren Gefängniß und 4500 Lire Strafe, weil er sich an die Instructionen der römischen sacra Penitenzeria hält; man wirft den Bischof Gennaro Maria Acciardi von Anglona und Tursi (in der Nacht vom 2. auf den 3. Sept. 1862) in's Gefängniß, weil er einigen Geistlichen seiner Diöcese Copien eines Hirtenschreibens der neapolitanischen Bischöfe zusendet; man zieht den Bischof von Bergamo vor Gericht, weil er eine höchst einfache, aber übelverstandene Moralpredigt hält. Und

so könnten wir lange in der Aufzählung der Verurtheilungen pflichtge=
treuer Bischöfe fortfahren. Wie nun? wäre man Herr zu Rom, würde
man dem römischen Bischofe leichter die Ausübung seines apostolischen
Amtes gestatten? würde man mit ihm glimpflicher verfahren? Gewiß
nicht. Wer die wiederholten Proteste aller Bischöfe Italiens verachtet,
wer der Stimme der gesammten Kirche Hohn spricht, wer die Excom=
municationen des Papstes nicht scheut, er könnte sich auch an dem Papste
vergreifen. Ein Pius IX. würde den Kerker oder das Exil, sein Savona
oder sein Fontainebleau finden. Nicht ohne Grund hat Monsignor Nardi
den Herrn de Troplong und den Herzog von Persigny an die Worte
Napoleons I. erinnert: „Die Zeit ist nicht mehr fern, wo ich den Papst
nur noch als Bischof von Rom anerkennen und auf gleiche Linie mit
den Bischöfen meiner Staaten stellen werde. Ich werde die französische,
italienische, deutsche und polnische Kirche zu einem Concil vereinigen, um
die Geschäfte ohne den Papst zu regeln." (An Prinz Eugen, d. d.
Dresden den 22. April 1807.) Aehnliches müßte man von der italie=
nischen Regierung fürchten, gelänge es ihr, sich Roms zu bemächtigen.
Wenn der hl. Vater sich ihr nicht fügen wollte, würde sie die Angelegen=
heiten der Kirche mit schismatischen Bischöfen, und, fände sie dieselben
nicht, auch ohne Bischöfe zu besorgen suchen. Wo bliebe da die Wirk=
samkeit des Apostolischen Stuhles? Es ist wahr, man hat eine freie
Kirche im freien Staate versprochen. Allein nach der vernichtenden
Antwort Montalemberts in seinem berühmten offenen Briefe an Cavour,
nach der erschütternden Schilderung der hart bedrängten italienischen
Kirche, wie sie Dupanloup entworfen hat [1], nach dem Spiegel, wie ihn
Döllinger der Regierung Italiens wahrheitsgetreu vor Augen gehalten
hat [2], wird Niemand die Stirne haben, das Versprechen im Namen
Italiens zu erneuern; die schlagendste Widerlegung würde jeder Tag der

---

[1] Die Convention ꝛc. S. 9 ff. Aus der langen Reihe der angeführten Gesetze
seit dem Jahre 1847 ersieht man, daß es sich nicht bloß um vorübergehende Thaten
barbarischer Grausamkeit handelt, sondern daß die Kirche legal, systematisch, für alle
Zukunft ihrer Freiheit beraubt und dem zermalmenden Staatsdespotismus überliefert
werden soll.

[2] „Eine Regierung, die sich ihres Treubruchs rühmt, die kein Völkerrecht, keine
Verträge, keine Legitimität des Besitzes, nichts als die brutale Gewalt und das
Recht des Stärkeren oder die Autorität der vollbrachten Thatsachen anerkennt, die
in einem Decrete das Andenken eines Mörders für geheiligt erklärt, eine Regierung,
für die es keine rechtlichen, keine sittlichen, keine religiösen Bande gibt, die sollte auf=
richtig der Kirche Freiheit, dem Papste Unantastbarkeit und Selbstständigkeit ge=
währen?" Kirche und Kirchen S. 657.

gegenwärtigen Geschichte Italiens liefern. Man beachte auch noch dieses: Die italienische Regierung nimmt für sich das Placet und Exequatur der kirchlichen Verordnungen in Anspruch; ein Papst, der ihr Unterthan wäre, müßte demnach für alle seine Erlasse an die allgemeine Kirche das Placet der italienischen Regierung einholen, dürfte sich nicht mehr regen, nicht mehr sprechen, wenn es ihr nicht gefiele. Welche Freiheit für den höchsten Leiter der Kirche!

Dem Papste droht übrigens die Gefahr, in seinem Wirken ge= hindert zu werden, nicht nur von einer der Kirche so feindseligen Regie= rung, als die italienische ist, sondern auch von andern. England rühmt sich das freieste Land zu sein; in der That erfreut sich die katholische Kirche dort vieler Freiheiten, deren sie in manchen katholischen Staaten entbehrt. Gleichwohl wurden dort 1851 im ersten Artikel der Titelbill alle apostolischen Breven, Rescripte und Sendschreiben für null und illegal erklärt. Ueberhaupt gesteht die Morning=Post (27. März 1865), eine unabhängige geistliche Regierung des Papstes in England, wie an jedem Orte, den er nicht als Souverän beherrsche, sei eine Unmöglichkeit; er würde wie jeder Fremde den zur Aufrechthaltung der internationalen Verpflichtungen gegebenen Gesetzen des Landes unterliegen und könnte darum nicht nach freiem Gutdünken Bullen, Edicte, Excommunicationen er= lassen ohne Erlaubniß der Regierung, wie er es jetzt als Souverän könne.

Als die Encyclica und der Syllabus erschien, wurden in Frankreich der Cardinal=Erzbischof von Besançon und der Bischof von Moulins wegen Vorlesung derselben Encyclica gestraft. Damals schrieb die Kölnische Zeitung (11. Febr. 1865): „Der erste Feldzug des Kirchen= streites in Frankreich ist beendet" .... „die Stellung ist also die, daß ... Encyclica und Syllabus für Frankreich wirkungslos erklärt sind." Das wäre denn in der That die dem Papste in Italien angewiesene Stellung, ein Papst verurtheilt zum Schweigen, d. i. nicht zu leben und nicht zu sterben, ein Papst ohne Autorität, oder, nach Mamiani's clas= sischem Ausdruck, bestimmt „zu beten, zu segnen und zu verzeihen," ja selbst hierin nicht frei, wie die massenhafte Verurtheilung des italienischen Klerus wegen Verweigerung des Te Deum (1860) bewiesen hat. Ein solcher Papst ist nicht der oberste Leiter der Kirche; diese Stellung verlangt daher die souveräne Unabhängigkeit des Papstes; sie wird aber auch gefordert von seiner Stellung als allgemeiner Hirt und Oberhaupt aller Gläubigen. Die berüchtigte Broschüre: Le Pape et le Congrès (1859) bestimmt, den Papst von der Nothwendigkeit der

Abtretung seiner reichsten Provinzen zu überzeugen, kann doch nicht umhin, die Nothwendigkeit seiner Souveränetät einzugestehen [1]. Sie gibt diese Nothwendigkeit nicht nur als eine katholische Lehre zu, sondern auch, was wir im Munde ihres Autors besonders beachtenswerth finden, als begründet im Interesse der Völker, der Politik, des Wesens des universellen Papstthums. Ein Papst, schreibt er, welcher exclusive Frankreich oder Oesterreich, Spanien oder dem Königreich Italien angehörte, würde auf den Titel seiner Nationalität hin den wesentlichen Charakter der Universalität und die nothwendige Eigenschaft der Unabhängigkeit verlieren. Jeder Kenner der Geschichte muß dem beistimmen. Welche Lehre gibt uns die Zeit der päpstlichen Gefangenschaft zu Avignon! Welches Unheil häufte sich damals auf die Kirche und herrliche Reiche, insbesondere auf unser deutsches Reich, nicht etwa durch Schuld schlechter Päpste, denn ihre Persönlichkeit verdiente unsere hohe Achtung, sondern, wie Damberger bemerkt [2], „wegen ihrer verkehrten, oder richtiger excentrischen Stellung; war es doch, als sollte im Plane der Vorsehung Gottes ihr Aufenthalt zu Avignon für ewige Zeiten „der Christenheit recht klar vor Augen legen, wie das Wohl der ganzen Kirche eine von den politischen Wirren möglichst unberührte oder unabhängige Stellung ihres Oberhirten erheischt.“ Doch wir wollen nicht so weit in die Geschichte zurückgreifen; bleiben wir im gegenwärtigen Jahrhundert. Die Zeit Napoleons I. hat den schlagendsten Beweis geliefert, welche Sklaverei dem politisch abhängigen Papste und der Kirche drohen, und mit welchem Mißtrauen die Christenheit auf solch einen Papst hinblicken würde. Damals, im Jahr 1805, drückte sich während der Verhandlungen des englischen Parlaments über die sogenannte Emancipation der Katholiken ein Mitglied des Oberhauses in einer Sitzung vom Monat Mai folgendermaßen aus: „Ich denke, ja ich bin gewiß, daß der Papst nur eine erbärmliche Puppe ist in den Händen des Usurpators des Thrones der Bourbonen; daß er es nicht wagt, ohne den Befehl Napoleons die geringste Bewegung zu machen; und daß, wenn dieser Letztere eine Bulle von ihm verlangte, um die irländischen Priester anzufeuern, daß sie ihre Heerde zum Aufstande gegen die Regierung verleiten, er sie dem Despoten nicht

---

[1] D'abord, le pouvoir temporel du Pape est-il nécessaire à l'exercice du pouvoir spirituel? La doctrine catholique et la raison politique sont ici pour répondre affirmativement.

[2] Synchronistische Geschichte der Kirche und der Welt im Mittelalter Bd. XIV. S. 939.

verweigern würde"[1]. Napoleon hat in der That den Beitritt des Papstes Pius VII. zu seinen allgemeinen Maßregeln gegen die Engländer verlangt. Er hatte überhaupt seine Handlungsweise in einem Briefe vom 12. März 1806 an seinen Bruder Joseph selbst klar kund gegeben, wie der Herzog von Aumale den Prinzen Napoleon in einem offenen Sendschreiben erinnert hat: „Ich will es nicht haben, daß der römische Hof einen Gesandten bei den Mächten unterhalte, mit denen ich im Kriege bin; nur um diesen Preis werde ich ihm seine Unabhängigkeit und Souveränetät lassen." Es ist wahr, des Pius VII. heldenmüthiger Geist hat die eines Papstes würdige Antwort gegeben (19. April 1805), daß er als der gemeinsame Vater aller Christen keine Feinde unter denselben haben könne, aber es ist eben so wahr, daß er die Erfüllung seiner hohenpriesterlichen Pflicht mit seiner Freiheit bezahlen mußte. So leicht verbindet sich mit dem Verlust der unabhängigen Herrschaft die Unmöglichkeit, den gerechten Forderungen aller dem geistigen Oberhaupte gegenüber gleichberechtigten Völker zu entsprechen, und so gewiß fordert das Wohl der katholischen Nationen und die politische Ordnung die souveräne Stellung des Papstes.

Jung-Italien selbst hat das anerkannt; oder warum hat es die von Gaeta aus gegebenen Decrete Pius' IX. für kraft- und werthlos erklärt? Warum anders, als weil sie nicht vom unabhängigen Papste gegeben seien, sondern inspirirt von jenem Fürsten, der ihn beherbergte? Wie erst, wenn Pius IX. nicht Gast, sondern Unterthan König Ferdinands gewesen wäre? Der Königen untergebene Papst würde unschwer zu einem Werkzeug ihrer Politik erniedrigt, wenigstens gäbe er leicht zu solchen Befürchtungen Anlaß, und damit wäre seine geistige Macht und seine Autorität untergraben, die Macht der Könige dagegen würde dann zum unerträglichen Despotismus ausarten. Das ist der Grund, warum Thiers, einer der bedeutendsten Staatsmänner des modernen Frankreich, obwohl kein gläubiger Katholik, mehr als einmal für den päpstlichen Staat in die Schranken trat. Ich will nicht, sagt er, einen insulirten Präfecten haben. „Was geschieht", frägt er in der Sitzung vom 13. April 1865, „wenn man die weltliche Herrschaft der Kirche vernichtet? Man richtet auch die Autorität dieser Kirche zu Grunde." Das Versprechen eines unabhängigen Papstes, einer freien Kirche im freien Staate ist nach

---

[1] Jos. de Maistre „Vom Papste". Uebers. v. M. Lieber. Bd. I. S. 266, Frankfurt a. M. 1822.

seinem Urtheil ein leeres, grundloses Versprechen. In diesem Sinne verstehen wir denn auch Odilon Barrots bekannte, tiefsinnige Worte: Die beiden Gewalten müssen im römischen Staate verbunden sein, damit sie in der ganzen übrigen Welt getrennt sein können. Man wendet freilich dagegen ein, der Papst sei Jahrhunderte lang den römischen oder griechischen Kaisern unterworfen gewesen; das ist richtig, beweist aber nichts. Denn um zuerst von den altrömischen Kaisern zu sprechen, so waren die Päpste bis Kaiser Konstantin, also bis in das 4. Jahrhundert, allerdings ihnen unterworfen, aber auch von ihnen durchgehends verfolgt; das war die Zeit der Martyrer. Niemand wird solche Zeiten als maß= gebend uns vor Augen stellen wollen. Natürlicher Weise hätte die Kirche zu Grunde gehen müssen; durch ein Wunder wurde sie erhalten, und damit nach dem Plane Gottes den kommenden Jahrhunderten der Beweis ihrer Göttlichkeit geliefert. Durch ein Wunder wird Papstthum und Kirche auch jetzt nöthigenfalls trotz aller Verfolgung der Hölle und der Schlechtigkeit erhalten werden, und müßten die Päpste selbst wieder in die Katakomben hinabsteigen. Die Katholiken rechnen aber auf das wunderbare Eingreifen Gottes nur dann, wenn die natürlichen Mittel nicht ausreichen; eben deßwegen protestiren sie gegen die Beraubung des Papstes, um die natürlichen Mittel anzuwenden und um nicht etwa wieder zu einem Gottesdienste unter der Erde verurtheilt zu werden. — Vom vierten bis zur Mitte des achten Jahrhunderts lebten sodann die Päpste unter der Herrschaft der griechischen oder der occidentalischen Kaiser; auch das ist richtig, beweist aber nur, daß die Nothwendigkeit der Souveränetät keine absolute ist; bedingt ist sie von den äußern Umständen, welche in der gegenwärtigen Zeit einen Kirchenstaat weit dringender als damals erfordern. In jener Zeit besaßen die Päpste einen fürstlichen Reichthum an Grundbesitz, der mehr als genügend für die Bedürfnisse der Kirche war; gegenwärtig entbehren sie dessen; da= mals war die Kirche nicht über fünf Welttheile ausgebreitet, wie heute; an die Stelle der ehemaligen Einheit des altrömischen Reiches ist all= mählich eine Unzahl verschiedener, bald rivalisirender, bald feindselig ein= ander gegenüberstehender Völker getreten; damals herrschte nicht jener antichristliche, die Kirche knechtender und bis auf den Tod befehdender Geist, wie er heute offen sich kundgibt. Die Kaiser schienen bei alledem damals instinctmäßig zu fühlen, daß ihres Bleibens nicht sei neben der Hoheit der Päpste und wichen von hinnen; heute ist gerade Rom zum Sitz des Königs von Italien auserkoren; gleich den übrigen Städten Italiens errang Rom eine ziemlich freie Stellung, und regierte sich selbst als Republik, an seiner Spitze stand der Papst unter der schwachen Ober= herrlichkeit des Kaisers. Es ist wahr, wir wiederholen es, auch die alten Kaiser bedrängten die Päpste; aber gerade dieses beweist, wie nothwendig ihre Unabhängigkeit ist. Und wie hätte auch die höchste geistige Macht bei langer Dauer des erdrückenden Byzantinerthums ihren wohlthätigen Einfluß ausüben können? Papst Liberius wird vom Kaiser Constans nach Beröa in Thracien verbannt, der hl. Papst Simplicius und Felix III. durch die Glaubensedicte und das Schisma des Kaisers Zeno bedrängt, der hl. Symmachus (499—514) muß vom arianischen König Theodorich gegen Byzanz geschützt werden; Agapet wird vom Kaiser Justinian I. nach Konstantinopel gerufen, um den häretischen Antimus in die Kirchengemeinschaft aufzunehmen; sein Nachfolger, der hl. Silverius, wird verleumdet und vom kaiserlichen Feldherrn Belisar nach Patara in Lycien verjagt; sein Nachfolger Vigilius nach Konstan= tinopel geschleppt, dort von Soldaten blutend aus der Kirche gerissen, zu deren Altären er vergebens Schutz suchend flüchtete, deren Säulen er umsonst umschlang, er wird sieben Jahre mit Schmach gesättigt. Den hl. Papst Martin reißt Kaiser Konstantin II. 653 aus der Kirche und sendet ihn in's Elend. Will man etwa diese Freiheit den Päpsten ver= sprechen? Und dennoch hätten jene Martyrer noch Härteres für ihr apostolisches Amt erdulden müssen, wenn die Entfernung der Kaiser und ihre Ohnmacht in Italien das nicht verhindert hätte.

Papst Gregor II. (715—731) durfte, vom bilderstürmenden Leo mit dem Loose Papst Martins bedroht, entgegnen: Der römische Bischof wird sich nur 24 Stadien weit nach Campanien entfernen, dann komme und verfolge die Winde! Als damals die Kaiser vollends von der rö= mischen Kirche sich losrissen und die Päpste in endlos währende Fesseln zu schlagen suchten, hatte die Stunde der Rettung und der schönen kommenden Zeiten geschlagen; die Päpste waren Souveräne; unter ihnen ergoß sich stets verjüngendes Leben in die Glieder der Kirche und erhob sich der gigantische Bau der christlichen Staaten Europas und um Rom zunächst erblühte das gebildete und reiche Italien, während die griechische Kirche in Lethargie erstarrte, das geschwächte Reich den Sa= racenen und Türken zur Beute wurde. — Der innere Zusammenhang zwischen der Unabhängigkeit des Papstes und dem Wohle der Kirche ist übrigens von den Wenigsten verkannt worden. Schon jubelt eine gott= lose Partei über den nahenden Sturz des Papstthums, in der Ueber=

zeugung, er folge der völligen Beraubung des Papstes; es jubeln Akatholiken über den Zerfall der katholischen Kirche. Die Ansicht des modernen Liberalismus mag uns die Augsburgische Allgemeine Zeitung geben: „Jeder neue Morgen mahnt daran", schreibt ein Correspondent aus Rom [1], „daß die Stunden verrinnen und daß die kirchliche wie geistige Machtstellung des Papstes in ihrer Fortdauer ernstlicher bedroht wird." Noch klarer drückt sich dieses Blatt bei Anlaß einer Besprechung des hundertjährigen Geburtstages Baader's aus: „Wie läßt sich denken, daß der Papst als König und als Unterthan eines anderen Monarchen dieselbe Stellung in der Gesammtkirche haben könne? Ist denn nicht die kirchliche Macht, die er gegenwärtig ausübt, eine wahrhaft monarchische? Ist nicht diese kirchliche Macht in vielen Fällen zugleich eine politische? . . . Muß nicht das, was der Papst als Papst thut, eine Rückwirkung auf seinen politischen Herrn, und umgekehrt das, was dieser thut und will, eine Rückwirkung auf jenen ausüben? Nun stelle man sich aber unter diesen Umständen die Lage Oesterreichs, Preußens, Deutschlands, sowie vieler europäischer und außereuropäischer Länder vor: sollen diese oder können sie auch nur einen Augenblick es dulden, daß der König von Italien oder der Kaiser Napoleon zugleich politisch und kirchlich mit ihnen in die Schranken tritt? Sollen sie sich von einem Unterthan eines dieser beiden Gesetze vorschreiben lassen? Können sie mit diesem Verträge schließen? Alles das ist offenbar unmöglich u. s. w." Klarer kann die Nothwendigkeit des Kirchenstaates nicht bewiesen werden, als es von dem Verfasser dieses Artikels gerade in dem Augenblicke geschieht, in dem er dieselbe bestreitet [2].

Auch an der Seine zieht man jetzt weder die Nothwendigkeit des

---

[1] A. A. Zeitung 30. März 1865.

[2] Wenn er nun aber zu zeigen sucht, der in Aussicht stehende Verlust des Kirchenstaates würde mit Sicherheit die Umgestaltung der Kirchenverfassung zur Folge haben, der römische Bischof würde seine Gewalt als Oberhaupt der Kirche einbüßen, so vermögen wir ihm hierin nicht beizustimmen. Die weltliche Souveränetät des Papstes ist allerdings ein natürliches Mittel zum Schutz seiner höchsten Gewalt, die göttliche Allmacht ist aber hieran nicht gebunden, immerhin wird sie ihre Verheißungen erfüllen und den Bestand der Kirche und ihres Oberhauptes, nöthigenfalls auf wunderbare Weise, bis zum Ende der Tage sichern. Genug hievon; denn es handelt sich in unserer Frage nicht um das, was Gottes Allmacht vermag; durch den Hinweis auf deren unerforschliche Wege spielt man die Frage auf ein dem menschlichen Ermessen ganz entrücktes Gebiet, worauf in einer wissenschaftlichen Untersuchung über die Nothwendigkeit des Kirchenstaates natürlich nicht eingegangen werden kann.

Papstthums, noch die der Souveränetät des Papstes in Zweifel. In der Thronrede vom 12. Februar 1865 hat Kaiser Napoleon die „Unabhängigkeit des hl. Stuhles" als ein „großes Princip" anerkannt. Noch deutlicher wurde dort in diesem Jahre gesprochen: die Deputirtenkammer votirte fast einhellig einen Artikel der Adresse, welcher die Nothwendigkeit der weltlichen Souveränetät des Papstes aussprach.

So sprechen sich mit der größten Uebereinstimmung die verschiedensten Parteien in unserer Frage aus; wir erkennen darin die Macht der evidenten Wahrheit, welche die Vernunft zur Anerkennung zwingt. Den Katholiken muß jedoch noch eine höhere Autorität als eine bloß menschliche in dieser Frage bestimmen; denn über dieselbe hat die Kirche entschieden, und fortan ist Jeder verpflichtet, ihrem Entscheide zu folgen, der da lautet: die weltliche Macht ist im früher angegebenen Sinne nothwendig. Bevor wir diesen Spruch der Kirche geben, ist es angemessen zu erörtern: warum hat die Kirche niemals in früherer Zeit hierüber gesprochen? Denn es ist richtig, die Kirche hat vor unserer Zeit nicht direct die weltliche Macht des Papstes als eine Nothwendigkeit erklärt, aber es ist eben so richtig, daß früher kein Bedürfniß für diese Erklärung vorlag, und die Kirche erläßt ihre Sprüche dann, wann die Bedürfnisse es erfordern. Das Bedürfniß wach zu rufen, war dem Bunde der Schamlosigkeit mit der Gottlosigkeit des 19. Jahrhunderts vorbehalten; in früheren Zeiten genügte die Lehre der Kirche von dem unverletzbaren Rechte der Kirche und des Papstes auf das weltliche Eigenthum dieser Art, den Kirchenstaat, zu kennen; es genügte, dieses Recht feierlich sanctionirt, seine Verletzung durch die schwerste Strafe, den Ausschluß aus der katholischen Kirche, bestraft zu wissen. Wie viele Gesetze waren aber nicht erlassen, die sich hierauf bezogen! Die kirchlichen Canones zum Schutze des Kirchengutes gehen bis in die ältesten Zeiten zurück, sie sind eben so streng als zahlreich [1]. Als wichtig für unseren Zweck sei das vom Papste Symmachus auf einer römischen Synode erlassene Gesetz erwähnt, durch welches kein Vorsteher des Apostolischen Stuhles ein der Kirche gehöriges Grundstück, groß oder klein, veräußern dürfe, selbst nicht unter dem Vorwande der Nothwendigkeit. Nicht für den Papst allein, sondern auch für die Inhaber der römischen Kirchen sollte dieses Gesetz gelten. Der Priester, der veräußert, wird mit Verlust seiner Würde, wer den Contract mit ihm eingeht oder als Zeuge unter-

---

[1] Man vergl. z. B. Hefele Conciliengesch. Art. Kirchengut in seinen Registern.

zeichnet, mit dem Anathem bedroht [1]. Zwei Jahre darauf hielt Papst
Symmachus wieder eine Synode mit 103 Bischöfen des Morgen= und
Abendlandes, zu dem Zwecke, dem Raub jedweden Kirchengutes einen
dauernden Damm entgegenzusetzen. Ewiges Anathem wird dem ange=
droht, der das Eigenthum der Kirchen raubt, confiscirt, behält, vererbt
oder überhaupt ohne Erlaubniß des Bischofs besitzt, der das Eigenthum
Gottes vor dessen Dienern verheimlicht. Auch dem Kaiser sei nicht er=
laubt, so zu handeln; selbst vom Könige Kirchengut anzunehmen, nicht
gestattet. Das geschah im Jahr 504, und schon damals berief sich der
Papst auf die älteren hl. Canonen, die Verbote der päpstlichen Vorfahren,
die Sentenzen der heil. Väter [2]. Das ist also uralte Norm der
katholischen Kirche; sie mußte auch bei der Gründung des Kirchenstaates,
des Eigenthumes Gottes, des Erbgutes des hl. Petrus und der Stellver=
treter Christi, Anwendung finden. In der That, kaum ist er (i. J. 754)
gegründet, so versammeln sich unter Papst Stephan III., dem unmittel=
baren Nachfolger der zwei ersten Fürsten des Kirchenstaates, Papst
Stephanus' II. und seines hl. Bruders Papst Pauls I., italienische, frän=
kische und deutsche Bischöfe im Lateran zu Rom (April 769) und er=
lassen Decrete betreffs der Wahl der Papst=Regenten. Dieselben be=
ginnen gleichfalls mit der Sanction durch kirchliche Censuren [3] und be=
stimmen, daß die Stadt dem künftigen Papst als ihrem Herrscher den
Eid der Treue schwöre. Damit eine dauernde äußere Stütze nicht fehle,
verliehen die Päpste den Karolingern das Patriciat, die Schirmherrschaft,
durch welche sie den Schutz ihrer Besitzungen den fränkischen Königen
übertrugen; am ewig denkwürdigen Christtag des Jahres 800 salbte
Leo III. Karl den Großen und die kirchliche Weihe gab nun den Be=
schirmern der Kirche die Kaiserwürde. Die Kaiser schworen aber Treue
dem hl. Petrus und Schutz seinen Besitzungen. Das christliche Mittel=
alter erkannte die Erhabenheit dieses Amtes und freute sich der Be=
schirmung des Papstes. Decrete der Päpste und Canonen der Synoden

---

[1] Harduin. Acta Concil. II. p. 975. Hefele Concil. Bd. II. Seite 626.
[2] Harduin. A. Concil. II. p. 989. Synod. Rom. VI. Hefele, Concil. II. 629.
Der Gothenkönig Theodorich befahl in Folge dieses Beschlusses, der Mailänder Kirche
das ihr Entzogene zurückzugeben.
[3] Sub anathematis interdictionibus. Omnes optimates militiae . . . atque
universa generalitas populi hujus Romanae urbis ad salutandum eum sicut
omnium dominum properare debent. Cenni, Concil. Lateran. Stephani III. a. 769.
Ed. Rom. 1735. coll. Mansi Conc. T. 12.

zum Schuße der Ländereien des hl. Petrus sind in dieser Zeit nicht selten. Wir wollen einige derselben hier erwähnen.

Die neunte allgemeine Kirchenversammlung, die erste, die im Abend-lande gefeiert wurde, nimmt die Besißungen der römischen Kirche in Schuß und bedroht einen Angriff auf sie mit dem Anathem [1]. Das zehnte allgemeine Concil und Innocenz II. nöthigen Arnold von Brescia (1139), Italien zu verlassen. In der Excentricität einer verschrobenen Frömmigfeit eiferte Arnold gegen allen Güterbesiß der Kirche, und als er eibbrüchig zurückfehrte und durch seine Wühlerei Eugen III. nöthigte (1146), Rom zu verlassen, forderte der Papst die Gläubigen dazu auf, den Schismatifer zu meiden; das Volk der Stadt, das Hadrian IV. mit dem Interdict belegte, zwang hierauf (1155) Arnold zur Flucht. Aus An-laß der durch diesen schwärmerischen Demagogen erregten Unruhen for-dert die Zierde jenes Jahrhunderts, der hl. Bernhard, den Kaiser Konrad III. auf, für den Papst einzuschreiten; er brandmarkt das Benehmen des römischen Volkes mit einer Schärfe, welche nur durch die Größe des Verbrechens entschuldigt wird, und erflärt, daß die ganze Kirche mit ihm trauere [2]. Wenn dann ein Kaiser, der Hohenstaufe Friedrich II., unein-gedenk seines hehren Amtes, vor 600 Jahren die Rolle Victor Emma-nuels spielte und sich des Kirchenstaates bemächtigte; wenn er, erschreckt von der zweimal über ihn verhängten Excommunication, am Donnerstag der heiligen Woche 1224 (31. März) Versöhnung heuchelt und Rück-gabe des geraubten Staates verspricht, ohne sein Wort zu halten, so ist es die dreizehnte allgemeine Kirchenversammlung zu Lyon [3], welche, ge-schaart um Innocenz IV., das Urtheil verkündet, ihn als uneinge-denf seines Kaiserschwures des Meineides, als Kirchenräuber des Sa-crilegiums, als Verächter der Censuren der Häresie schuldig erflärt und aus dem Schooß der Kirche hinausstößt. Die versammelten Väter unter-schrieben das Urtheil, riefen bei der Ablesung ihr Amen, Amen! die brennenden Kerzen in der Hand, und warfen sie dann ausgelöscht auf den Boden. Der Papst aber erhob die Augen zum Himmel und sprach

---

[1] Im Lateran im Jahr 1123, Hefele Conciliengesch. V. 1. S. 340.

[2] Populus hic (Rom) maledictus et tumultuosus... dimittite ut plangam paululum apud vos dolorem meum, nec meum tantum, sed et totius Eccle-siae. Ep. 44.

[3] Theiner, I due Concilii Generali di Lione del 1245 et di Costanza del 1414 intorno al dominio temporale della S. Sede. Roma 1861. Raynald. An-nales a. 1245. n. 16.

mit Festigkeit: „Ich habe gethan, was ich thun mußte." Er vernach=
lässigte zugleich die menschlichen Mittel nicht, und läßt für die Erobe=
rung des Kirchenstaates, gleich als gelte es die Eroberung des heiligen
Landes, das Kreuz predigen; mit Recht, denn auch hier handelte es sich
um ein heiliges, Gott geweihtes Gut und das Wohl der Christenheit.
Die späteren Päpste folgten im Gebrauche der Censuren und der Kreuz=
predigt seinem Beispiele. Gregor XI. belegte, um nur an Weniges zu
erinnern, wegen einer im Kirchenstaate angezettelten Revolution Florenz
1376 mit dem Interdict. Im folgenden Jahrhundert ist es wieder eine
allgemeine Kirchenversammlung, die von Konstanz, welche während der
Vacanz des päpstlichen Stuhles 1414 die Sorge für den Kirchenstaat
in ihre, das ist der ganzen Kirche Hände nimmt, die päpstlichen Städte
zur Treue mahnt; sie hielt es also für Pflicht, der katholischen Kirche
den Kirchenstaat zu erhalten. Im 16. Jahrhundert ist es das letzte
allgemeine Concil der Kirche, das zu Trient, welches die alten zum
Schutz des Eigenthums der Kirche erlassenen Gesetze bestätigt [1]. Damit
nicht zufrieden, erläßt der heilige Papst Pius V. am 29. März 1567
eine Bulle, kraft welcher die Excommunication [2] auch auf alle diejenigen
ausgedehnt wird, welche jede Veräußerung eines größeren oder geringeren
Theiles des Kirchenstaates anrathen oder insinuiren, geschehe es auch
unter dem Vorwande des augenscheinlichen Nutzens oder der Angemessen=
heit. Papst Urban VIII. bestätigte die Bulle 13. Sept. 1623, und der
Papst und die Cardinäle beschwören dieselbe seit dieser Zeit bis auf den
heutigen Tag.

Die Ansicht der Kirche von der Unantastbarkeit des Kirchenstaates
ist mithin über allen Zweifel erhaben. Ebenso augenscheinlich sind ihre
Beweggründe. Sie schützte das Recht des gottgeweihten Eigenthums,
dessen Aneignung nicht nur Diebstahl, sondern auch Sacrilegium ist, und
sie schützte es doppelt, weil sie in der Gründung dieses Staates den
Finger Gottes, die Vorsehung Gottes für das Wohl der Kirche erblickte.

Ausführlich erklärte sich hierüber schon Papst Nicolaus III. Indem er

---

[1] Sess. 22. c. 11. de Reform. Si quem clericorum vel laicorum, quacum-
que is dignitate, etiam imperiali aut regali, praefulgeat, in tantum... cupi-
ditas occupaverit, ut alicujus Ecclesiae... jurisdictiones, bona, in proprios
usus convertere et usurpare praesumpserit, is anathemati subjaceat.

[2] Admonet nos. 4 Cal. April. 1567. Wie schlagend das Gewicht dieser Bulle
ist, geht daraus hervor, daß der Cattolico von Genua mit Beschlag gelegt wurde,
weil er ihren Inhalt veröffentlichte.

von der damals allgemein angenommenen Schenkung Constantins aus=
geht, entwickelt er herrlich die Absichten Gottes, welcher der Kirche die
Freiheit geben wollte [1]. Der hl. Thomas von Aquin, Suarez und Bel=
larmin, Leuchten der Kirche, betrachten den Kirchenstaat von demselben
höhern Gesichtspunkte, ersterer, indem er auf die Anordnung Desjeni=
gen hinweist, der auch Priester und König ist, und das in Ewigkeit;
Bellarmin, indem er mit Rücksicht auf die damaligen Angriffe der
Magdeburger Centuriatoren ausdrücklich die von den Zeitumständen be=
dingte Nothwendigkeit hervorhebt, um welcher willen die göttliche Vor=
sehung dem Papste ein Fürstenthum zugewiesen. Wir haben hier die oben
entwickelte Lehre vor uns, wornach die Unabhängigkeit der geistigen Gewalt
ihren Schirm in der weltlichen findet. Den Genannten wollen wir zwei
französische Größen an die Seite setzen, welche in der Herstellung der welt=
lichen Macht des Papstes als Unterpfands seiner Freiheit das Walten Got=
tes priesen, den geistreichen Bossuet [2] und Lacordaire, der so schön Karl
d. Gr. „den Stifter der päpstlichen Freiheit nennt" [3]. Doch wäre un=
nütz, Einzelne weiter vorzuführen, wo gegenwärtig die ganze Kirche ge=
sprochen. Die Nothwendigkeit des römischen Staates zu betonen, war
nämlich unserer Zeit vorbehalten, in der die Verschworenen aller Länder
mit vereinter Kraft Sturm gegen den Felsen Petri laufen, in der Re=
gierungen sich zu ihren Stimmführern hergeben und der mächtigste Po=
tentat der Erde, vor dem alle Mächte stumm sich beugen, vor Pius mit
der offenen Aufforderung tritt, im Interesse der Kirche auf den Kirchen=
staat (ganz oder doch zum größten Theil) zu verzichten, in der endlich
die Verweigerung des Verzichtes als hartnäckiger Starrsinn zum Ver=
brechen angerechnet wird. Das war die Zeit, in der die Stimme Petri
von der Nothwendigkeit des römischen Stuhles sprechen mußte, um
welcher willen Verzichten eine Unmöglichkeit ist. Deßhalb hat Pius IX.
und die Kirche gesprochen. Die im Syllabus angeführten Documente
sind nicht die einzigen, in welchen der Papst die Nothwendigkeit seiner
weltlichen Macht ausgesprochen hat. Es geschah häufig und es kehrte

---

[1] Bulle Fundamenta militantis ecclesiae vom 18. Juli 1278.

[2] L'église, indépendante dans son chef de toutes les puissances tem-
porelles, se voit en état d'excercer plus librement ... cette puissance céleste
de régir les âmes. Man sehe die ganze herrliche Auseinandersetzung in seinem
Sermon sur l'unité de l'église, ed. Migne, Orateurs t. 25. 280; ebenso Bos=
suet's defensio declarat. l. 1. sect. 1. c. 16.

[3] Der hl. Stuhl S. 24.

um so öfter wieder, je mehr sie bedroht wurde und je offener das Ziel der Gottlosigkeit zu Tage trat. Da dieß Allen offenkundig war, schien es wohl nicht nöthig, die Zeugnisse im Syllabus zu vervielfältigen oder auch nur eine besondere Auswahl zu treffen. Die dort angeführten Documente werden mit der Allocution vom 20. April 1849 eröffnet. Papst Pius IX. hielt sie als Flüchtling in Gaeta, seinem Asyle, damals, als die langgespielte Heuchelei die Maske abgelegt, und ihn durch Decret der Costituente vom 9. Februar 1849 seiner Staaten verlustig erklärt hatte. Er gibt einen geschichtlichen Rückblick auf sein Pontificat, hellt auf alle die Machinationen, Betrügereien, Gewaltmaßregeln, mit denen man das Ziel erreicht und setzt dann öffentlich vor der Welt auseinander, daß ihn nicht „Herrschbegierde, nicht das Verlangen nach einer weltlichen Herrschaft" bestimmt, so zu reden, sondern einzig „die Pflicht seines Amtes", welche erfordert, „daß wir in der Wahrung der weltlichen Herrschaft des Apostolischen Stuhles die Rechte und Besitzungen der heiligen römischen Kirche und die Freiheit dieses hl. Stuhles, welche mit der Freiheit und dem Nutzen der ganzen Kirche verbunden ist, aus allen Kräften beschützen. Die Leute, welche, wenn sie dem erwähnten Decrete Beifall spenden, Falsches und Abgeschmacktes behaupten, wissen entweder nicht, oder stellen sich an als wüßten sie nicht, daß es durch einen besondern Rathschluß der göttlichen Vorsehung geschehen, daß nach der Spaltung des römischen Reiches... der römische Papst, welchem von Christus, dem Herrn, die Regierung und Obsorge für die ganze Kirche anvertraut wurde, die weltliche Herrschaft gewiß aus dem Grunde erhielt, damit er zur Regierung der Kirche und zur Wahrung ihrer Einheit jene volle Freiheit besitze, welche zur Erfüllung der Pflichten des höchsten apostolischen Amtes erfordert wird. Denn Alle wissen aus Erfahrung, daß die gläubigen Völker, Nationen und Reiche dem römischen Papste niemals volles Vertrauen schenken würden, wenn sie sähen, daß er der Herrschaft eines Fürsten oder einer Regierung unterworfen und keineswegs frei sei; denn die katholischen Völker und Reiche würden niemals aufhören, gar sehr zu argwöhnen und zu fürchten, der Papst möchte seine Acten nach dem Willen jenes Fürsten oder jener Regierung einrichten, in deren Gebiet er wohnte, und darum würden sie unter diesem Vorwande öfter gegen seine Acte unbedenklich widerspenstig sein. Im völligen Einklang mit dieser Allocution steht jene, welche der hl. Vater nach seiner Rückkehr von Gaeta zuerst wieder in Rom gehalten hat, 20. Mai 1850. Auch in ihr erklärt er die Nothwendigkeit der

Freiheit zur Ausübung seines obersten apostolischen Hirtenamtes und weist darauf hin, daß durch Besitz des Kirchenstaates diese Freiheit ermöglicht wird.

Noch eindringlicher mußte Papst Pius reden, als Piemont mit dem Raub der Legationen im Frühling 1859 und mit seinem räuberischen Vorbringen in den Süden seine Absicht, die päpstlichen Staaten zu vernichten, offen kund gab. Fünfmal erklang damals die apostolische Stimme in neun Monaten [1], am feierlichsten, ausführlichsten und entschiedensten aber in der Encyclica vom 18. Juni 1859, in dem „Excommunications-Breve" gegen die, welche in die Provinzen des Kirchenstaates eingedrungen sind und dieselben an sich gerissen haben, am 26. März 1860 und dann zwei Jahre darauf, als der Papst die Bischöfe der Welt um sich versammelt hatte, am 9. Juni 1862. In der genannten Encyclica erklärt er auf das Entschiedenste die Nothwendigkeit der weltlichen Herrschaft. Im Excommunications-Breve erläutert er die Nothwendigkeit wiederum auf's Ausführlichste folgendermaßen:

„Da die katholische Kirche von Christus, dem Herrn, gegründet und geordnet, um für das ewige Wohl der Menschen zu sorgen, kraft ihrer göttlichen Einsetzung die Form einer vollkommenen Gesellschaft erhielt, muß sie auch eine solche Freiheit besitzen, daß sie bei Ausübung ihres heiligen Amtes keiner Staatsgewalt untersteht. Und da sie zum rechten Gebrauch ihrer Freiheit der Hilfsmittel bedurfte, die der Lage und dem Bedürfnisse der Zeit entsprechen, deßhalb geschah es, durch ganz besondern Rathschluß der göttlichen Vorsehung, daß, als das römische Kaiserreich zusammen brach und in mehrere Reiche sich auflöste, der römische Papst, von Christus als Haupt und Mittelpunkt seiner ganzen Kirche bestellt, eine weltliche Herrschaft bekam. Dadurch hat Gott selbst höchst weise gesorgt, daß bei solcher Menge und Mannigfaltigkeit weltlicher Herrscher der Papst jene politische Freiheit genieße, die so sehr nothwendig ist zur ungehinderten Ausübung seiner geistlichen Gewalt, Autorität und Jurisdiction in der ganzen Welt. Und so mußte es sein, auf daß die katholische Welt keinen Anlaß habe zu zweifeln, ob nicht etwa der Apostolische

---

[1] Litterae Apost. vom 18. Juni 1859. Allocution vom 20. Juni 1859. Allocution vom 26. Sept. 1859. Encyclica 19. Jan. 1860. Litterae Apost. vom 26. März 1860. Aehnlich lautet die Allocution vom 28. Sept. 1860. Die Allocution vom 18. März 1861 bezeichnet als Ziel der Befeindung des Papstes nicht einzig den Raub des Kirchenstaates, sondern die Vernichtung der katholischen Religion.

Stuhl, „mit welchem wegen seines mächtigeren leitenden Ansehens die gesammte Kirche übereinstimmen muß", durch den Einfluß irgend einer Staatsgewalt oder durch Parteinahme geleitet werde in der Verwaltung der allgemeinen Leitung der Kirche. Es ist leicht einzusehen, wie diese weltliche Herrschaft der römischen Kirche, obschon ihrer Natur nach etwas Zeitliches, doch einen geistlichen Charakter annahm durch ihre heilige Bestimmung und durch das enge Band, wodurch sie mit den höchsten Interessen des Christenthums zusammenhängt. Doch hindert dieses keineswegs, daß all' dasjenige, was zum zeitlichen Glück der Völker beiträgt, vollständig geleistet werden kann, wie die Geschichte der weltlichen Regierung der Päpste durch eine lange Reihe von Jahrhunderten unwiderleglich nachweist. Da nun aber diese weltliche Herrschaft das Wohl und den Nutzen der Kirche betrifft, so darf man sich nicht wundern, wenn die Feinde der Kirche oft durch allerlei Nachstellungen und Bemühungen dieselbe zu erschüttern und zu stürzen versuchten; aber früher oder später sind alle diese gottlosen Versuche gescheitert, indem Gott seine Kirche stets unter seine Obhut nahm... An den hinterlistigen und verkehrten Bestrebungen, die Wir laut beklagen, betheiligt sich hauptsächlich die sardinische Regierung... Sie ist in der Verwegenheit so weit gegangen, sich auch an der ganzen katholischen Kirche zu vergreifen, indem sie die weltliche Herrschaft angreift, womit Gott den Stuhl des hl. Petrus versehen wollte, um, wie bemerkt, die Freiheit des apostolischen Amtes zu schützen und zu erhalten... Wir unterließen nicht, in Unsern zwei Allocutionen vom 20. Juni und 26. Sept. des vorigen Jahres über die Verletzung der weltlichen Herrschaft des hl. Stuhles laut Unsere Klagen zu erheben und die Angreifer allen Ernstes an die Censuren und Kirchenstrafen zu erinnern, welche durch die canonischen Satzungen auf dieses Vergehen gesetzt sind, und in die sie darnach zu ihrem Unglück verfielen. Man hätte glauben sollen, die Urheber dieser Verletzung würden sich durch unsere wiederholten Ermahnungen und Klagen von ihrem ungerechten Vorhaben abbringen lassen, um so mehr, als alle Bischöfe der katholischen Welt und die ihrer Obsorge anvertrauten Gläubigen jeden Ranges, Ansehens und Standes ihre Proteste an die Unsern anschlossen, indem sie wohl einsahen, welche Bedeutung die in Frage stehende weltliche Herrschaft für die Freiheit der päpstlichen Jurisdictionsgewalt habe. Aber schaudernd sagen wir's: die sardinische Regierung hat nicht nur Unsere Ermahnungen und Klagen und die kirchlichen Strafen verachtet, sondern auch, in ihrer Schlechtigkeit verharrend, es gewagt, in Folge der durch Bestechung, Drohung, Einschüchterung und andere hinterlistige Mittel widerrechtlich erpreßten Volksabstimmung Unsere oben genannten Provinzen ihrer Gewalt und Herrschaft zu unterwerfen. Es fehlen die Worte, um solchen Frevel, welcher mehrere Verbrechen der schwersten Art enthält, gehörig zu brandmarken... Daher erklären wir denn abermals, nachdem Wir in stillen wie in öffentlichen Gebeten die Erleuchtung des hl. Geistes angefleht und eine eigene Commission von Cardinälen darüber zu Rath gezogen in des Allmächtigen Gottes und der hl. Apostel Petrus und Paulus und Unserer eigenen Autorität, daß alle Jene, die in den besagten Provinzen Unserer päpstlichen Staaten die verdammungswerthe Revolution, ihre Usurpation, Besetzung, Invasion und anderes Aehnliches, worüber Wir in den zwei erwähnten Allocutionen vom 20. Juni und 26. September v. J. Klage erhoben oder Einiges davon ausgeführt haben, deßgleichen die Auftraggeber, Gönner, Beförderer, Rathgeber, Anhänger, sowie überhaupt Alle, die unter irgend einem Vorwande und in irgend einer Weise entweder die Ausführung jener Handlungen förderten oder sie unmittelbar selbst ausführten, in die große Excommunication verfallen sind, sowie in die andern Censuren und Kirchenstrafen, welche die Kirchengesetze, die päpstlichen Constitutionen und die Satzungen der allgemeinen Concilien, besonders jene von Trient, verhängten, und sollte es nöthig sein, sprechen wir abermals gegen sie die Excommunication und das Anathem aus; ebenso erklären Wir..., daß sie von diesen Censuren Niemand lossprechen könne, als Wir selbst oder der jeweilige römische Papst (außer in der Sterbestunde...); und daß sie so lange unfähig sind, die Gnade der Lossprechung zu erhalten, bis sie alle diese widerrechtlichen Acte öffentlich zurückgenommen, widerrufen, ungültig erklärt und abgeschafft und Alles in den früheren Stand vollkommen und wirklich wieder hergestellt oder in anderer Weise angemessene Genugthuung geleistet haben. Deßhalb bestimmen und erklären Wir alle jene Personen, sollten sie auch eine ganz besondere Erwähnung verdienen, und ihre Nachfolger im Amte, von der selbsteigenen Zurücknahme, dem Widerrufe, nicht enthoben, sondern stets dazu verpflichtet, um die Gnade der Absolution erlangen zu können."

Nur einen Weg gab es für den Papst, sich noch feierlicher, als es geschehen, Angesichts der Kirche öffentlich auszusprechen: er konnte die Bischöfe des Erdkreises um sich sammeln, um vereint mit ihnen den Urtheilspruch zu fällen; und so geschah es am 9. Juni 1862. „Die

Feinde" so sprach er in ihrer Mitte unter Anderm[1], „die Feinde des Kreuzes Christi scheuen sich nicht, mit aller Tücke und List überall zu verbreiten, daß den geheiligten Dienern der Kirche und dem römischen Papste alles zeitliche Besitzthum und alles Recht darauf zu nehmen sei... Wir wollen nichts sagen von der gottlosen Verschwörung und den nichts= würdigen Umtrieben und Ränken jeder Art, womit man die weltliche Herrschaft dieses Apostolischen Stuhles gänzlich umstürzen und vernichten will. Wir wollen in dieser Beziehung lieber auf die wunderbare Ueber= einstimmung hinweisen, womit Ihr sammt den andern Ehrwürdigen Brüdern, den Bischöfen des gesammten katholischen Erdkreises, beständig, sowohl in Briefen an Uns als auch in Hirtenbriefen an die katholischen Gläubigen, derlei falsche Bestrebungen aufdecket, widerleget und zugleich lehrtet, daß die weltliche Herrschaft des heiligen Stuhles dem römischen Papste durch besondere Fügung der göttlichen Vorsehung verliehen worden und nothwendig ist, damit der Papst, keinem Fürsten oder einer weltlichen Gewalt unterthan, die höchste, von Christus dem Herrn selbst empfangene Macht und Autorität, die ganze Heerde des Herrn zu weiden und zu regieren, mit rechter Freiheit ausüben und für das Beste, den Nutzen und die Bedürfnisse der Kirche und der Gläubigen sorgen könne."

Nachdem nun Papst Pius sich offen über die Kämpfe der Kirche Christi, über die Irrthümer und unheilvollen und verkehrten Lehren ihrer Feinde ausführlich ausgesprochen, schließt er: „Darum erheben Wir also, Unseres apostolischen Amtes wohl eingedenk und um das Uns von Gott anvertraute geistige Wohl und Heil aller Völker höchst besorgt, in dieser Eurer hochansehnlichen Versammlung Unsere apostolische Stimme und verwerfen, thun in den Bann und verdammen alle die erwähnten Irrthümer, welche nicht nur den katholischen Glaubenslehren und den göttlichen und kirchlichen Gesetzen, sondern auch dem ewigen und natür= lichen Gesetze und Rechte und der gesunden Vernunft widerstreiten. Euch aber, Ehrwürdige Brüder, ermahnen und beschwören Wir, daß Ihr nach Eurer ausgezeichneten Frömmigkeit und Eurem bischöflichen Eifer fortfahret, wie Ihr bisher zu Eurem größten Ruhme gethan habet, mit aller Sorgfalt, mit allem Eifer die Euch anvertrauten Gläubigen von vergifteter Weide fern zu halten und durch Wort und Schrift so viele abscheuliche und verkehrte Meinungen zu widerlegen."

---

[1] Alloc. Maxima quidem. Recueil etc. S. 454. Mit deutscher Uebersetzung in der Broschüre: Der Papst und die modernen Ideen I. ff.

So Papst Pius IX. Und wie widerhallten seine Worte in den Herzen der ihn umgebenden Bischöfe! Sie brandmarken die ungeheuern auf den Umsturz seiner Staaten gerichteten Verbrechen und danken ihm im Namen aller Katholiken, daß er mit ungebeugter Seele der Schändlichkeit boshafter Gewalt widersteht [1]. Und warum vorzugsweise? „Wir erkennen," sagen sie, „den weltlichen Besitz des heiligen Stuhles als eine Nothwendigkeit und als eine offenbare Einrichtung der göttlichen Vorsehung und stehen nicht an zu erklären, daß diese weltliche Herrschaft bei der gegenwärtigen Lage der Dinge zum Nutzen und zur freien Leitung der Kirche und der Seelen durchaus nothwendig ist. Der Papst, der Kirche Haupt, durfte keinem Fürsten unterthan, ja auch nicht sein Gastfreund sein, sondern mußte, auf eigenem Grund und Boden sein eigener Herr, in edler, ruhiger und erhabener Freiheit den katholischen Glauben schützen und vertheidigen, die gesammte Christenheit regieren und leiten" [2]. Nachdem sie diese Nothwendigkeit noch ausführlicher und auf's beredteste begründet, schließen sie: „Aber es ziemt uns kaum, über eine so gewichtige Sache, worüber wir dich nicht so fast reden, als lehren hörten, noch ferner ein Wort zu sagen; denn deine Stimme hat es wie eine priesterliche Posaune weithinschallend der ganzen Welt verkündet: es sei durch eine besondere Fügung der göttlichen Vorsehung geschehen, daß der römische Papst, den Christus zum Haupt und Mittelpunkt der ganzen Kirche eingesetzt, eine weltliche Herrschaft erlangte; daher möge es für uns insgesammt eine ausgemachte Wahrheit sein [3], daß dem heiligen Stuhle sein weltlicher Besitz nicht durch Zufall, sondern durch besondere göttliche Fügung geworden."

---

[1] Die ganze Adresse lateinisch mit deutscher Uebersetzung in: Der Papst und die modernen Ideen I. S. 13 ff., und deutsch in dem vortrefflichen Buche Dr. Schröbl's: Die Nothwendigkeit der weltlichen Herrschaft und Souveränetät des heiligen Stuhles. S. 148 ff.

[2] Civilem enim S. Sedis principatum ceu quiddam necessarium ac providente Deo manifeste institutum agnoscimus, nec declarare dubitamus, in praesenti rerum humanarum statu, ipsum hunc principatum civilem pro bono ac libero Ecclesiae animarumve regimine omnino requiri. Aus diesen Worten erhellt, daß die hier ausgesprochene Nothwendigkeit eine relative und moralische ist; daß es sich mithin nicht um dieselbe für den absoluten Bestand der Kirche, sondern darum handelt, was das Wohl der Kirche unter den gegenwärtigen Umständen durchaus verlangt. Bellarmin schrieb in ähnlicher Weise: „propter malitiam temporum." Döllinger sagt: „so lange die jetzige Lage und Gestaltung von Europa bleibt."

[3] Ab omnibus igitur nobis esse pro certissimo tenendum.

Den in Rom versammelten 265 Bischöfen schlossen sich die übrigen kirchlichen Oberhirten an [1]. Sie ließen es sich nicht nehmen, öffentliches Zeugniß ihrer Zustimmung zur Adresse zum ewigen Andenken vor der Welt abzulegen. Sie sprachen sich in diesem Sinne in Schreiben an den Papst oder in Hirtenbriefen an die Gläubigen aus; sie thaten es mit einer Klarheit und Kraft, mit einer trotz aller Verschiedenheit der politischen Anschauungen und Verhältnisse, der Charaktere und Interessen sich ergebenden Einhelligkeit, endlich mit einer alle Sprachen, alle Nationen, alle, auch die entferntesten Theile der Erde umfassenden Universalität, daß Aehnliches, wenigstens in einer den Glauben nicht direct betreffenden Sache niemals in der ganzen Geschichte der Kirche erhört worden ist.

Da nun die gesammte lehrende Kirche sich so einmüthig und bestimmt für die mit dem Wohle der Kirche und der heiligen Religion so eng zusammenhängende Nothwendigkeit der weltlichen Herrschaft des Papstes ausgesprochen hat, so wäre es wahrlich für jeden Katholiken eine große Verwegenheit, dieser Erklärung nicht beizustimmen, und mit Recht hat darum der Syllabus gefordert, daß alle Katholiken durchaus an dieser Lehre [2] festhalten sollen. Die Gläubigen haben denn auch solches mit der größten Bereitwilligkeit gethan. Aus allen Theilen der Welt kamen Adressen, mit Tausenden von Inschriften bedeckt [3]. Diese Erklärungen er=

---

[1] Schon die Versammlung der Bischöfe in Rom übertraf an Zahl acht unter den allgemeinen Concilien; mit jenen 265 (inclus.) waren es die Bischöfe von 708 Diöcesen, welche die Pfingstadresse unterschrieben. Dazu kommen noch 92 andere Bischöfe, welche im Sinne der Pfingstadresse bis August 1863 sich öffentlich ausgesprochen hatten.

[2] Man darf nicht einwenden, diese Lehre sei kein Dogma; dieß ist sie allerdings nicht; aber der schuldige Gehorsam gegen den Papst und die Kirche erstreckt sich noch auf andere Dinge, als bloß auf die Dogmen. „Wir können", heißt es in der Encyclica vom 8. Dec., „die Verwegenheit Jener nicht mit Stillschweigen übergehen, welche die gesunde Lehre nicht ertragend behaupten: „man könne jenen Urtheilen und Decreten des Apostolischen Stuhles, deren Gegenstand sich erklärtermaßen auf das Wohl der Kirche, ihre Rechte und Disciplin bezieht, so lange sie nicht die Dogmen des Glaubens und der Sitten berühren, Beistimmung und Gehorsam verweigern ohne Sünde und ohne welche Beeinträchtigung des katholischen Bekenntnisses." Siehe Civiltà cattolica Ser. IV. vol. 5. 6. 7. Il valore della Dichiarazione Pontificia sopra il Dominio temporale della S. Sede und vol. 8. Delitto e Pena della parte avversa al Dominio temporale della S. Sede.

[3] Man sehe L'Orbe Cattolico a Pio IX P. M. esulante da Roma. 2. vol. in 4. Napoli 1850, und die Bände La Sovranità temporale dei Rom. Pontefici

hielten ihre volle Weihe durch das Opfer. Priester, Bischöfe, Cardinäle wurden wie gemeine Verbrecher durch die Straßen geschleppt, vor die Gerichtshöfe citirt, zu schmachvollem Gefängniß verurtheilt; sie wurden ihrer Einkünfte beraubt oder in die Verbannung geschickt. Das Volk legte sich freiwillig Steuern auf, um dem heiligen Vater zu Hilfe zu kommen, Reiche opferten Gold und Pretiosen, die Tagelöhner, Hand= werker, Dienstmädchen, Wittwen theilten mit dem Papste willig das Wenige, das sie geben konnten. Wer zählt die Arbeit, den Schweiß, die Sorgen, welche die Millionen Franken freiwillig gelieferter Bei= träge begleiteten? Dabei blieb es nicht; hochherzig entrissen sich Sprof= fen der edelsten Geschlechter, Barone, Fürsten, Herzoge dem Schooß ihrer geliebten Familien, allen voran der heldenmüthige Pimodan und der Sieger von Afrika Lamoricière, um für Gott, Glaube, Recht, selbst ohne Aussicht auf Triumph, zu bluten. So sprachen, duldeten, bluteten die Kinder der katholischen Kirche. Man pocht gerne auf die öffentliche Meinung, aber wo hat sie sich jemals so universell und so charaktervoll ausgesprochen, als gegenwärtig, da Millionen Katholiken für den Papst gesprochen haben?

Und warum, fragen wir zum Schlusse nochmals, warum ihr münd= licher, ihr schriftlicher, ihr thätiger, ihr blutiger Protest gegen die Be= raubung des Papstes? Sie protestiren im Namen der Wahrheit. Die Anklagen gegen die päpstliche Regierung sind Verleumdungen, eingegeben vom Haß gegen die katholische Kirche, von den Machinationen der Verschworenen und von der Raubsucht Piemonts. Die Gebrechen der päpstlichen Regierung sind nicht ärger, als in den übrigen Staaten. Pius IX. war wie der besorgteste Vater auf das zunehmende Wohl des Staates bedacht, während die Regierung des neuen Italiens das schöne Land an den Abgrund des finanziellen, socialen und sittlichen Verderbens gebracht hat.

---

propugnata nella sua integrita dal suffragio dell' orbe cattolico, abgeschlossen mit dem 15. Bd. (in 4.), Principatus Temporalis etc. Epilogus generalis totius collectionis XV vol. comprehensae. Romae 1864. P. VII. (Roma 1863. 1 Bd. in 4. SS. XXIV, 1140, enthält die Acten des kath. Episcopates nach d. 3. Juni 1862 bis Aug. 1863. Ueber 300 Seiten enthalten die Beistimmung des Klerus der verschiedenen Diöcesen.) — Einige Zahlen der Unterschriften von Laienadressen mögen hier folgen: Cincinnati 100,000, Diöcese St. Hyacinth in Canada 100,000, Trois Rivières in Nordamerika 9000, Fulda 15,600, Augsburg 54,000, Schweizerkantone 150,000, Krakau 16,400, Gran 58,000, Liverpool 60,000, Westminster 16,750, Vittoria in Australien 6000.

Sie protestiren im Namen des Rechtes und der Gerechtigkeit. Dupanloup hat sich hierüber ebenso wahr als ergreifend in seiner Trauer= rede auf die Gefallenen zu Castelfidardo geäußert: Das Recht, auf dem Alles hienieden ruht, das gegebene Wort, die geschworene Treue, der anerkannte Besitz, das, was alle Güter garantirt, in allen Verhältnissen Bürgschaft, für das erworbene Eigenthum Sicherheit, gegen Gewalt und Brutalität Schutz bietet, das Alles endlich, was die Grundlage jeder Gesellschaft bildet, alle Grundsätze, alle Fundamentalrechte jeden Vertrags und jeder Uebereinkunft unter den Menschen — ist dieß Alles nicht frevelhaft in seinem erhabensten Vertreter verletzt? Wer begreift nicht, daß Alles dieses nichts mehr auf dieser Welt ist, wenn es vor den Augen des ganzen Erdkreises ungestraft in der Person des Papstes mit Füßen getreten werden darf?

Sie protestiren im Namen der Freiheit des Gewissens. Das katholische Gewissen unterwirft sich nur dem Stellvertreter Gottes. Keine Macht dieser Welt hat das Recht, in sein Heiligthum zu dringen. Es kann ihm nicht gleichgültig sein, in seinem Verkehr mit dem zu einem Unterthan herabgewürdigten obersten Hirten der Kirche durch despotische Willkür Jung=Italiens gehindert, beeinträchtigt zu werden. Es empört sich gegen den Gedanken von einem andern als dem freien, selbst= ständigen obersten Leiter der Gewissen, etwa von einem Werkzeuge der Capricen Victor Emmanuels, beeinflußt zu werden. Die Gewissensfreiheit für Katholiken, lautete die Petition der französischen Katholiken an den Senat, ist auf der Unabhängigkeit des hehren Hauptes der Kirche ge= gründet; nun besteht aber die Unabhängigkeit des Papstes in der welt= lichen Souveränetät. Jeder Schlag gegen diese Souveränetät ist ein Schlag gegen die Freiheit des Gewissens [1].

Sie protestiren als treue Kinder der Kirche, deren Ruf sie hören, deren Spruch sie folgen. Sie protestiren im Namen der Kirche. Denn der Krieg gegen den Kirchenstaat ist kein Krieg gegen die Person des Papstes, sondern gegen die Kirche. Mit der Entziehung des Kirchen= staates ist die Kirche selbst in der nothwendigen Freiheit bedroht; mit der Entziehung dieser ist die Kirche in ihrer Autorität, in ihrer Einheit,

---

[1] Schön entwickelte diesen Gedanken Thiers in seiner berühmten Rede vom 13. April 1865. Obwohl kein Katholik in seinem practischen Leben, fordert er doch für die Katholiken Unabhängigkeit des Papstes im Namen der Freiheit in ihrer edelsten, erhabensten, zartesten, tiefsten und empfindlichsten Sphäre: im religiösen Bewußtsein.

in der Erfüllung ihrer himmlischen Mission gefährdet. Deßhalb faßte denn auch die 13. Generalversammlung der katholischen Vereine Deutschlands die vierte Resolution: „Die katholische Generalversammlung erkennt in der beabsichtigten Zerstörung des Kirchenstaates einen Frevel gegen die Freiheit der Kirche, gegen die höchsten Interessen der Religion, gegen die wesentlichsten Rechte aller katholischen Völker und gegen die Ordnung der göttlichen Vorsehung.“

Sie protestiren zur Wahrung ihres Rechtes auf das ihnen zukommende Eigenthum. Die faustrechtliche Beraubung des Kirchenstaats, des legitimsten Eigenthums, stellt nicht nur die Grundlage jedes Eigenthums überhaupt in Frage, sie ist auch als Raub des Gutes der Kirche Gottesraub und Beraubung jedes Katholiken; denn nicht den Italienern, sondern der allgemeinen Kirche, dem hl. Stuhle, dem Apostelfürsten Petrus gehört der Kirchenstaat kraft seiner Begründung, seines historischen Rechtes und Bestandes.

Sie protestiren endlich im Namen des socialen und öffentlichen Wohles und der Civilisation, weil diese Güter uns durch die Kirche kraft der ihr durch den Kirchenstaat vermittelten Freiheit zugekommen sind, und weil sie ohne Schutz des angegriffenen Rechtes, der Wahrheit, der Gerechtigkeit und Sittlichkeit unmöglich bestehen können.

Daß alle aufgezählten Güter von den Feinden des Kirchenstaates in der That in Frage gestellt werden, daß die Katholiken im Namen dieser Güter protestiren können, ist gezeigt. Der Papst hatte daher nicht nur das Recht, die Vereinbarkeit der weltlichen Macht mit der geistigen, ihren Nutzen und ihre Nothwendigkeit öffentlich zu erklären, sondern auch das Gebot der dringendsten Pflicht. Ihr hat er genügt, wenn er seine Rechte wahrte, nicht Ehrgeiz leitete ihn, wie er von sich in Wahrheit sagen durfte und von dem sein edler Charakter so weit entfernt ist. Im Uebrigen vertraut er auf den sichern Schutz des Allerhöchsten. Mögen seine Feinde jubeln: das Papstthum ist zu Ende — die Geschichte des Papstthums erzählt uns, daß der Triumph seiner Gegner auf's Haar dem Triumphe der Pharisäer bei dem Tode Christi gleicht, sie sind für ewig gebrandmarkt mit Schmach, das Papstthum aber erstand bei jeder, wie es schien Tod bringenden Verfolgung gleich Christo glorreich zu neuem Leben. Als Kaiser Friedrich I. der Ehrfurcht gegen den Vater der Christenheit und der dem hl. Petrus geschworenen Treue vergaß, da schrieb Papst Hadrian IV. (d. d. 24. Juni 1159) an den Kaiser: „Wie das göttliche Gebot jenen, welche die Eltern ehren, ein langes

Leben verspricht, so bedroht er die mit dem Tode, welche die Eltern mißachten"[1]. Eine Wahrheit, für welche dem Papste die Geschichte seiner Vorfahren Zeugniß ablegte! Welche Lehre hat schon die Begründung des Kirchenstaats gegeben! Tapfere Franken haben für sie gekämpft; dieß Reich der Franken hat allein unter allen Reichen die Stürme und den zerstörenden Wechsel der Zeit überstanden; Aistulf aber, der stolze Lombarde, der erste Bekämpfer des Kirchenstaates gab nach der Bemerkung Balbo's, des großen und freisinnigen piemontesischen Geschichtsforschers, das erste Exempel, das wir dann so oft wiederkehren sehen: wer immer in Italien sich gegen den Papst auflehnte, ist niemals fern von seinem Sturze[2]. Karl, der Vollender des von seinem Vater Pipin begonnenen Werkes der Begründung des Kirchenstaates, er, der viermal nach Rom reiste, wahrhaftig nicht um die Kirche zu berauben, vielmehr jedesmal, sie zu begaben, zu bereichern und den Kirchenstaat zu erweitern, er ward der gefürchtetste und gepriesenste Herrscher der Welt, der Hoffnungsstern, nach welchem die bedrängten christlichen Völker seiner Zeit ihre Blicke richteten, von den kommenden Jahrhunderten als der „Große" begrüßt, und Papst Leo III. setzte ihm eine kostbare goldene Krone, die Kaiserkrone, in St. Peters Dom auf's Haupt unter dem dreimaligen jubelnden Zurufe der Tausende, unter dem Schmettern der Trompeten, dem Wirbeln der Pauken, dem Klange der Cymbeln und Orgeln und fröhlicher Instrumente; und der Allerhöchste hat die erste Krone der Welt auf seinem Haupte strahlen gemacht mit unvergänglichem Glanze, während sie auf dem eines Plünderers und Bedrückers von Rost überzogen wurde[3].

Wir wollen uns nicht länger dabei aufhalten, nachzuweisen, wie die Vorsehung Gottes in der Beschützung des Papstes und Kirchenstaates alle Jahrhunderte hindurch gewaltet hat[4]; wir wollen nicht zeigen, wie jeder Versuch, die Päpste zu demüthigen, zu ihrer Glorie beitrug, wie sie schon oftmals von Rom fliehen mußten, jedoch immer um unter Jubel wieder in Rom einzuziehen, wie die Reisen flüchtiger Päpste, eines Gregor VII., Gelasius II., Eugen III., Alexander III., Innocenz IV., Triumphzüge in Italien, Frankreich, Deutschland waren und Vorboten

---

[1] Hefele, Conciliengesch. V. 295.
[2] Storia d'Italia sotto ai Barbari l. 2. c. 28.
[3] Damberger, Synchron. Gesch. II. S. 553 und 556.
[4] Vgl. Dr. Schrödl, die Nothwendigkeit der weltlichen Herrschaft ꝛc. S. 80 ff.

des Sieges; wir wollen uns nicht weiter darauf einlassen, daß Kaiser Friedrich II., der übermüthige Hohenstaufe und Bedränger der Päpste, vom Gipfel des Glanzes in der Kraft seiner Jahre herab in's düster Grab stürzt gerade damals, als er dem griechischen Kaiser Vatatzes schreibt (Sept. 1250): Ich fühle mich gesund, siege täglich über meine Feinde und Alles geht bei mir glücklich nach Wunsch von statten! Der Tod zwang ihn zur Fertigung des Testamentes, in dem es hieß: „Auch setzen wir fest, daß der heiligen römischen Kirche, Unserer Mutter, alle ihre Rechte zurückgestellt werden." Sein Haus aber, das die höchste Stufe der Macht und Größe zu erklimmen schien, ereilte schrecklicher Untergang! — Wir erinnern auch nicht daran, daß Gregor IX. von Rom verjagt wurde, um, von derselben Stadt wieder flehentlich eingeladen, unter lautem Jubel zurückzukehren, daß ferner im vierzehnten Jahrhunderte eine Zeit kam, in der die Päpste weniger vom Kirchenstaate besaßen, als heute Pius IX., und daß damals Rom gleicher Weise nach Avignon Deputirte schickte, um den Papst zu zwingen, Roms Souveränetät persönlich in Besitz zu nehmen, daß Schiffe Savoyens, Genua's, Venedigs, Pisa's, Ancona's, Neapels, kurz ganz Italiens Papst Gregor XI. von der Fremde zurück auf den heimathlichen Sitz des Papstes, trotz alles Widerstrebens Frankreichs, geleiteten und ein Freudengejauchze und Enthusiasmus der Römer den einziehenden Papst in die ewige Stadt empfing, wie nichts Aehnliches damals gesehen wurde. Das Alles übergehen wir; nur an das wollen wir erinnern, was unserer Generation in frischem Gedächtniß haftet. Wenn jemals, so schien unter Napoleon I. die weltliche Macht des Papstes für immer vernichtet. Den Königstitel von Rom trägt der Sohn des allmächtigen Despoten. Zweimal wird der Papst von seinem Sitze geschleppt; Pius VI. endet 1799 zu Valence in der Gefangenschaft seines kaiserlichen Kerkermeisters; Pius VII. muß in Fontainebleau die Entsagung auf seine Herrschaft unterzeichnen. Napoleon triumphirt; die Monarchen neigen sich demüthigst vor seiner Größe. Die dreifarbige Flagge Frankreichs schien für ewige Zeiten auf der Engelsburg Roms zu wehen. Pius' VII. Antwort war die Excommunication des Kaisers, seine Waffe das Vertrauen auf Gott, der ihn nicht verlassen. Napoleon I. hinterließ keinen Sohn als Erben seiner Titel und die Stelle des Königs von Rom hat der Papst wieder eingenommen. Zweimal wird der Kaiser in die Gefangenschaft geschleppt, nach Elba und St. Helena, und in Fontainebleau sollte er gezwungen werden, seine Thronentsagung zu unterzeichnen. Dasselbe Jahr, in welchem Napoleon, niedergedrückt von Kummer, vom französischen Boden scheidet, führt Pius VII. in den Kirchenstaat zurück, und die Begeisterung, mit der er empfangen wird, findet ein Seitenstück nur in der Begeisterung der Römer bei der Rückkehr Gregors XI. Der Todestag Napoleons ist der Tag Pius, der Namenstag seiner Opfer. Das ist die Hand des Herrn! Auf ihren Schutz allein rechnet Pius IX., und sie ist unverkürzt heute dieselbe wie gestern. Wir aber müßten, wäre es nöthig, um des großen Lacordaire vor fast einem Menschenalter geschriebene Worte zu wiederholen [1], „seiner Sendung gewiß, zu den Füßen des Papstes hingestreckt, aus der innersten Seele ihm zurufen: Bischof! Vater! Stellvertreter Gottes! Fels, auf welchen die Kirche gebaut ist, die immer ihre Feinde zermalmet, sie mögen unterliegen oder siegen! Gesalbter und Erwählter! schöpfe Muth in unserm Gehorsam! Furchtbareres, als die französische Republik und Napoleon dem Apostolischen Stuhle bereitet, wird das verwüstete Europa aus der gährenden Tiefe nicht heraufbeschwören, und jene zwei grimmigen Kolosse sanken machtlos vor deinen Vorgängern, rühmlichen Andenkens, Pius VI. und Pius VII.“

---

[1] Der heilige Stuhl, aus dem Französischen mit einem Vorwort von Dr. G. Görres. S. 52.

Verbesserungen.

Seite 33 Z. 12 von unten: des Jahrs 1866 statt „besagten" Jahres.

Seite 33 Z. 11 von unten: bis Ende 1867 vor „versprochenen".

Seite 96: Setze Anmerkung 2 an die Stelle der Anmerkung 1 S. 97, und umgekehrt.